빨간 클립 한 개
펴낸날 2008년 11월 11일 초판 1쇄

지은이 카일 맥도널드
옮긴이 안진환
펴낸이 이태권
펴낸곳 소담출판사
　　　서울 성북구 성북동 178-2 (우)136-020
　　　전화 745-8566/7 팩스 747-3238
　　　E-mail : sodam@dreamsodam.co.kr
　　　등록번호 제2-42호(1979년 11월 14일)
홈페이지 www.dreamsodam.co.kr

ISBN 978-89-7381-945-4 03320

값은 뒤표지에 있습니다.
잘못된 책은 구입하신 곳에서 교환해드립니다.

빨간 클립 한 개

"물물교환의 달인" 25세 백수 청년의 인생 역전기

ONE RED PAPERCLIP

카일 맥도널드 지음 | 안진환 옮김

소담출판사

오늘의 나를 있게 한
어머니와 아버지,
그리고 모든 사람들에게
이 책을 바칩니다.

만약(If)

만약 네 주변의 모든 사람이 이성을 잃고 너를 비난해도
냉정을 유지할 수 있다면,
만약 모두가 너를 믿지 않을 때 스스로를 믿을 뿐 아니라
그들의 의심을 이해해줄 수 있다면,
만약 기다리면서 기다림에 지치지 않고,
혹은 속임을 당하고도 거짓으로 답하지 않고,
혹은 미움을 받고도 미워하지 않는다면,
그럼에도 너무 훌륭해 보이거나 너무 현명한 체하지 않는다면,

만약 꿈을 꾸면서도 꿈의 노예가 되지 않을 수 있다면,
만약 생각하면서도 생각을 목표로 삼지 않을 수 있다면,
만약 성공과 실패를 만나고도 두 가지를 똑같이 대할 수 있다면,
만약 네가 말한 진실이 바보들을 속이려는 무뢰한들에 의해 왜곡되어도
참아낼 수 있다면,
혹은 네 일생을 바친 것이 무너지더라도
무딘 연장을 집어 들고 다시 세울 용기를 낼 수 있다면,

만약 힘써 얻은 모든 것을 한 번의 도박에 걸 수 있다면,
그것을 다 잃고 다시 시작하면서도

결코 후회의 빛을 보이지 않을 수 있다면,

만약 심장과 신경 그리고 힘줄이 다 닳아버리고

남은 것이라고는 "버텨라!"라고 말하는 의지뿐일 때도

여전히 기력을 다해 버틸 수 있다면,

만약 군중과 이야기를 하면서도 자신의 덕을 지킬 수 있거나,

혹은 왕들과 함께 걸으면서도 소박함을 잃지 않을 수 있다면,

만약 적이든 사랑하는 친구든 너를 해칠 수 없게 된다면,

만약 모두를 중히 여기되 그 누구도 지나치게 중히 여기지 않는다면,

만약 용서할 수 없는 순간을

60초간의 달리기로 대신할 수 있다면,

그러면 이 세상과 그 안의 모든 것이 네 것이 될 것이고,

그리고 더 나아가 너는 진정한 인간이 될 것이다. 내 아들아!

– 러디어드 키플링

도미니크와 나는 모퉁이를 돈다.

사람들이 모여 있는 모습이 보인다.

수백 명은 된다.

마을 주민 전체가 모인 것 같다.

정말이다.

우리는 군중 앞으로 걸어가고, 곧 버트와 팻이 보인다.

우리는 악수를 나눈다.

나는 수줍은 듯 군중에게 손을 흔들고 곧이어 식이 시작된다.

국가가 울려 퍼진다.

어머니와 아버지도 우리들 바로 뒤에 섰다.

몇 차례의 연설이 끝나자 공식적으로 오늘의 거래를 소개한다.

팻 시장이 종이 한 장을 공중에 치켜든다.

"제 오른손에 들린 이 한 장의 서류가 뒤에 있는 집의 권리증입니다. 오늘 이렇게 카일 맥도널드 씨를 직접 모시고 공식적인 거래를 맺게 된 것을 영광으로 생각합니다. 맥도널드 씨는 거래 물품을 들고 앞으로 나오셔서 이 권리증에 서명해주시기 바랍니다."

군중들이 박수를 친다. 내가 앞으로 나가자 침묵이 흐른다.

나는 미소를 지으며 거래 물품을 건넨다.

팻이 내게 펜을 건넨다.

나는 권리증에 서명을 한다.

우리는 미소를 짓는다.

팻이 말한다. "증인으로 고드 경관 나와주세요."

기마 경관인 고드가 앞으로 나와 권리증에 서명한다.

팻이 말한다. "키플링의 주민이 되신 걸 환영합니다."

우리는 가위를 들고 빨간 리본을 자른다.

도미니크와 나는 손을 잡고 계단을 오른다.

내가 손을 뻗어 현관문을 연다.

나는 한마디하기 위해 군중을 향해 돌아선다.

입술이 떨리기 시작한다.

현실인지 실감이 안 날 정도다.

너무 완벽하다.

너무 조용하다.

도미니크가 내 손을 잡는다.

우리는 감사의 인사를 전한다.

그리고 군중을 향해 손을 흔든다.

그리고 문 안으로 들어선다.

우리의 미래를 향해 들어선다.

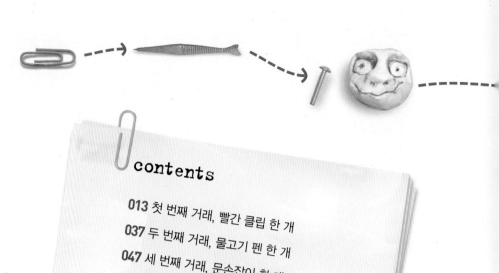

contents

013 첫 번째 거래, 빨간 클립 한 개

037 두 번째 거래, 물고기 펜 한 개

047 세 번째 거래, 문손잡이 한 개

061 네 번째 거래, 캠핑 스토브 한 개

083 다섯 번째 거래, 빨간 발전기 한 개

105 여섯 번째 거래, 즉석 파티 세트

129 일곱 번째 거래, 스노모빌 한 대

145 여덟 번째 거래, 야크 여행권

159 아홉 번째 거래, 큐브밴 한 대

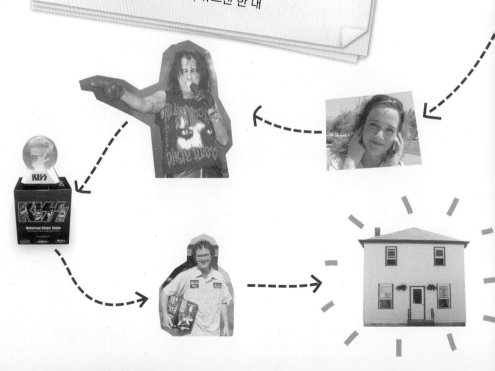

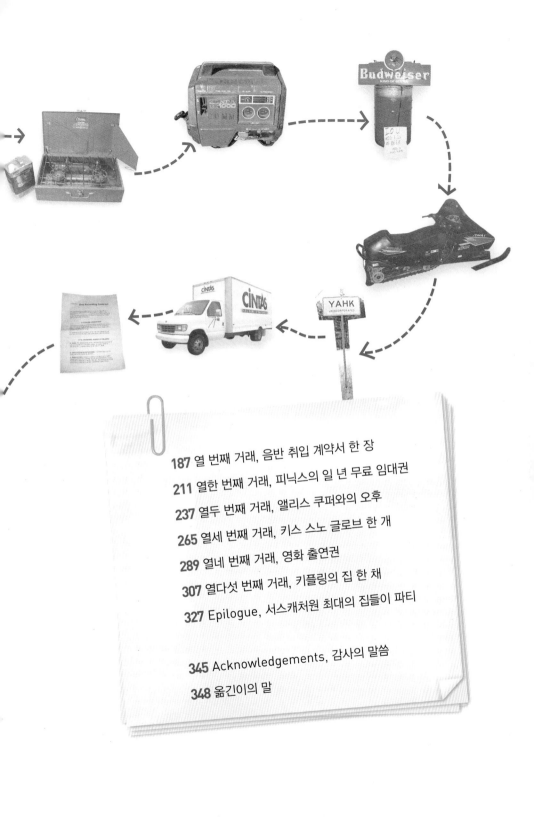

187 열 번째 거래, 음반 취입 계약서 한 장
211 열한 번째 거래, 피닉스의 일 년 무료 임대권
237 열두 번째 거래, 앨리스 쿠퍼와의 오후
265 열세 번째 거래, 키스 스노 글로브 한 개
289 열네 번째 거래, 영화 출연권
307 열다섯 번째 거래, 키플링의 집 한 채
327 Epilogue, 서스캐처원 최대의 집들이 파티

345 Acknowledgements, 감사의 말씀
348 옮긴이의 말

빨간 클립 한 개

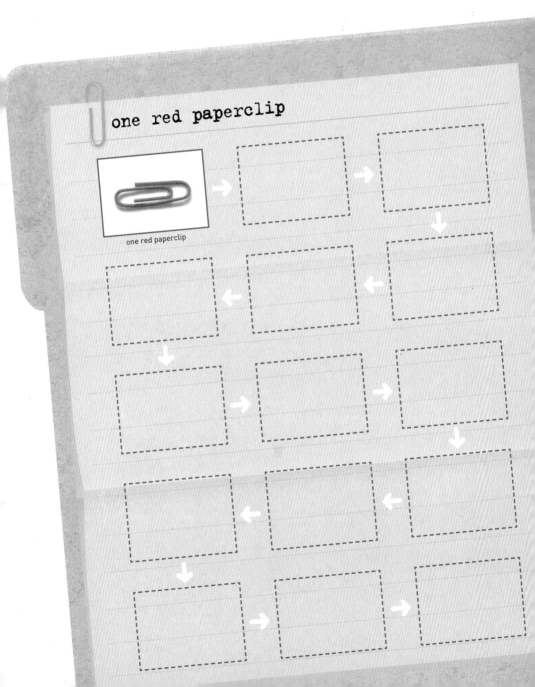

“비거 앤드 베터(Bigger and Better)”는 최상의 아이디어였다. 그것은 마치 다리가 달린 듯 빠르게 확산되는 근사한 게임이었다. 스캐빈저 헌트(scavenger hunt: 종이에 찾을 물건을 적은 후 누가 빨리 찾는지 경쟁하는 게임—옮긴이)와 할로윈 놀이(trick-or-treating: 아이들이 가면을 쓰고 집집마다 돌아다니며 “사탕 주면 골탕 먹을 일 없지”를 외치는 놀이—옮긴이)를 적당히 섞어놓은 게임으로 생각하면 쉽다. 자신의 주변에서 구할 수 있는 작은 물건으로 시작하는 게 일반적이다. 그 작은 물건을 들고 집집마다 돌아다니며 더 크고(bigger) 더 나은(better) 물건으로 바꿔줄 사람이 있는지 알아본다. 거래를 성사시킨 경우에는 새로 얻은 물건을 들고 다른 집을 찾아가 다시 더 크고 더 나은 무언가와 교환한다. 결국 열심히 돌아다니며 충분한 노력을 쏟으면 처음 가지고 있던 물건보다 훨씬 더 크고 더 나은 무언가를 얻을 수도 있다는 것이 이 게임의 요지다.

예를 들어 숟가락 한 개로 이 게임을 시작할 수도 있다. 그 숟가락을 들고 이웃을 방문하면 구두 한 짝을 얻게 될지도 모른다. 그러면 다시 그것을 들고 다음 집을 방문해 바꿀 게 있는지 알아본다. 어쩌면 그 집 아저씨가 나와 이렇게 말할지도 모른다. “어라! 그 구두 한 짝이 내게 쓸모가 있을지도 모르겠는걸. 지난주에 고속도로를 달리다가 구두 한 짝을 벗어서 조수석 창문으로 던져버렸거든. 나한테 오래된 전자레인지가 하나 있는데 그거하고 바꿀래?”

만약 이런 일이 일어난다면 당신은 고개를 끄덕이고는 그 전자레인지를 받아 최대한 빨리 달릴 것이다. 친구들에게 새 전자레인지를 자랑하기 위해서 말이다. 이제 당신은 어떻게 전자레인지를 얻게 되었는지에 대한 재미난 이야기를 한 편 간직하게 된 셈이고, 그 순간부터 혹시 고속도로 갓길에 떨어진 구두 한 짝을 보게 되면 그게 혹시 그 아저씨가 던져버린 그 구두가 아닐까 생각하게 될 것이다. 그리고 몇 주가 지나면 어머니가 방으로 들어와 이렇게 물을 것이다. "애야, 내가 아끼던 그 고풍스런 숟가락이 보이질 않는구나. 혹시 못 봤니?" 그러면 당신은 고개를 가로저을 것이고 어머니는 또 이렇게 물을 것이다. "그럼, 차고에 있는 저 냄새나는 전자레인지에 대해서는 뭐 아는 거 없니?"

비거 앤드 베터는 정말 근사한 게임이었다.

나는 캐나다 밴쿠버의 동쪽 교외 지역에 위치한, 포트무디라는 항구 마을에서 자랐다. 고등학교 친구들은 틈만 나면 재미난 비거 앤드 베터 모험담을 늘어놓곤 했다. 한 친구는 단돈 1페니로 시작해 반나절 만에 침대를 얻었다고 했다. 또 다른 친구는 옷핀 한 개로 시작해 저녁 무렵에 냉장고를 얻었다고 했다. 이웃 마을에서는 몇몇 꼬마들이 아침 일찍 이쑤시개 한 개로 시작해서 계속 바꾸고 바꾼 끝에 날이 저물기 전에 승용차 한 대를 갖게 되었다는, 그런 소문도 떠돌았다. 진짜 자동차 말이다. 물론 어느 누구도 실제로 이런 일들이 일어났음을 입증하는 증거를 제시하진 못했지만, 그게 중요한 것은 아니었다. 교외 지역의 전설이든 아니든, 불가능한 일은 아니었기 때문이다. 사실 그 어떤 일이든 가능했다. 그리고 우리는 그 어떤 일을 가능하게 만드는 데 온통 매료되어 있었다.

당시 우리는 열여섯 살이었다. 모두들 도로 주행 시험을 막 통과한 판이었으니, 얼마나 운전대를 잡고 싶어 안달이 났겠는가. 우리들 머릿속에는 오직 한 가지만 들어 있었다. 자.동.차.

우리는 영화 〈백 투 더 퓨처(Back to the Future)〉의 주인공 마티 맥플라이가 되고 싶었다. 우리는 새로 왁스칠한 1985년식 검은색 도요타 픽업을 차고에 주차시켜놓고 싶었다. 앞바퀴를 살짝 틀어놓으면 얼마나 경쾌해 보이겠는가. 우리는 주말에 여자 친구를 태우고 호숫가에서 열리는 파티에 참석하고 싶었다. 그랬다. 차만 있으면 어딜 가든 대중교통을 이용할 필요가 없었다. 무엇이든 가능할 것 같았다. 어느 날 드로리언을 모는 중년의 미친 과학자를 만날 수도 있고, 그 과학자가 축전기를 발명해 우연히 우리를 과거로 돌려보낼 수도 있고, 그러면 우리는 살면서 저지른 잘못된 선택을 죄다 바로잡을 수도 있고, 마침내 공상과학소설가가 되는 꿈을 실현할 수도 있을 것 같았다.

분명히 실현 가능한 일이었다.

그러나 우리는 열여섯 살이었다. 그리고 공상과학소설을 읽은 적도 없었고, 작가가 되는 것 역시 꿈조차 꿔본 적이 없었다.

우리는 서로를 쳐다보고 고개를 끄덕였다. 그날 밤이 바로 그런 일이 일어날 밤이었다. 우리는 그것을 실행에 옮길 작정이었다. 차를 얻을 때까지 비거 앤드 베터 게임을 하는 것 말이다. 오늘 밤 우리에게 필요한 건 오직 이쑤시개뿐이었다. 그러나 아무리 둘러봐도 이쑤시개가 보이질 않았다. 그래서 우리는 차선책을 '찾기로' 했다. 동네 공터에 임시로 개설된 크리스마스트리 판매장에서 크리스마스트리를 하나 가져오기로 한

ne trip to Yahk one cube van one recording contract one year in Phoenix one afternoon with Alic
n Phoenix one afternoon with Alice Cooper

첫 번째 거래 >>> 빨간 클립 한 개 | **17**

것이다.

우리는 그 크리스마스트리를 들고 실내에 불이 켜져 있는 첫 번째 집으로 향했다. 노크를 했다. 발자국 소리가 들렸다. 우리는 서로를 쳐다보았다. 그래, 이렇게 차를 얻게 되는 것이다. 그림자 하나가 문으로 다가오더니 손잡이를 돌렸다. 오늘 밤이 지나기 전에 차가 생기는 것이다. 문이 열렸다. 한 남자가 문간에 모습을 드러내고는 손에 크리스마스트리를 들고 있는 우리를 쳐다보며 살짝 미간을 찌푸렸다. "무슨 일이지?"

우리는 잽싸게 비거 앤드 베터 게임을 하고 있다고, 그 밤이 지나기 전까지 계속 물건을 바꾸어 승용차를 얻을 계획이라고 설명하고는 기대에 찬 눈을 껌벅이며 기다렸다. 그는 그저 그 무언가와 이 트리를 거래하면 되는 것이었다. 그 어떤 것이든 상관없었다. 그는 크리스마스트리를 보고 슬며시 웃음을 터뜨리더니 이렇게 말했다. "근데 미안해서 어쩌지, 친구들. 기꺼이 돕고 싶지만 우리 집엔 이미 크리스마스트리가 있어서 말이야."

그는 손을 뻗어 거실 한쪽을 가리켰다. 거기에는 세상에서 가장 엄청나게 장식된 크리스마스트리가 환하게 밝은 빛을 발하며 서 있었다. 마치 크리스마스트리 세계의 낙원 같았다. 우리는 우리의 작고 빈약한 트리 쪽으로 시선을 돌렸다가 고개를 떨어뜨리고는 머릿속에 그려진 자동차 그림이 연기처럼 사라지는 모습을 지켜보았다. 그 남자는 어깨를 으쓱하고는 미소를 짓더니 말했다. "옆집으로 가보지 그래? 행운을 빌겠네!"

우리는 문간에서 물러나 물끄러미 트리를 쳐다보았다. 비거 앤드 베터 게임을 계속하기에는 너무 늦은 시간이었다. 내일 하면 되지 뭐. 그래, 내일 다음 집에 가보자. 그래, 내일이면 차가 생길 거야.

그러나 우리는 그 다음날 결코 그 게임을 계속하지 않았다.

우리가 포기한 것은 비거 앤드 베터 게임이 기대했던 것만큼 쉽지 않았기 때문이었다. 그게 10년 전 일이었다. 비거 앤드 베터 게임을 한 그날 밤 이후 자그마치 10년이 흘렀다. 그동안 내게도 참으로 많은 일이 일어났다. 학교를 졸업했고, 여행을 다녔으며, 새로운 사람들을 만났고, 세계 각지에서 일을 했으며, 정말 많은 것들을 경험했다. 심지어 미국의 유명 방송인인 앨 로커(Al Roker)와 악수까지 해보았다. 그 시절 나의 비거 앤드 베터 게임은 끝나지 않은 상태였다. 그러나 그것은 여전히 최상의 아이디어였다.

나는 먼 곳으로 시선을 던지며 그 가능성을 상상해보았다. 이쑤시개로 시작해서 승용차까지. 가능한 일이었다. 그러나 10년이 지난 지금 어떤 방법으로 이쑤시개를 거래해 승용차를 만들어야 하는가? 나는 결의를 다지는 표정을 지으며 훨씬 더 먼 곳을 쳐다보았다. 마치 그러면 뭔가 답이 나올 것처럼 말이다. 아마 영화에서라면 필경 놀라운 영감이 떠오르는 순간이 되었을 것이다. 그러나 내가 바라본 먼 곳은 주인공이 막 쳐부순 사악한 에일리언의 잔해 위로 황혼의 빛을 물들이며 서서히 기울고 있는 태양도 아니었고, 파도와 비길 데 없는 풍광이 어우러지는 가운데 바람이 몰아치는 해변도 아니었다. 내가 바라본 먼 곳은 기껏 내 키보다 15센티미터 정도 높은 벽이었다. 나의 여자 친구 도미니크와 내가 세를 얻어 살고 있는, 몬트리올의 원룸 아파트 한쪽을 막고 있는 벽이었다.

나는 그 이전 해 여름에 도미니크와 함께 몬트리올로 이사를 왔다. 그녀가 항공사 승무원이 되었기 때문에 옮긴 것이었는데, 그 항공사는 얼마 후 파산하고 말았다. 도미니크는 곧 병원에 영양사로 취직했다. 우리는 3년째 동거하고 있었다. 내가 먼 곳을 바라보며 옛날 옛적 청소년 시절의 추억을 되새기는 동안 도미니크는 직장에서 일을 하고 있었다. 도미니크는 직업이 있었고 나는 '구직' 중이었다. 나는 벌써 거의 일 년째 구직 중이었는데, 간간이 친구들의 주선으로 제품 판촉을 위한 박람회에서 일할 때가 그런 상태를 면하는 순간이었다.

그러나 그런 박람회는 매우 드문데다가 너무 간간이 열렸다.

나는 그저 그런 보통 청년이었다. 내가 무슨 생각을 하고 있었던가? 그저 30분 넘게 벽만 뚫어져라 응시하고 있었다. 오후 한나절을 하는 일 없이 거의 다 '허비'했다. 문득 서둘러 끝내야 할 작업이 떠올랐다. 이력서. 자기 소개서. 구직 활동과 관련된 그 모든 작업들 말이다.

집세 낼 날이 또 얼마 남지 않았다. 도미니크에게 빈대 붙어 또 한 달을 보낼 순 없었다. 벌써 몇 달째 기생 생활을 해온 터였다. 더 이상 그럴 순 없었다. 이제는 내가 생활비를 대야 했다. 나는 컴퓨터 화면에 떠 있는 이력서를 쳐다보았다.

고등학교 시절 실업 과목 선생님이 해주신 말씀이 머릿속에 떠올랐다. "여러분들은 잠재적 고용주에게 여러분 자신을 판매해야 합니다. 그러려면 여러분의 기술을 눈에 띄도록 진열해야겠지요." 그러고는 머리

one instant party one famous snowmobile one trip to Yahk one cube van one recording contract o

위에 설치된 슬라이드 영사기를 돌리면서 완벽한 이력서를 쓰는 다섯 가지 비결을 보여주셨다. 그리고 그 다섯 가지 비결은 참으로 훌륭한 효과를 발휘했다. 우리 모두는 일주일도 채 지나지 않아 이런저런 패스트푸드점과 싸구려 레스토랑에 취업을 했다. 10년 전 우리들 모두는 그렇게 '공짜' 햄버거를 봉지 가득 담아 들고 퇴근하면서 성공의 탄탄대로에 올라선 것으로 착각했다. 부모 밑에서 살 때는 모든 게 그렇게 단순해 보였다.

도미니크는 내가 건전하고 착실하게 살지 않는다면 나를 떼어낼 게 분명했다. 무언가 대책을 마련해야 했다. 그것도 빨리. 나는 나 자신에게 간단한 질문을 던졌다. "나는 완벽한 이력서를 쓰는 다섯 가지 비결을 따르고 싶은가? 아니면 무언가 다른 일을 하고 싶은가?"

'무언가 다른 일' 쪽이 훨씬 더 그럴듯하게 들렸다!

나는 어느 누구에게도 나 자신을 판매하고 싶지는 않았다. 그저 무언가를 하고 싶을 뿐이었다. 나는 탐험을 하고 싶었다. 나는 재밌는 것을 하고 싶었다. 나는 존재하고 싶었다.

그러나 지금은 상황이 달라져 있었다. 나는 이제 더 이상 크리스마스트리를 '잠깐 빌리는 것'으로 생각하면 된다고 믿었던 애송이 불량배도 아니었고 부모의 보살핌을 받는 청소년도 아니었다. 나는 25세의 실업자로, 운이 좋아 구직 중일 때에도 나를 보살피는 여자 친구가 있었다.

나는 다른 사람들에게 빈대 붙어 사는 데 신물이 나 있었다. 나는 '구직' 중인 게 진저리 났다. 나는 내가 실업자 신세인 것과 관련해 사람들이 의문부호를 수반한 완곡어법을 구사하는 데 지쳐 있었다. 내가 진정으로

n Phoenix one afternoon with Alice Cooper

원하는 것은 단 한 가지뿐이었다. 나는 생활비를 대고 싶었다. 식탁 위에 음식을 올려놓고 싶었다. 다람쥐 쳇바퀴에서 빠져나오고 싶었다. 우리는 돈을 벌기 위해 열심히 일하고는 그렇게 번 돈을 집주인의 주머니에 퍼붓고 있었다. 아니, 정확히 말하면 도미니크가 열심히 돈을 벌고 있었고 나는 그 돈을 집주인의 주머니에 퍼붓는 일을 돕고 있었다. 물론 세를 얻어 산다는 게 전적으로 나쁜 것만은 아니다. 한밤중에 은밀하게 짐을 꾸린 후 간단한 메모만 남겨놓고 훌쩍 떠나버릴 수도 있는, 나름의 장점이 있기에 하는 말이다. 오해하지는 말라. 집주인을 비난하려고 이런 얘기를 하는 것이 아니다. 집주인들은 대개 상냥하고 신뢰할 만한 사람들이다. 다만 나는 내가 세입자라는 것이 맘에 들지 않을 뿐이다. 세를 내고 산다는 건 반드시 벗어나야 할 어떤 곳에 살고 있다는 의미다. 충분한 시간과 관심, 노력을 기울여 자기 소유의 집을 만들어야 한다는 뜻이다.

나는 하루 일과를 마치고 집에 돌아와 문간의 스탠드에 모자를 걸어놓고 천장을 바라보며 지붕 아래의 모든 공간이 내 소유라는 만족감에 젖어보고 싶었다. 나 자신의 지붕. 그 아래에서는 무슨 일이든 할 수 있었다. 벽을 하나 허물고 싶으면 얼마든지 허물 수 있었다. 어느 누구도 이래라 저래라 할 수 없었다.

만약 내가 작게 시작해서 크게 생각하며 재미를 느낀다면 그 모든 일이 일어날 수도 있었다.

그것은 가능한 일이었다.

그것을 가능하게 만들려면 일단 시작해야 했다. 처음 비거 앤드 베터 게임을 시도했을 때보다 더 많은 것을 해야 했다. 그때는 단 한 차례의 거래도 성사시키지 못하지 않았던가. 비거 앤드 베터는 지난 10년간 그저 나를 응시하고 있었다. 나를 비웃고 있었다. 심지어 낄낄거리고 있었다. 나는 그에 대해 다시 생각해보았다. 일자리를 잡으려면 몇 주가 걸릴 터였다. 하지만 비거 앤드 베터는 지금 바로 밖에 나가서 시작하면 되는 것이었다. 나는 당장 그 자리에서 결의를 다졌다. 바로 지금이다. 비거 앤드 베터를 시작할 뿐 아니라 잘해낼 것이다. 나는 역사상 가장 위대한 비거 앤드 베터 플레이어가 될 것이다. 장애는 없다. 어쩌면 나는 일자리 얻는 것을 지연시키기 위해 세상에서 가장 정교한 방법을 강구해낸 것인지도 몰랐다. 어쨌든 시도는 해봐야 했다. 나는 곁눈질을 해가며 머리를 살짝 기울였다. 이력서와 자기 소개서는 나중에 쓰면 될 일이다. 비거 앤드 베터와는 풀어야 할 원한이 있었다.

게임을 시작하려면 물건이 필요했다. 크리스마스트리보다는 덜 요란스럽고 훨씬 더 작은 어떤 것이 필요했다. 뻔뻔스럽게 훔친 물건이 아닌 어떤 것 말이다.

나는 책상을 내려다보았다. 이런저런 물건이 난잡하게 뒤섞여 있었다. 펜 한 개, 스카치테이프 한 개, 얽히고설킨 전선들, 스테이플러 한 개, 컴퓨터 스피커 두 개, 이력서와 자기 소개서 초안, 부치지 않은 편지 한 통, 우편엽서 한 장, 바나나 껍질, 날아가는 독수리의 사진이 담긴 액자, 씻지 않은 다양한 상태를 보여주는 시리얼 그릇 여러 개……. 내 시선은 다시 이력서와 자기 소개서 초안으로 돌아갔다. 두 장의 종이가 빨간 클립 한 개로 결합되어 있었다.

빨간 클립 한 개.

나는 클립을 벗겨 눈 가까이 가져다 살펴보았다.

완벽했다.

바로 그것이었다.

이제 내가 할 일은 밖으로 나가 그것을 누군가와 교환하는 것뿐이었다. 분명 누군가는 이것보다 더 크고 더 나은 무언가를 가지고 있을 것이었다. 그랬다. 나는 그렇게 할 작정이었다. 비거 앤드 베터는 이제 제대로 나의 앙갚음을 받게 될 것이었다.

나는 그 빨간 클립을 책상 위에 놓고 사진을 찍었다. 그런 다음 문으로 다가가 손잡이를 돌렸다. 문이 활짝 열렸다. 나는 오른발을 들었다. 오른발이 문턱을 넘는 순간 전화벨이 울렸다. 내 오른발은 문밖 복도에 이르지 못한 채 허공에 매달렸다. 전화벨이 다시 울렸다. 나는 천천히 몸을 돌렸다. 거의 슬로모션 같았다. 나는 아주 느리게 문간을 벗어나서는 수화기를 집어 들었다.

"여보세요?" 내가 말했다.

"나야."

도미니크였다.

"지금 뭐 해?" 그녀가 물었다.

"뭐, 그냥." 내가 답했다.

"이력서 다 썼어?" 그녀가 물었다.

"아니, 아직. 잠깐 쉬는 중이야."

"흠, 쉬는 중이라? 그거 쓴 지 얼마나 됐지?"

나는 죄의식을 느꼈다. 도미니크는 내게 이렇게 잘해주는데…… 벌써 수개월간 혼자서 집세를 부담하고 있었다. 길거리로 내쫓을 법도 한데 말이다. 아마 나라면 나 같은 놈은 진작 내쫓아버렸을 것이다. 그녀에게 너무 많은 걸 빚지고 있는 셈이었다. 우리는 잠시 한담을 나눈 후 저녁을 같이 먹기로 하고 전화를 끊었다.

나는 그 빨간 클립을 지갑에 넣고는 다시 컴퓨터로 돌아갔다. 도대체 무슨 생각을 하고 있었단 말인가. 비거 앤드 베터? 오랜 숙원을 푸는 일? 애들이나 하는 게임으로? 나는 머리를 가로젓고는 컴퓨터를 켰다. 그래, 비거 앤드 베터 게임이야 나중에라도 할 수 있겠지. 취직을 하고 집세를 내고도 남는 돈을 벌게 되면, 그때 가서 쉬는 날 하루 잡아서 하면 되겠지.

화면이 켜졌다. 나는 다시 이력서를 쓰기 시작했다. 다음 사흘 동안 나는 끙끙 앓아가며 결국 그럴듯한 이력서를 한 편 만들어냈고, 별다른 열의 없이 몇몇 웹사이트의 구인 게시물에 적힌 주소 몇 군데로 이메일을 보냈다. 그러는 한편 그 빨간 클립의 사진을 스캔해서 내 이메일 주소로 보냈다. 일단 직업을 얻으면 쉬는 날에 할 재밌는 일이 있다는 사실을 잊지 않기 위해서 말이다.

내일이 왔다가 가기를 여러 번 반복했다. 잠재적인 새 일자리에 대한 생각이 늘면 늘수록 비거 앤드 베터에 앙갚음을 해줄 생각은 점점 줄어들었다. 그 빨간 클립은 내 지갑 속의 각종 카드와 영수증, 낡은 동전들 사

one trip to Yahk one cube van one recording contract one year in Phoenix one afternoon with A

이에 묻혀버렸다. 마침내 몇몇 회사에서 인터뷰를 하러 오라는 연락이 왔다. 대단할 것은 전혀 없지만 그래도 다 일정 수준은 되는 일자리들이었다. 나는 누군가 반응을 보여주었다는 사실에 감사할 따름이었다. 몇 군데 인터뷰를 보러 갔지만, 그 어느 곳에도 마음이 확 끌리지는 않았다. 어머니가 종종 하시는 말씀마따나 나는 그저 "일자리를 구하는 시늉만 하고" 있었다. 내가 게으른 얼간이라서 그랬던 것일까, 아니면 '이거다' 싶은 일자리가 없어서 그랬던 것일까? 도무지 결정을 내릴 수가 없었다. 나는 만족스럽지 않은 것에 안주하고 싶은 생각은 조금도 없었다. 무언가에 전심전력하고 싶었지, 단지 생존만을 원하는 게 아니었다. 나는 만족하는 일을 하며 성공하고 싶었다. 당장 궁하다고 후회할 선택을 할 수는 없었다.

몇 주 후 나와 도미니크는 내 가족을 방문하기 위해 캐나다의 서부 해안 도시인 밴쿠버로 날아갔다. 뭐, 정확히 말하면 날아간 것은 비행기였고, 우리는 그저 좌석에 앉아 있었다. 밴쿠버에 일주일쯤 머문 어느 날 저녁, 어머니와 도미니크는 '여자들만의 밤'을 즐기기 위해 외출을 했고, 아버지와 나는 사촌인 타이의 집으로 건너갔다. 이런저런 대화를 나누다가 잠시 쉬는 틈을 타 나는 지갑을 정리하기로 마음먹고 그 내용물을 탁자 위에 쏟았다.

그 빨간 클립이 쏟아져 나왔다.

그것을 더 크고 더 나은 것으로 바꿔야겠다는 아이디어에 대해 다시 생각해보았다. 그러나 이번에는 달랐다. 이번에는 이런 말을 내뱉은 것이다. "있잖아요. 이런 아이디어에 대해 어떻게 생각들 하세요?"

나는 아버지와 사촌에게 비거 앤드 베터 게임에 대해 설명해주었다. 둘은 잠시 생각해보는 눈치였다.

"그거 괜찮을 것 같은데." 아버지가 말씀하셨다.

"응. 내 생각에도 꽤 괜찮은 아이디어 같은데." 사촌도 거들었다.

"그런데 왜 그 빨간 클립을 선택한 거니?" 아버지가 물으셨다.

"그게 제일 먼저 눈에 띄어서요."

"언제부터 거래를 시작할 건데?" 사촌이 물었다.

"글쎄 일단 이것저것 상황을 좀 갖춰놓고 시작할 생각인데……."

"상황을 갖추다니?" 아버지가 물으셨다.

"먼저 돈도 좀 모아야 하고, 그래야 시간도 낼 수 있고, 웹사이트도 하나 만들어야 하고, 사진도 새로 찍어야 하고, 뭐 그래야 하지 않을까요?" 이렇게 답하며 아버지를 바라보았다.

"어째서 그래야 하지?" 아버지가 물으셨다.

정곡을 찌르는 질문이었다. 대체 상황을 갖추고 자시고 할 일이 뭐가 있단 말인가? 클립 한 개를 누군가와 바꾸는 것뿐인데.

나는 클립을 쳐다보았다. 큰 '가능성'이 담긴 것으로 보였다. 아니, 큰 '망신'이 숨어 있는지도 몰랐다. 클립을 뚫어져라 응시하는 내 모습을 보시며 아버지는 능글능글 웃음을 흘리셨다. 그리고 나서는 즐겨 인용하시는 격언 한마디를 던지셨다. "두려움만 떨쳐내면 무한한 가능성이 열리는 법이니라."

갑자기 치즈가 먹고 싶다는, 알 수 없는 욕구가 치솟았다. 나는 속으로 생각해보았다. '두려움을 떨쳐낸다면 나는 무엇을 할 수 있을까? 근데 아버지한테 정말 썰렁하다고 말씀드려야 하나?'

나는 말했다. "두려워하지 않는다면 이 클립을 들고 거래에 나서겠지요."

아버지는 미소를 지었다. "그럼 그렇게 하지 그러니."

나는 마음만 먹으면 거리로 나가 처음 만나는 사람에게 클립과 뭔가를 바꿀 의사가 있는지 물어볼 수 있었다. 그러나 왠지 그것은 적절한 방법이 아니라는 느낌이 들었다.

"제가 꺼리는 이유는 괜히 사람들을 귀찮게 하거나 괴롭히는 일이 될까 봐 그러는 거예요." 사람들을 성가시게 하거나 들볶으며 돌아다니는 것은 옳은 방법이 아닌 것 같았다. 무언가 다른 방법이 필요했다.

내가 다시 말했다. "그래서 말인데요, 일이 잘 풀리려면 사람들이 내게 접촉해서 거래를 원하는, 그런 상황이 되어야 하거든요." (홈친) 엉성한 트리를 들고 찾아가 귀찮게 만들었던 그 남자, 그 환상적인 크리스마스트리를 이미 갖고 있었던 그 남자가 떠올랐다. "괜히 사람들을 귀찮게 하는 대신 거래를 원하는 사람들이 서로 거래를 할 수 있는, 그런 상황이 되면 좋겠어요."

그때 사촌인 타이가 아주 좋은 방법이 생각났다는 듯이 한 손을 번쩍 들었다. "크레이그스리스트(www.craigslist.org)! 그걸 크레이그스리스트에 올려보는 게 어때? 다들 그 사이트를 이용하잖아."

"크레이그스리스트에서 물건도 교환하고 그러나?" 내가 물었다.

타이는 잘 모르겠다는 듯이 고개를 갸웃거렸다. "거기서 물건도 교환할 수 있나?" 우리는 컴퓨터가 있는 곳으로 자리를 옮겼다. 나는 걸어가면서 벽에 걸린 달력을 보았다.

7월 12일이었다.

타이는 크레이그스리스트 사이트를 화면에 띄운 다음 캐나다 섹션 밑에 있는 밴쿠버를 클릭했다. 나는 거기서 '물물교환(barter)' 코너를 발견하고 '게시물 명칭(Posting Title)' 밑에 이렇게 입력했다. "빨간 클립 한 개." 이어서 내 이메일로 보내놓았던 사진을 업로드했다. 그러고는 '게시물 상세 정보(Posting Description)' 난에 다음과 같이 적었다.

별것 아닙니다만 이것은 클립의 사진입니다. 빨간색이고요. 이 빨간 클립은 현재 책상 위 컴퓨터 옆에 놓여 있습니다. 이 클립을 더 크거나 더 나은 무언가와 교환하고 싶습니다. 펜이나 스푼, 혹은 구두 한 짝, 뭐 그런 거 말입니다. 만약 누구든 거래를 분명히 약속해주신다면 어디에 게시든 제가 그리로 직접 방문하겠습니다. 이 빨간 클립보다 더 크거나 더 나은 무언가를 가지신 분은 제 이메일 주소 biggerorbetter@gmail.com으로 연락주시기 바랍니다.
거래가 곧 성사되길 바라며!
카일

추신: 저는 이런 식의 '상향 거래'를 계속해서 집을 얻을 계획입니다. 아니면 섬을 얻거나, 아니면 섬에 있는 집도 괜찮겠지요. 무슨 말인지 이해하셨으리라 믿습니다.

　나는 '등록'을 클릭했다. 그로써 나의 의도를 세상에 알린 셈이었다. 그렇다. "올려놓으면 사람들이 몰려올 것이다"라는 나의 작전은 무척이나 낙천적이고 게으른 것이었다. 하지만 아무것도 안 하는 것보다는 나았다. 나는 단지 하찮은 클립 한 개를 더 크고 더 나은 무언가와 바꾸려는 중이었다. 우리는 몇 분 기다린 후 '새로 고침'을 클릭했다. 새로 온 메일은 하나도 없었다. 우리는 몇 분 더 기다렸다가 다시 '새로 고침'을 눌렀다. 역시 아무것도 없었다. 조바심이 나기 시작했다. 다시 크레이그스리스트 사이트에 들어가 밴쿠버 인근 도시 몇 곳과 그렇게 가깝지 않은 도시 몇 곳, 그리고 몬트리올을 찾아 '빨간 클립 한 개' 게시물을 올렸다. 우리는 또 몇 분을 기다린 후 '새로 고침' 버튼을 클릭했다. 이번에는 받은 편지함에 다수의 메일이 도착해 있었다!

✉ 내게 검은색 포크 겸용 스푼이 있습니다. 그것과 바꿉시다. 나는 빨간색 클립을 좋아하거든요.

✉ 부러진 연필을 그 클립과 교환하고 싶네요!

✉ 내게 펜 끝이 펠트로 된 파란색 볼펜이 있어요. 하지만 한쪽 면에 이빨 자국이 있어서 거래 대상으로 적합할지 모르겠네요. LOL(Laugh Out Loud: ㅋㅋㅋ

또는 ^^ 정도의 의미—옮긴이). 어쨌든 님이 그저 장난치는 게 아니라면 이 파란색 볼펜으로 거래하길 원해요. 나는 우드브리지에 살고 있는데, 오실 거면 연락주세요. 그럼……

베다니

✉ **카일**

내 생각엔 당신이 이걸 어디까지 끌고 갈 수 있는지 알아보고 싶어 하는 것 같군요. 그래서 나는 당신에게 보수계(步數計)를 주고 싶네요. 이 보수계는 언젠가 맥도널드에서 햄버거를 먹고 받은 겁니다(참고로 이제 더 이상 맥도널드 햄버거는 먹지 않습니다). 오렌지색과 짙은 회색이 섞여 있고, 알람 시계도 달려 있어요. 이것이 당신의 클립보다 더 크고 더 낫다는 점은 의심할 여지가 없을 것 같군요. 관심 있으면 답신해주기 바라요. 오는 길을 가르쳐드릴게요.

재키

　다수의 도시들에 게시물을 올려놓은 탓에 각각의 제안이 어디에서 오는 것인지 알 방도가 없었다(나중에 안 일이지만 크레이그스리스트 사이트에서 다수의 도시에 게시물을 올려놓는 것은 절대 금물이다. '스팸 메일'처럼 취급받을 테니까 말이다). 나는 제안을 해온 모든 사람들에게 답신을 보내 어디에 사는지 물었다. 그리고 부모님 댁의 전화번호를 적어놓고 혹시 밴쿠버에 사는 사람이면 연락을 달라고 적었다. 이는 꽤나 중요한 사안이었다. 직접 거래하길 원했기 때문이다. 그것도 당장에 말이다. 지금이 적기였다. 지금이라는 것은 언제나 무언가를 행하기에 가장 좋은 시간이다. 나는 시작을 해야 했다. 시작하지 않는다면 어떤 일이 일어날 리 만무했다.

　나는 클립을 다시 지갑에 쑤셔 넣고, 아버지와 함께 집으로 돌아왔다.

도착해서 보니 받은 편지함에 몇 개의 메일이 더 도착해 있었다.

✉ 안녕하세요……. 우리한테 정말 물고기처럼 움직이는 물고기 펜이 있거든요……. 앞뒤로 자유자재로 움직이고…… 재미도 있고…… 참 예쁜 펜이에요……. 어때요? 연락주실래요?
코린나

✉ 마침 내게 화이트 빈 병이 있네요……. 어때요? 서두르는 게 좋을 걸요.
크리스

✉ 친애하는 선생 혹은 부인에게
방금 당신의 광고를 보았습니다. 팔 물건이 있다는 광고 말입니다. 제가 메일을 보내는 건 아직 그 물건이 팔리지 않았는지 알고 싶어서입니다. 현재의 상황과 최종 제안 가격을 알고 싶습니다. 그럼 빠른 답신 기다리며 건승을 빕니다.
쿠진 멀론

✉ 님의 빨간 클립과 나의 사랑스런 파란 클립을 바꾸면 딱일 것 같아요!! 빨간색을 가장 좋아하거든요. 그 빨간 클립이 내 이름을 부르고 있네요. 바꾸실 거죠? 환상적인 지우개 연필에 달린 지우개도 끼워드릴게요. 그 매혹적인 빨간 클립만 얻을 수 있다면 말이에요!!
준

✉ 나의 스카이블루 색의 연필과 바꿉시다……. 쓰던 것이긴 하지만, 뭐…….
레인

✉ 여성용 구두 한 켤레와 교환하실래요? 나는 남자라 그게 필요가 없거든요. 하지만 종이는 늘 쓰니까 클립도 쓸 일이 있겠지요.

✉ 펜하고 연필하고 크레용하고 봉투하고 반창고 한 통이 있는데, 어떤 거하

고 바꿀래요?

✉ 님이 만약 여성분이라면 커피 한 잔 어때요? 그 클립과 커피 데이트를 기꺼이 거래할 용의가 있습니다. 혹시 압니까? 일이 잘 풀려서…… 파이팅!
세자로

    다음날 저녁 친척들 몇 명이 부모님 집으로 찾아왔다. 사촌 카먼의 남편인 리키가 내게 다가와 말했다. "어이, 처남. 내가 자네 주려고 선물 하나 가져왔어." 그러면서 내게 휘티스 박스를 건넸다. 의심할 여지없이 내가 가장 좋아하는 아침 식사용 시리얼이었다. 스포츠 스타들의 사진이 박힌 시리얼 박스.

    "휘티스 시리얼 박스? 와우, 뭐 이런 걸 다……!" 내가 말했다.

    "상자나 열어봐. 설마 시리얼을 선물하겠어? 자네가 내게 크리스마스 선물로 셔츠를 보냈잖아. 그에 대한 답례야." 그가 말했다.

    동생 스콧과 나는 크리스마스 선물로 리키에게는 민주당 셔츠를 보냈고 타이에게는 공화당 셔츠를 보냈다. 크리스마스 시즌에 사람들을 모이게 하는 데에는 티셔츠 정치학만 한 게 없었다. 정말이다. 휘티스 박스를 열어보니 반소매의 작업복 셔츠가 들어 있었다. 옅은 푸른빛 바탕에 분홍색 줄이 세로로 쳐져 있었다. 돌려서 앞면을 보았다. 왼쪽 주머니 위에 '리키'라고 멋지게 휘갈겨 쓴 이름표가 붙어 있었다. 오른쪽 주머니 위에는 '신타스 유니폼'이라는 마크가 붙어 있었다.

    "이런, 매형이 입던 작업복이잖아." 리키를 올려다보며 말했다. 사실

'뭐, 이런 걸 다!'의 의미였다.

리키는 미소를 지으며 내 등을 두드렸다. "부담 갖지 않아도 돼, 처남!"

나는 맘에 든다는 듯이 그 작업복을 티셔츠 위에 걸쳐보았다. "걱정하지 마, 매형. 부담은 전혀 안 느끼니까."

모두가 집으로 돌아간 자정 무렵, 나는 내 이메일을 열어보았다. 여기저기서 제안이 쏟아져 들어오고 있었다. 연필, 크레용, 열쇠, 커피 데이트, "선생 혹은 부인"으로 시작하는 비즈니스 서한 등등 죄다 비슷비슷했다. 그중 한 명이 밴쿠버에 살고 있다고 했다.

✉ 보낸 사람: 코린나
안녕하세요……. 우리는 밴쿠버에 살고 있어요……. 커머셜 근처예요. 이제 이 펜이 매우 특별하다는 것을 이해하셨으리라 생각해요. 목재 펜이고요. 정말로 물고기처럼 움직인다구요!! 게다가 녹색 파란색 빨간색이 나오는 삼색 볼펜이에요. 언제 이 거래를 하고 싶은지 알려주시기 바라요. 그럼 곧바로 거래가 성사될 거예요! 사실 그 단순한 클립하고 바꾸기에는 아깝지만…… 이제 이 펜도 다른 곳에서 헤엄쳐야 한다고 생각했어요……. 물론 그 클립이 매우 유용할 수도 있겠다는 생각도 했구요. 우리의 이름은 코린나와 르와니예요. 그럼, 곧 연락을 주길 바라요…….
추신: 그런데 님에 대해 좀더 알고 싶어요……. '카일'이라는 이름 외에 더. 그리고 어디에 사시죠?

전화벨이 울렸다. 늦은 시간이었다. 나는 부모님이 깰까 봐 전화기로 달려갔다. 두 번째 벨이 채 울리기도 전에 나는 '통화' 버튼을 누를 수 있었다. "여보세요?" 내가 말했다.

"저, 혹시 카일이라는 분이신가요?" 수화기 저쪽에서 웃음을 참는 소리가 들려왔다.

"네, 맞습니다."

"내 이름은 르와니예요." 목소리에 웃음이 묻어 있었다. "내 친구 코린나와 나는, 음, 크레이그스리스트에서 그 빨간 클립을 봤구요. 말씀드린 대로 그쪽과 거래를 하고 싶거든요."

"좋아요! 근데 그쪽에는 뭐가 있죠?"

"물고기 모양의 볼펜이요. 코린나가 보낸 이메일 못 보셨어요?"

"아, 봤어요. 물고기 펜!"

"진짜 멋진 물건이에요."

"그런 것 같아요." 내가 말했다. "그런데 내가 내일 정오쯤에 이 도시를 떠나거든요. 그 전에 만나서 거래를 하고 싶은데, 그럴 수 있을까요?"

"물론이죠. 그런데 나도 아침 일찍 출근하거든요……." 르와니가 말했다.

"몇 시에 출근하시죠?"

"7시쯤 일어나서 8시까지 나가면 돼요."

"그럼, 8시 조금 전에 만날까요?"

"우리 집 근처까지 와주실 수 있으세요?"

"그럼요. 그래야죠. 어디 사세요?"

"커머셜 근처예요."

"아주 좋습니다. 내일 아침에 그리로 차를 몰고 갈게요. 어디서 만나면 좋을까요?"

"혹시 1번가와 나나이모 로가 만나는 코너에 세븐일레븐이 있는 거 아세요?"

"네."

"그럼, 8시 15분 전에 세븐일레븐 앞에서 만나는 거 어때요?"

"좋습니다. 그럼 내일 뵙기로 하죠."

딸깍.

됐다. 내일이 그날이었다. 나는 시계를 보았다. 0시 3분이었다. 내일이 벌써 와 있었다.

당신의 클립은 무엇인가?

원하는 일이 일어나도록 당신은 무엇을 '거래'하고 싶은가? 당신의 첫 번째 행동은 무엇인가? '큰 것'이어야 할 필요는 없다. 어쩌면 그것은 전화 한 통화일 수도 있고, 오랫동안 품어왔던 의문을 풀기 위해 질문을 던지는 것일 수도 있다. 빨간 클립 한 개를 물고기 펜 한 개와 거래하는 것은 당연히 별 볼일 없는 하찮은 일로 생각될 수도 있다. 그러나 그런 것이 바로 시작이라는 것이다.

시작하지 않는다면 어떻게 끝낼 수 있단 말인가?

실로 간단하다. 시작하지 않으면 일은 결코 발생하지 않는다. 위대한 여정도 모두 한 걸음부터 시작된다. 일단 문밖으로 발걸음을 떼어놓고 움직임을 시작하라. 왼발부터냐 오른발부터냐는 당신이 선택할 사안이다.

가장 힘든 부분은 현관문을 나서는 것이다

'만약'을 현실로 바꾸기 위한 첫 번째 움직임은 가장 낮은 형태의 헌신에 속한다. 물론 밖에 나가려면 재킷을 걸치거나 자외선 차단 크림을 바르는 등의 사전 준비가 필요할지도 모른다. 그러나 어쨌든 집 안에서 빈둥거리며 계속 '만약'만 가정하는 것보다는 훨씬 나은 일이다.

작게 시작하되 크게 생각하며 즐겨라

작은 게 통하면 큰 것도 통할 수 있다. 하지만 여정을 즐긴다면 크기는 아무런 상관이 없다.

물고기 펜 한 개

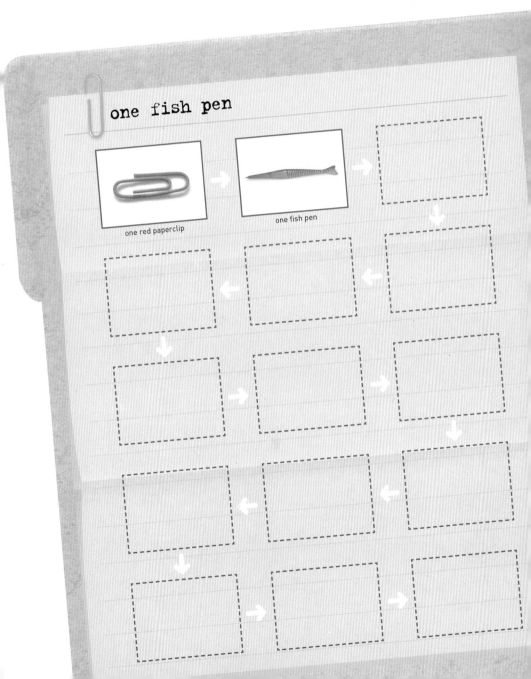

one fish pen

one red paperclip

one fish pen

르와니와 코린나하고는 이메일과 전화로만 소통했기 때문에 나는 그들이 어떻게 생겼는지 몰랐다. 하지만 그들을 쉽게 알아볼 수 있으리라 생각했다. 밤샘 파티에서 술에 떡이 되어 택시를 타고 귀가하다가 전자레인지용 햄버거 한 개로 속을 달래야겠다는 생각이 들지 않는 한 그처럼 이른 시간에 세븐일레븐에 들를 이유는 없었다. 술 먹고 세븐일레븐에 들르는 사람은 알코올 섭취량에 따라 최악의 아이디어에서부터 최상의 아이디어에 이르기까지 여러 가지 일들을 실천에 옮길 수 있겠지만 어쨌든 햄버거를 먹는 것은 그 목록의 상위권에 위치하는 게 일반적이다.

어머니와 도미니크도 함께 따라 나왔다. 나는 밴을 몰아 주차장으로 들어섰다. 주차된 차 몇 대가 보일 뿐 사람은 보이지 않았다. 순간 나는 크레이그스리스트를 이용하는 못된 장난질에 걸려든 게 아닌가 하는 생각이 들었다. 여자 두 명이 이 이른 시간에 인터넷에서 만난 남자와 물고기 펜 한 개와 빨간 클립 한 개를 교환하기 위해 나타난다? 젠장! 나는 입술을 깨물었다. '당했다'는 생각이 들 때면 대개 사람들은 즉시 그것을 인정하려 하지 않는다. 현실을 회피하며 아무 문제도 없는 것처럼 행동하고 싶어 한다.

우리는 주차된 차 한 대를 지나쳐 주차장 한곳으로 차를 돌렸다. 그곳에 차를 세우며 보니 두 명의 여자가 가게 정면 모퉁이에 앉아 있는 게 눈에 들어왔다. 그들의 손에는 전자레인지용 햄버거가 들려 있지 않았다. 나는 안도감을 느꼈다. 물론 둘이 햄버거를 들고 있지 않아서가 아니라 바람맞은 것은 아닐 것 같다는 생각이 들어서였다.

.n Phoenix one afternoon with Alice Cooper

어머니는 그 두 여자를 보고 크게 웃었다. "쟤들인가 보구나! 클립은 잘 챙겼지?"

나는 눈을 굴리며 답했다. "어머니는 참!"

나는 확인차 리키의 셔츠 주머니를 톡톡 두드려봤다. 그곳에 있었다. 물론 나는 그게 그곳에 있다는 것을 잘 알고 있었다. 나는 기어를 'P'에 옮겨놓고 차 문을 열었다. 그 두 여자가 몸을 일으켰다. 나는 겸연쩍어하며 웃음을 흘렸다. 왠지 부끄러웠다. 인터넷에서 접한 사람을 직접 만난다는 것도 우스웠다.

"르와니하고 코린나 맞으세요?" 내가 물었다.

"네." 둘이 동시에 답했다.

"제가 카일입니다. 이쪽은 제 어머니와 여자 친구 도미니크입니다."

"안녕하세요." 그들이 인사를 건넸다.

"안녕하세요." 우리가 화답했다.

우리는 미소를 지으며 친절하게 행동했다. 마치 입학식날 처음 만나서 인사를 나누는 것 같은 분위기였다. 우리는 잠시 잡담을 나눴고, 마침내 코린나가 본론을 말했다.

"자, 그 빨간 클립은 가져오셨죠?"

"예. 이 거래에 대해 어떻게 느끼세요? 흥미로운가요?" 내가 물었다.

"그럼요. 우리는 이 물고기 펜을 빨간 클립과 바꾸게 될 날만을 학수고대해왔거든요." 코린나가 말하며 웃음을 터뜨렸다.

"하하하. 근데 그 물고기 펜은 어디서 난 거라고 하셨죠?" 내가 따라 웃으며 물었다.

"'모닥불'이라는 뮤직페스티벌 때문에 선샤인 해변에 갔을 때 르와니가 주운 거예요." 코린나가 설명했다.

"맞아요." 르와니가 거들었다.

나는 포켓에서 빨간 클립을 꺼내 들고 잠시 그것을 쳐다보았다. 그러고 나서 빨간 클립을 내밀며 말했다. "여기 있습니다!"

코린나는 그것을 잠시 바라보다가 미소 지었다. "생각했던 것보다 훨씬 예쁘네요."

우리는 웃음을 터뜨렸다. 그들은 내게 물고기 펜을 건넸다.

이제 막 거래를 성사시킨 것이다.

어머니가 우리 '세 트레이더(거래자라는 뜻―옮긴이)'의 사진을 찍으셨다.

"그 클립으로 뭘 하실 생각이세요?" 내가 물었다.

르와니가 답했다. "일단 냉장고에 테이프로 붙여놓을 생각이에요."

"그쪽에서는 물고기 펜으로 뭘 하실 생각이세요?" 코린나가 물었다.

나는 잠시 생각한 후 이렇게 말했다. "다른 물건과 바꿀 생각이에요."

"누구하고요?" 르와니가 물었다.

"글쎄요. 다음에 전화하는 그 어떤 사람이 되겠죠!" 내가 답했다.

"매우 급진적인 방식이군요." 코린나가 말했다.

"하지만 그렇게 되면 이 물고기 펜은 또 제 손에서 떠나게 되겠죠." 내가 말했다.

"그저 물고기 펜인데요, 뭐." 코린나가 말했다.

"맞는 말씀입니다." 내가 말했다.

잠시 어색한 침묵이 흘렀다. 그래서 내가 다시 입을 열었다. "고등학교 때 어떤 애들이 이런 게임을 해서 하루 만에 승용차를 얻었다는 얘기를 들었어요."

"와, 거래를 계속해서 오늘 승용차 한 대를 얻게 되면 정말 좋으시겠네요." 르와니가 말했다.

나는 웃음을 터뜨렸다. "그러면 정말 멋지겠죠. 그런데 오늘은 오후에 시애틀로 갈 거고, 내일 시택 공항에서 비행기를 타기로 되어 있어요. 아마 비행기에 차는 안 실어줄 걸요."

모두 웃었다. 어리석은 상상으로 시간을 보낸다는 생각이 들었던 것 같다. '아직'이란 그런 것이다. 내가 도미니크를 쳐다보며 말했다. "이제 그만 움직여야 할 것 같아요. 여자 친구가 비행기를 타야 해서……."

르와니가 말했다. "어머, 나도 출근해야지."

"태워드릴까요?" 어머니가 물었다.

"전 공항하고 반대편으로 가거든요. 그냥 스카이트레인 탈게요." 르와니가 대답했다.

"그럼, 역까지만 태워드릴게요. 어차피 가는 길이니까." 내가 말했다.

"그럴까요, 그럼." 그녀가 미소를 지었다.

르와니를 밴에 태운 다음 우리는 주차장을 벗어났다. 코린나가 손을 흔들어주었다.

잠시 후 밴쿠버 동부 지역에 위치한, 전설적인 아침 식사 전문 레스토랑 본스 오프브로드웨이를 지나쳤다. 시장기를 느꼈던 터라 나는 뒷자리에 앉은 르와니에게 고개를 돌려 물었다. "친구 분하고 본스에 가본 적 있으세요?"

"본스가 뭔데요?" 그녀가 되물었다.

"단돈 2달러 99센트에 엄청나게 푸짐한 아침 식사를 즐길 수 있는 곳이에요. 베이컨에 달걀, 소시지, 감자까지. 최고죠." 내가 말했다.

"정말 본스를 모르세요?" 도미니크가 물었다.

어머니는 의아하다는 도미니크의 표정과 본스의 아침 식사에 대한 나의 열광적인 표현에 고개를 끄덕이며 기대하는 눈길로 르와니를 바라보았다. 르와니는 다소 당황한 표정으로 입을 열었다. "그게, 코린나와 저는 둘 다 채식주의자라 그런 데는 가지 않아요."

"아, 그러시군요." 나는 입술을 깨물었다. 주차장에 차를 댈 때 둘의 손에 햄버거가 들려 있지 않았던 이유를 이제 알 것 같았다. 우리는 스카이트레인 역에 도착했다. 르와니는 밴에서 폴짝 뛰어내렸다. 뭐, 사실은 밴에서 그냥 걸어 내렸다. 폴짝 뛰어내렸다고 하는 게 더 재미있을 것 같아서. 우리는 손을 흔들어 작별 인사를 나누고 다시 출발했다.

"정말 좋은 사람들이구나!" 어머니가 말했다.

"정말 그래요." 내가 말했다.

"정말 재밌었어!" 어머니가 덧붙였다.

"정말 그래요." 내가 말했다.

물고기 펜은 대시보드 위에 놓여 있었다. 도미니크는 펜을 집어 들어 이리저리 움직였다. 세로로 홈을 낸 목재 펜은 옆으로 움직이면 마치 물고기가 헤엄을 치는 것처럼 보였다.

도미니크는 신기한 듯 목재 물고기를 바라보며 물었다. "이건 이제 무엇으로 바꿀 생각이야?"

나는 잠시 생각했다. 아무런 생각도 떠오르지 않았다. 나는 미소를 지으며 이런저런 가능성들에 대해 이야기했다. "나도 모르겠어. 그게 바로 이 게임의 가장 흥미진진한 부분이지. 지금 당장 전화벨이 울려 거래를 하자는 사람이 나타날지도 모르는 일이고. 시애틀 크레이그스리스트의 물물교환 코너에도 광고를 실어뒀으니까 어쩌면 이번에는 저 아랫동네 사람과 거래를 하게 될지도 모르지."

나는 멀리 있는 신호등을 흘끗 보았다. 신호등이 노란색으로 바뀌었다. 나는 가속 페달에서 발을 뗐다. 속력을 늦추자 내 휴대폰 벨이 울렸다. 아니 '히히힝'거렸다. 내 휴대폰 벨은 '말 울음소리'로 설정되어 있었다. 하지만 말의 품종은 알지 못했다. 도미니크는 그 말이 종마(種馬)라고

우겼고, 나는 팔로미노(갈기와 꼬리는 희고 몸통은 담황색인 미국 남서부산 말—옮긴이)라
고 우겼다. 끝날 줄 모르는 논쟁이었다. 나는 휴대폰을 열었다.

"여보세요?"

"여보세요, 카일인가요?" 이어폰으로 여자의 목소리가 들려왔다.

"넵, 접니다." 내가 말했다.

신호등이 빨간색으로 바뀌었다.

여자는 자신의 이름이 애니라고 했다. "크레이그스리스트에서 광고
를 봤거든요. 당신과 거래하고 싶어요." 그녀가 말했다.

"그러세요?" 나는 브레이크 페달에 발을 올렸다.

"네, 그 빨간 클립이 정말 마음에 들어요!" 그녀가 말했다.

"아, 이런. 그 빨간 클립은 방금 거래를 해버렸는데요."

"아!"

밴이 멈췄다.

"누구하고요?" 그녀가 물었다.

"여기 밴쿠버에 사는 두 아가씨하고요."

"아!" 잠시 침묵이 이어졌다. 그러다 다시 애니의 목소리가 들렸다.
"그럼, 빨간 클립이든 뭐든 거래는 계속하시는 건가요?"

"뭐, 그렇다고 할 수 있죠. 사실 빨간 클립은 딱 하나밖에 없었는데 그
걸 물고기 모양 펜과 바꿨어요. 그래서 지금은 그 물고기 펜과 다른 걸 교
환하고 싶거든요."

"그거 괜찮겠는데요." 그녀가 말했다.

"네, 아주 근사한 물고기 펜입니다." 내가 말했다.

"크레이그스리스트에 올려놓은 광고를 보니 오늘 시애틀에 올 예정이라던데, 맞나요?" 그녀가 물었다.

"네, 내일 아침 일찍 시택 공항에서 몬트리올행 비행기를 탈 거예요. 오늘 오후에는 시애틀에 갈 거고요. 물고기 펜이랑 교환하시겠어요?"

"네, 교환할 만한 물건이 집 안 가득 있으니까요."

"잘됐네요. 제가 가족들과 함께 가도 괜찮으시겠어요?"

"걱정 말고 오세요! 모두 데려오세요!" 그녀는 자신이 사는 거리 이름을 가르쳐주었고, 근처에 도착하면 전화하라고 했다.

"좋아요, 오늘 오후에 보기로 하죠."

"그럼, 이따 봐요."

도미니크가 날 바라보았다. "누구야?"

"애니. 시애틀에 산대. 오늘 오후에 거래하기로 했어!"

"재미있구나!" 어머니가 말했다.

"잘됐다!" 도미니크가 말했다.

나는 신호등을 올려다보았다. 신호는 빨간색에서 녹색으로 바뀌었다. 나는 미소를 지으며 가속 페달을 밟았다.

일단 거래하라

당신은 소떼가 집에 오기 전까지는 의논을 하고 계획을 짜고 설계를 하고 걱정을 하고 변명을 늘어놓을 수 있다. 하지만 어느 순간 당신은 자신이 농부가 아니고 집에 소도 없으며, 어느 날 당신 집 앞에 기적적으로 소떼가 나타나는 건 거의 불가능한 일이란 걸 깨닫게 된다. 어떤 일을 현실로 만들고 싶다면, 당신의 아이디어를 실행에 옮겨야 한다.

현재는 두 단어 전이다(Now was two words ago)

그렇다. 이 말은 당신을 깊은 생각에 잠기게 할 의도로 던진 '개똥철학'이다. 하지만 당신이 그렇게 생각하지 않는다면 그렇지 않을 테고, 그렇게 생각한다면 그럴 것이다. 당신이 이 말을 분석하고 의미를 부여하고 싶다면 마음대로 해도 좋다. 하지만 아무리 분석을 하고 깊이 생각한다고 해도 간단한 새로운 진실이 변하지는 않을 것이다. 현재는 사실 다섯 단어 전에 가깝다(Now was actually more like five words ago).

원한다면 가서 손에 넣어라

아무도 당신이 원하는 것을 은쟁반 위에 올려 바치지는 않는다. 사람들이 은쟁반 위에 물건을 올려놓고 다른 사람에게 주는 걸 좋아하지 않아서가 아니다. 사실 그렇게 한다면 얼마나 재미나겠는가. 그저 대부분의 사람들이 은쟁반을 가지고 있지 않아서 그럴 뿐이다.

red paperclip one fish pen one doorknob one camping stove one red generator

문손잡이 한 개

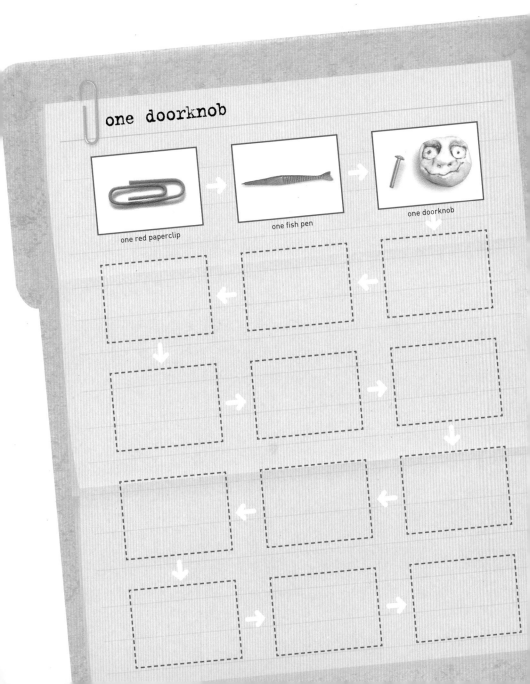

one doorknob

one red paperclip

one fish pen

one doorknob

one afternoon with Alice Cooper one KISS snow

밴 안은 미어터질 것 같았다. 난 운전석에 앉았다. 어머니는 조수석에 앉았다. 아버지와 동생 스콧, 동생의 여자 친구인 레이철, 그리고 할아버지는 모두 뒷자리에 앉았다. 우리는 5번 고속도로를 타고 남쪽, 즉 시애틀로 향하고 있었다. 우리는 볼라드 출구에서 5번 고속도로를 빠져나왔다. 시간이 촉박했다. 애니와 거래하는 데 시간이 오래 걸리기라도 한다면 시애틀 매리너스의 경기를 놓칠 수도 있었다. 우리는 그 경기를 봐야 했다. 그게 바로 시애틀 방문을 정당화시켜주는 목적이었으니까. 그런 계획이 없었다면 아마 우리 가족은 그냥 비행기 타는 당일 아침에 밴에 꾸역꾸역 올라타고는 날 시택 공항까지 배웅해주었을 것이다.

하지만 경기를 본다면 하룻밤 묵으며 시애틀 구경도 할 구실까지 생기는 것이었다. 애니에게 전화를 걸어 거래를 취소할까도 생각해봤지만 그렇게 하지는 않았다. 아슬아슬하긴 했지만 잘하면 둘 다 큰 무리 없이 해낼 수 있을 것 같았다. 날 제외한 나머지 일행들은 "배도 고프니 그건 그냥 건너뛰자"라고 압력을 가했지만, 난 "정말 재미있을 거예요! 돌아가느라 좀 늦더라도 그만한 보람이 있을 거예요"라며 물러서지 않았다. 드디어 아버지가 고픈 배를 참지 못하고 시애틀로 가는 이번 여행의 목적과 아들의 의도에 대해 의문에 빠져들었다. "잠깐 라디오 소리 좀 줄여봐라."

나는 그렇게 했다.

"그러니까 다시 한 번 물어보자. 도미니크는 밴쿠버로 이미 떠났고 너는 내일 아침 시애틀에서 비행기를 타는 거지?"

red paperclip one fish pen one doorknob one camping stove one red generator one instant party

"맞아요." 내가 말했다.

"그 애와 같은 비행기를 타지 않은 이유가 뭐지?" 아버지가 물었다.

아버지는 도미니크와 나의 이번 여행, 그러니까 몬트리올에서 밴쿠버까지 이번 여행의 비행기 삯을 지원해주었고, 그 점에 대해 나는 매우 고마워하고 있었다. 또한 그런 이유로 나는 비행기 편을 예약하면서 가장 싼 티켓을 찾아내기 위해 무진 애를 썼었다.

"저는 도미니크보다 며칠 늦게 비행기를 예약했는데, 그때쯤 되니까 밴쿠버에서 몬트리올까지 가는 게 시애틀에서 몬트리올까지 가는 것보다 두 배나 비싸더라고요. 게다가 아버지도 그렇고 다들 매리너스 경기를 보고 싶다고 했으니 일석이조잖아요. 안 그래요?"

나는 백미러로 아버지를 바라보았다.

"그렇구나." 아버지는 미심쩍은 듯 대꾸했다.

잠시 후 아버지가 다시 입을 열었다. "시애틀에서 몬트리올까지 직항선이 있는 줄 몰랐네."

"아, 아마 없을 걸요. 경유지에 들렀다 가는 표를 예약한 거예요." 내가 말했다.

"어디, 오헤어 같은 데를 경유하는 거냐?" 아버지가 물었다.

"아니요, 밴쿠버요." 내가 말했다.

나는 씩 웃었다. 시애틀에서 출발해 밴쿠버를 경유하여 몬트리올로 가는 비행기 표가 밴쿠버에서 몬트리올로 가는 비행기 표의 반값이라는 사실이 정말 이상하다고 생각했기 때문이다.

아버지는 고개를 저었다. "거 참 재미있구나."

아버지는 대개 이런 일들을 재미있다고, '삶이란 그런 것' 가운데 하나라고 생각했다. 하지만 오늘은 아버지에게 '삶이란 그래서는 안 되는 것' 중 하나였다. 아무래도 밴 뒷자리에 너무 오래 앉아 계셨던 모양이라고 난 생각했다. 빨간 클립을 거래하라고 나에게 용기를 북돋아주셨던 분 치고는, 도통 열의를 보이지 않으셨다. 나는 라디오 볼륨을 다시 올렸다.

어머니는 화제를 다른 데로 돌리려고 빗을 꺼냈다. "다른 사람 집에 가는데 그런 꼴로 가면 안 되지. 머리라도 빗어라."

하, 난 어머니가 내 머리를 잘라준다는 사실이 그 무엇보다도 자랑스럽다. 하지만 그 머리를 빗으라고 닦달하는 건 참을 수가 없다. 내 머리카락은 잘 빗겨지지가 않았다. 어머니는 억지로 내 머리카락에 빗을 꽂아 넣으려 했다. 나는 그 빗을 낚아채 다른 데로 던져버리려 했다. 이를테면 옆에서 달려오는 차량들 속으로 말이다.

애니의 집에 가까워지자 아버지가 끼어들었다. "빨리 끝내라. 시합을 놓치면 안 되니까."

난 그제야 애니의 집 근처까지는 왔지만 정확한 주소는 모른다는 사실을 깨달았다. 나는 손등에 적힌 교차로 이름에 따라 최대한 근처라고 생각되는 곳까지 다가가 길가에 밴을 대고 애니에게 전화를 걸었다.

그녀가 전화를 받았다. "여보세요? 카일?" 바로 그 순간 옆집 문이 열리더니 귀에 무선 전화기를 댄 여자가 뛰어나왔다. "어디예요?"

몇 분의 1초 차이를 두고 내 이어폰에서 "어디예요?"라는 목소리가 흘러나왔다. 나는 휴대폰을 닫은 후 창밖으로 몸을 내밀었다. "여기예요, 애니."

애니는 전화를 끊고 밴 쪽으로 걸어왔다. 밴 뒷자리의 미닫이문이 열렸고 모두들 쏟아져 내리기 시작했다. 애니의 두 눈이 휘둥그레졌다. "세상에. 이렇게 많이 오실 줄은 몰랐어요."

나는 보도 위, 할아버지 옆에 서면서 애니에게 말했다. "네, 우리 가족은 이렇게 몰려다니길 좋아해서요. 그렇죠, 할아버지?"

할아버지는 날 바라보며 빙그레 웃더니 말씀하셨다. "그렇고말고."

애니는 우리를 보며 무척 즐거워했다. 그녀는 진짜로 대여섯 명의 낯선 이들이 자신의 집 앞에 불쑥 나타났다는 사실에 다소 놀란 눈치였다. 이런 일이 매일 있지는 않았을 테니까. 뭐, 물론 이제 처음 만난 사이니 정확히는 알 수 없었지만 말이다. 우리는 커다란 현관문이 달린 목재 주택 안으로 들어섰다.

애니는 팔을 크게 벌리며 우리를 안으로 안내했다. "제 집에 오신 걸 환영해요. 저는, 음, 미처 청소를 하지 못했어요."

집 안을 둘러보았다. 좀 산만하긴 했지만 깔끔한 편이었다. 혹은 좀 깔끔하긴 했지만 산만한 편이거나. 내가 보기에는 지극히 정상적이었다.

나는 말했다. "걱정 말아요. 사실 오래 머물 수도 없으니까요. 매리너스 경기를 보러 가는 길이거든요."

애니가 말했다. "그렇다면 빨리 본론으로 들어가야겠네요. 거래할 물건이 아주 많아요."

"아, 그러세요? 어떤 물건인데요?" 내가 물었다.

"이리 와보세요. 몇 가지 준비해둔 게 있으니까."

나는 그녀를 따라 주방으로 갔고, 그녀의 말대로 조리대 위에 몇 가지 물건들이 놓여 있었다. 화병 하나, 문손잡이 하나, 스푼 하나, 바나나 한 개가 보였다.

나는 물고기 펜을 꺼내며 물었다. "이 물고기 펜에 대해 어떻게 생각 하세요?"

"멋지네요. 거래하고 싶어요. 사실 뭘 가지고 오셨는지는 별로 상관 없어요." 그녀가 말했다.

"이거 한 번 보세요." 나는 앞뒤로 펜을 움직이며 물고기가 헤엄치는 모습을 보여주었다.

"정말 헤엄치는 것 같네!" 그녀가 말했다.

"넵, 진짜 물고기 같죠." 내가 말했다.

애니는 조리대에 놓인 물건들을 가리키며 말했다. "자, 어때요? 마음 대로 골라봐요."

나는 엄지손가락과 집게손가락으로 턱 근처를 받치며, '결정 내리기 직전'의 포즈를 취했다. 난 진지했다. 만약 여기서 잘못된 선택을 내려 아 무도 원치 않을 물건을 고른다면, 비거 앤드 베터 게임은 끝나게 될 것이 며 처음부터 다시 시작해야 했기 때문이다. 그래, 아주 진지하게 결정을 해야 한다. 난 순간 정신을 퍼뜩 차리고 인위적인 포즈를 거두었다. 이게 무슨 바보 같은 짓이람? 나는 고작 한 건의 거래를 했을 뿐이었다. 무엇을 선택하든 별로 중요하지 않았다. 그저 이곳에 온 게 재미있을 뿐이었다. 나는 조리대 위를 훑어보다 문손잡이를 잡았다. 일그러진 미소를 흘리는 얼굴 모양의 문손잡이였는데 꽤 근사해 보였다.

"문손잡이로 할게요."

"좋아요, 그럼 거래가 성사된 거예요!" 애니가 말했다.

우리는 물고기 펜과 문손잡이를 바꾸고 악수를 나누었고 어머니가 우리의 사진을 찍어주었다.

"내가 이 물고기 펜과 정말로 바꾸고 싶었던 게 뭔지 알아요?"

"뭔데요?"

그녀는 주방에 있는 거대한 강철 덩어리를 가리키며 말했다. "이 냉장고요."

one instant party one famous snowmobile one trip to Yahk one cube van one recording contract

나는 그 냉장고를 바라보며 잠깐 생각해보다가 킬킬대며 말했다. "아주 매력적인 거래 대상입니다만, 내일 비행기에 냉장고를 들고 타게 놔두지 않을 것 같네요. 뭐 수하물로 부치는 게 가능한지 모르겠지만, 어쨌든 전 짐을 따로 보내는 걸 별로 좋아하지 않아서요."

애니는 미소를, 한층 더 상냥한 미소를 지었다. 나는 일순간 그녀의 표정이 조금 슬퍼 보인다는 생각이 들었다. 그녀는 정말로 그 냉장고와 물고기 펜을 교환하고 싶었던 거라는 생각이 들었다. 공짜라는 말에 혹해 냉장고를 실어갈 누군가를 찾고 있었던 거라는 생각이 들었다.

그녀는 우리를 정원으로 안내했고 자신이 만든 도자기 작품들도 몇 가지 보여주었다. 그녀의 집은 시애틀 외곽의 볼러드 공원 맞은편에 위치했다. 아주 근사한 동네였다. 바둑판처럼 나뉜 거리에 근사한 아치형 현관이 딸린 집들이 가운데의 정원을 중심으로 빙 둘러선, 20세기 초의 모습을 그대로 간직한 동네였다.

애니의 정원은 그저 잡초 뽑는 데 열중하기보다는 더 중요한 일을 해야 한다는 암시를 풍기는, 고전적인 스타일을 유지하고 있었다. 정원 길과 인도 사이의 잔디밭에는 꽃과 식물, 쓰고 남은 도자기 작품들이 한데 뒤섞여 있었다. 애니는 널브러져 있는 작품들 중 몇 개를 집어 우리에게 선물로 주었다. 잔디밭에 놓여 있던 화병 하나는 어머니에게 건넸다. 어머니는 고맙다며 그 화병을 받았다.

그러자 애니는 정원 길 위에 떨어진 낡고 지저분한 빗을 하나 집어 들더니 다리에 대고 쓱쓱 닦아 나에게 건넸다. 나는 잠시 깨끗해진 빗을 바

n Phoenix one afternoon with Alice Cooper

라보다 고개를 끄덕였다. 이건 머리를 좀 빗고 다니라는 너무나도 노골적인 암시가 아닌가? 나는 어머니를 바라보았다. 어쩌면 어머니 말이 옳았는지도 몰랐다. 어머니는 미소를 지으며 언제나 그렇듯 눈썹을 찡긋 들어올리면서 손가락으로 나를 가리키고는 '내 그럴 줄 알았다'는 표정을 지었다. 나는 그 빗을 주머니에 넣었다. 어쩌면 나중에 이 빗으로 머리를 빗어 어머니의 비위를 맞춰줄 수도 있고. 혹은 지나가는 차량들 속으로 던져버릴 수도 있을 것이다.

나는 애니를 바라보았다. "뭐, 저도 거래만 하고 바로 꽁무니 빼긴 싫지만, 지금 출발하지 않으면 매리너스 경기에 늦을 것 같아요. 게다가 레이철은 처음 메이저리그 경기를 보러 가는 거라 굉장히 들떠 있거든요."

레이철은 눈을 굴렸다.

"좋아요. 다들 찾아와줘서 정말 즐거웠어요!" 애니가 말했다.

"이렇게 환대해주셔서 고마워요!" 어머니가 말했다.

애니가 말했다. "그래서 그 문손잡이는 뭐랑 교환할 생각이에요?"

나는 잠시 생각해보았고 아무것도 모르겠다는 결론에 도달했다. "모르겠어요. 하지만 또 새로운 문이 열릴 거예요."

어머니는 약간 투덜거렸고, 스콧은 조니 카슨의 〈투나이트 쇼〉에서 중요한 대목이 나올 때 배경으로 깔리는 '북소리'를 냈다. 어색하긴 했지만, 난 가능한 한 그럴싸한 미래를 제시해주는 게 낫겠다고 생각했다.

그래서 덧붙였다. "더 크고 더 나은 무언가와 교환할 생각이에요."

"멋져요! 누구와 거래할지는 결정했어요?" 애니가 물었다.

"아직."

애니는 도로변에 세워져 있던 검은색 메르세데스를 가리키며 말했다. "당신이 거래를 계속해 근사한 물건을 손에 넣는다면, 제 차와 거래하는 것도 괜찮겠네요!"

우리는 그녀의 차를 바라보았다. 한물간 스타일이긴 했지만, 그래도 어쨌든 메르세데스가 아닌가. 나는 손에 쥔 문손잡이를 바라보았다. "만약 제가 이 문손잡이를 바꾸고 바꿔 당신 자동차 값어치만 한 무언가를 갖게 된다면, 반드시 전화할게요!"

"꼭 그래주길 바라요. 그리고 연락하고 지내는 것도 잊지 마세요!" 그녀가 말했다.

"그럴게요."

우리는 애니에게 작별 인사를 하고 밴으로 걸어갔다. 내가 운전석에 다시 뛰어올라 자리를 잡자, 아버지가 운전석 문으로 다가와 열쇠를 달라며 손을 내밀었다. "뒤로 가, 임마."

난 아버지의 말에 따랐다.

다시 한 번 우리는 길 위에 올랐고, 나는 자신감이 가득 차올랐다. 방금 두 번째 거래를 성사시켰다. 문손잡이는 빨간 클립보다 더 크고 더 좋은 것이었다. 게다가 무엇보다도 즐겁지 않았던가. 모두들 잔뜩 흥분해 있었다.

아버지가 말했다. "아주 재미있더구나. 애니도 좋은 사람 같고."

어머니가 말했다. "게다가 너에게 근사한 빗까지 줬잖니."

one trip to Yakk one cube van one recording contract one year in Phoenix one afternoon with A

우리 모두 웃음을 터뜨렸고 난 말했다. "네. 이번에는 어머니가 이기셨지만 제가 머리를 빗는 일은 없을 거예요."

"물론 그 빗으로 빗으면 안 되지. 길가에 떨어져 있던 거잖니." 어머니가 말했다.

지금이야말로 머리를 빗으라는 어머니의 잔소리에 반격해줄 절호의 기회였다. "뭐, 그럼 이 빗으로 빗죠." 내가 말했다.

"안 돼. 그건 안 돼."

"알았어요. 그럼 도로 위로 던져버릴게요."

어머니는 훈계조로 집게손가락을 들어올리더니 날 가리키며 말했다. "그러지 말아라."

난 미소를 지었다. "그럼 주제를 바꿔서, 애니의 차 어땠어요? 언젠가 다시 애니를 만나 그 차와 다른 무언가를 교환하면 정말 멋지겠죠?!"

그 빗이 내 머리에 꽂혀 있지도, 지나가는 차량들 속으로 던져지지도 않았다는 데 만족한 어머니는 미소를 지었다. "그게 상상이 되니?"

나는 잠시 생각했다. 확실히 그 장면이 상상됐다. "네, 상상이 돼요."

"그렇게만 된다면 멋진 일이지." 아버지가 말했다.

"그럼 오늘 하루는 어땠어요? 하루에 거래를 두 건이나 성사시켰잖아요. 그리 나쁘진 않죠?" 내가 말했다.

스콧이 끼어들었다. "그래, 하지만 형이 가진 거라고는 결국 문손잡이 한 개뿐이잖아."

"그래, 하지만 정말 귀엽게 미소 짓는 얼굴이잖아." 내가 말했다.

"그럼 귀염둥이라고 부르시던가."

"어쨌든 빨간 클립보다는 훨씬 좋은 물건이지." 난 말했다.

"그래, 어련하시겠어." 스콧은 빈정거렸다. 그러고는 손바닥을 위로 향한 채 공중으로 팔을 뻗었다. "한 사람에게는 쓰레기일지라도 다른 사람에게는 보물이 될 수도 있는 거니까." 스콧은 키득거렸다.

나 역시 특유의 느끼하고 근엄한 목소리로 끼어들었다. 오른손 집게 손가락을 공중에 치켜들고는 최대한 차분한 목소리로 말했다. "그러니까 한 여자의 쓰레기가 다른 남자의 보물이 될 수도 있다는 거지." 그리고 이글거리는 눈으로 레이철을 보았다.

레이철은 수줍은 듯 웃음을 흘렸다.

스콧은 고개를 절레절레 흔들었다. "하여튼!"

우린 그 후에 별다른 말은 하지 않았다. 다들 허기가 져서 말할 기운이 없었다.

우리는 세이프코필드의 관람석 중 가장 싼 외야석, 그러니까 오른쪽 구석의 파울 폴대 근처에 앉았다. 매리너스의 일본인 스타플레이어인 스즈키 이치로가 타석에 들어서자 우리 옆에 앉아 있던 일본 아가씨들이 열렬하게 응원하기 시작했다. "이-치-로! 이-치-로!" 아가씨들은 고래고래 소리를 질러댔다. 열광적이다 못해 정신이 나간 듯 보였다. 그 아가씨들은 일회용 카메라를 꺼내 100여 미터도 더 떨어져 있는 그의 사진을 찍었다. 사진을 현상하면 이치로의 모습이 찍혀 있기나 할까? 뭐, 이치로인지 아닌지 분간할 수도 없을 텐데.

그러다 난 오늘이 얼마나 근사한 하루였는지 생각했다. 정말 근사한 하루였다. 지금까지는 '내일'이 영원히 오지 않을 거라고만 생각했었다. '내일'을 너무나도 오랫동안 미뤄두었었다. 하지만 오늘이 바로 그 내일이었다. 내일이 온 것이었다. 나는 빨간 클립을 교환했고 어마어마한 즐거움을 맛보았다. 나는 세 명의 아주 멋진 사람들을 만났고 새로운 장소에도 가보았다. 게다가 문손잡이를 손에 넣는 성과도 얻지 않았는가. 애니와 더 오래 이야기를 나누지 못한 것이 아쉬웠지만, 그렇게 잠깐이나마 만난 것도 아예 그런 만남이 없었던 것보다는 낫다는 생각이 들었다.

"이-치-로! 이-치-로!" 아가씨들은 계속 소리를 질러댔다.

스콧이 내 어깨를 툭툭 쳤고 생각에 잠겨 있던 나는 퍼뜩 정신을 차렸다. 스콧은 씩 웃으며 오른쪽을 가리켰다. 할아버지가 이치로 팬들을 힘들게 헤치며 걸어오고 계셨다. 할아버지는 소리를 지르는 아가씨들을 보며 미소를 지었다. 할아버지는 손에 무언가를 들고 계셨다. 우리에게 상자 두 개를 건네며 말씀하셨다. "크래커 잭(당밀로 뭉쳐놓은 팝콘―옮긴이) 좀 먹겠니?"

"네, 그럼요!" 우리는 한목소리로 대답했다.

그래, 오늘 하루는 정말 근사했다. 하지만 내일은 또 어떤 일이 벌어질지 궁금해 참을 수가 없었다. 내일은 더 끝내주는 하루가 될 테니까.

나는 이미 그 이야기를 들었지만 다시 한 번 듣고 싶다. 다른 식으로

새로운 이야기들 대부분은 기존의 이야기들을 변형한 것들이다. 하지만 당신의 이야기가 다른 사람들의 이야기와 얼마나 유사한지에만 주목한다면 당신은 금세 기가 꺾이고 말 것이다. 비결은 당신의 이야기가 얼마나 다른지를 생각하는 것이다. 그리고 당신의 이야기를 전하는 것이다.

현재는 현재이고, 그리고 현재와 현재가 또 온다

그렇게 현재는 계속 이어진다. 현재란 과거와 미래 사이에 끼여 있는 일종의 지속적인 중간 지대다. 현재는 끊임없이 이어지므로 현재를 활용하지 못한다고 해서 걱정하거나 스트레스를 받을 필요는 없다. 하지만 당신이 현재를 활용하지 못하면, 현재는 과거가 되어버린다. 비결은 다가오는 미래를 보고, 현재가 될 미래를 활용한 다음, 새로운 현재에 도달할 때 그 현재를 과거로 흘려보내는 것이다. 하지만 그 무엇보다도 좋은 현재는 바로 지금 현재다.

설득하기 가장 쉬운 사람은 바로 당신 자신이다

물론 당신에게 정말 순진한 남동생이나 여동생이 있지 않다면 말이다. 당신의 생각과 아이디어는 정말로 근사하다. 특히 당신에게는 그럴 것이다. 좋은 일이다. 당신은 당신이 원하는 모든 걸 다 말할 수 있지만, 다른 사람을 설득하기 위해서는 당신의 아이디어를 실현시킬 행동을 해야 한다.

red paperclip one fish pen one doorknob one camping stove one red generator

캠핑 스토브 한 개

그리고 내일은 정말 끝내줬다! 정말로.

몬트리올로 돌아온 나는 싱크대 아래 서랍의 오래되고 낡은 손잡이를 빼냈다. 새 손잡이를 끼워 넣고 서랍을 열어보았다. 놀라웠다. 솔벤트(용제溶劑)가 눈에 들어왔다. 나는 서랍을 닫았다가 다시 열어보았다. 그 자리에 그대로 있었다. 솔벤트 말이다. 나는 서랍에 미소 짓는 얼굴 모양의 손잡이가 새로 달렸다는 사실에 솔벤트가 얼마나 행복해할까 생각해보았다. 만약 내가 솔벤트라면 분명 기분이 좋아졌을 것이다. 나는 씩 미소를 지었다. 그러다 이 문손잡이를 가능한 한 빨리 다른 물건과 교환할 계획이라는 걸 기억해내고는 솔벤트가 얼마나 실망할까 생각해보았다. 문손잡이를 거래할 계획이라는 건 비밀로 해야겠다는 생각이 들었다. 솔벤트에게는 잔인한 처사였지만 이겨낼 것이다. 언제나 그랬듯이.

나는 컴퓨터 앞에 앉아 이메일을 확인했다. 받은 편지함에는 크레이그스리스트에 올린 빨간 클립을 거래하고 싶어 하는 사람들의 이메일이 가득했다. 100명이 넘는 사람들이 거래를 제안해온 것이다. 나는 모든 사람들에게 이메일로 나쁜 소식을 전했다. 빨간 클립은 이미 거래가 끝났다고…… 하지만 여전히 거래를 원한다면 신기한 재주와 마법을 부리도록 E. T.와 문손잡이를 교배해서 탄생시킨 아주 괴상한 모양의 문손잡이를 하나 가지고 있으니 참고하라고. 대부분의 사람들은 내가 처음에 올린 빨간 클립 광고를 장난이라고 생각했다. 내가 정말로 그 클립을 거래하고 싶어 한다고 생각하는 사람은 그리 많지 않았다. 수십 건의 빈정거리는 이메일이 이를 증명했다. "미안하지만 문손잡이에는 별 관심이 없네요.

그 빨간 클립에 딱 꽂혔거든요.”

하지만 진짜 거래를 요청하는 이메일도 있었다.

✉ 전 언제나 문손잡이와 E. T.를 교배해서 만든, 신기한 재주를 부릴 줄 아는 괴상하게 생긴 문손잡이를 가지고 싶었어요. 위스콘신주 밀워키에 사는 예쁜 암컷 고양이와 교환할래요? 제가 아끼고 아껴두었던 버드와이저 한두 병도 덤으로 드리죠……. 진짜 고양이예요. 새끼를 밴 채로 길을 잃고 방황하던 사랑스러운 고양이 한 마리를 제가 발견하고 키웠거든요. 이제 새끼 고양이들이 태어났는데 걔네들은 다 입양 보내기로 되어 있고, 그래서 어미 고양이를 맡아줄 집을 찾고 있는 거예요(제 룸메이트가 고양이 알레르기가 있어서). 핑계 삼아 밀워키 구경도 하고 고양이에게 안락한 가정도 찾아주고 정말 좋은 기회 아니에요? (전 불행히도 그런 운은 없네요.) 게다가 정말로 고양이를 원하는 사람이라면 더 크고 더 나은 무언가로 당신과 교환하려 할 테니까요.
:) 브랜디스

✉ 카일에게
비어 있는 국제 크레이그스리스트 사이트들에 내 사이트를 알리는 스팸을 날리기 위해 돌아다니던 중에, 이것을 나쁜 짓이라고 생각하지 않습니다. 어차피 아무도 사용하지 않아 비어 있는 사이트들이니까요. 하여간 그러던 중에 당신의 도쿄 리스팅을 통해 당신 사이트에 우연히 들어가게 됐습니다. 난 그 펜을 원하는 건 아닙니다……. 끝내주는 물건인 것 같기는 하지만. 그런데 그 손잡이는 내가 꿈꾸던 바로 그런 것이라 도저히 참을 수가 없네요. 기쁜 마음으로 거래에 응하고 싶습니다…….
내가 거래하고 싶은 아이템은 술 취한 선원의 석고상입니다. 입을 벌리고 손에 든 술병을 입에 갖다댄 모습이지요. 난 텍사스주 오스틴에 사는 게으른 자영업자고요.
네이선

그래서 난 텍사스주 오스틴에 사는 게으른 자영업자의 '술 취한 선원' 석고상을 선택할 것인지, 아니면 밀워키에 있는 막 몸을 푼 어미 고양이를 선택할 것인지 결정해야 했다. 나는 위스콘신으로 날아가 고양이를 구해내고도 싶고, 텍사스에 사는 게으른 자영업자의 물건을 치워주고도 싶은 충동에 휩싸였지만, 둘 다 불가능한 일이었다. 난 빈털터리였다. 이번 거래는 몬트리올에 있는 집 근처나 내 여행 행선지와 맞아떨어지는 곳에서 이뤄져야 했다. 다음 주에 난 앨런이라는 친구와 뉴욕에 갈 계획이었다. 몬트리올과 뉴욕 사이에 위치한다면 그 어디라도 좋았다. 나는 몬트리올에서 뉴욕까지 여섯 시간을 달리는 동안 지나가게 될 모든 '관련 지역'의 크레이그스리스트 물물교환 코너에 문손잡이를 거래한다는 광고를 올렸다.

순간 나는 '스스로 선택하는 모험(Choose Your Own Adventure: 간단한 줄거리가 소개된 뒤 주인공의 향후 행동을 독자가 선택하도록 만든 어린이 도서―옮긴이)'이 현실이 되었음을 깨달았다. 어떤 일이 일어날지는 아무도 모른다. 선택 사항은 무한하다. 매번 거래를 할 때마다 새로운 모험의 세계로 들어서게 된다. 하지만 나는 최선의 선택을 하기 위해 책장을 넘겨 다양한 플롯을 미리 읽어볼 수는 없었다. 정정당당한 비거 앤드 베터 게임을 해야 했으니까. 거래에는 진정성이 담겨야 했다. 일단 거래를 정하고 나면 그것으로 밀고 나가야 했다. 신중해야 했다. 한 번의 잘못된 선택으로 인해 블랙홀로 빠질 수도 있었다. 선생님이 갑자기 책 읽기를 시켜 잔뜩 겁에 질린 초등학교 3학년생이 빠질 법한 블랙홀로.

어떤 사람들은 이메일을 쓸 때 실제보다 과장하기도 했고, 따라서 그 사람들에 대해 신중하게 파악한 다음 거래를 해야 했다. 또 다른 문제는 지리적 편의였다. 매사추세츠주 서부에 사는 숀은 사람도 괜찮아 보이고 위치도 적당했다.

✉️ 카일에게

난 그 문손잡이가 정말 마음에 들어요. 그게 내 에스프레소 메이커랑 딱 어울릴 거 같아요. 꼭 그게 필요해요……. 정말 근사한 물건이랑 교환하자고 제안하는 거예요……. 콜맨에서 나온 2단짜리 캠핑 스토브를 드릴게요. 훨씬 크고 훨씬 좋은 물건이죠? 클립이나 물고기 펜, 문손잡이에서 껑충 뛰어오르는 거지요……. 난 그 문손잡이가 정말 마음에 들고 당신의 사회학적 실험에 매료되었어요……. 당신 블로그를 봤는데 정말 흥미로운 사람 같더군요……. 당신이 언제까지나 그렇게 태평하게 잘살았으면 좋겠어요(난 절대 히피도 아니고 당신을 비난하는 것도 아니에요……. 하지만 그런 뉘앙스를 풍기지 않으면서 적당한 표현을 찾기가 힘드네요). 어쨌든…… 나 또한 물물교환을 아주 좋아한답니다……. 물물교환으로 삶을 꾸려왔다고 해도 과언이 아니지요. 내가 지금 몰고 있는 1993년식 셰비 블레이저도…… 네, 3년 전 교직에 들어서면서 샀던 중고 노트북과 교환한 거랍니다.

캠핑 스토브라고? 이거 구미가 당기는데. 그리고 노트북이랑 트럭이랑 교환했다니 이게 무슨 소릴까? 숀은 내가 꼭 만나봐야 할 사람이었다. 진정한 트레이더였다. 나는 마음이 동해서 답장을 썼다.

👤 숀에게

히피도 아니고, 날 비난하지도 않는다는 선언에 감사합니다. 기분 찜찜하지 않게 명확하게 설명해줘서 훨씬 마음이 편안하네요. 훌륭한 전술이에요. 매사추

one instant party one famous snowmobile one trip to Yahk one cube van one recording contract

세츠 서부 어디쯤에 살고 계시나요?

✉ 애머스트요……. 그 문손잡이가 내 마음에 쏙 든다면 시원한 맥주도 한 잔 대접해드리죠.

마음이 한층 더 동했다.

 좋아요. 다음 주에 그리로 가죠. 25일 월요일 점심때나 오후쯤 괜찮으세요?

✉ 좋아요. 기다리죠. 혹시라도 괴상한 이유로 전화를 해야 한다면…….

그리고 그는 전화번호를 가르쳐주었다. 나는 도대체 숀에게 전화할 만한 괴상한 이유가 뭐가 있을지 생각해보았지만 아무것도 떠오르지 않았다. 어쨌든 난 그 전화번호를 메모해두었다. 나중에라도 괴상한 이유가 생각날지 모르니까. 게다가 난 이런저런 일에 대한 괴상한 이유를 생각해내는 데 천재적이지 않은가.

도미니크가 때맞춰 내 방으로 들어와 물었다. "자, 문손잡이 씨, 다음 거래 품목은 뭔가요?"

"콜맨 스토브."

"하? C'est quoi ça(그게 뭐야)?" 그녀가 물었다.

"음, 작은 가스스토브 같은 거야. 있잖아 왜, 캠핑갈 때 쓰는."

"아, Oui, un four à camping(그래, 캠핑 스토브)."

"그래, 그거."

"그 four à camping(캠핑 스토브)는 어디서 가져올 건데?"

"애머스트." 내가 답했다.

도미니크는 당황스러운 표정으로 날 바라보더니 말했다. "그게 어디야, 해머스트라니?" 퀘벡 사람답게 모음으로 시작되는 모든 단어에 H를 덧붙이고 H로 시작하는 모든 단어에서 H를 빼고 발음하는 도미니크는 자신이 모르는 얘기를 들으면 멍해지는 습성이 있다. 애머스트라는 이름이 그녀의 시스템에 약간의 충격을 가했다. 도미니크는 처음 들어보는 지명인 게 분명했다.

"내가 보여줄게." 그리고 난 지도를 꺼내 애머스트가 어디 있는지 보여주었다.

"아, 매사추세츠에 있구나."

"그래."

"언제 갈 거야?"

"빠른 시일 내에, 아주 빠른 시일 내에."

그로부터 얼마 지나지 않아 앨런과 나는 빨간 코롤라를 타고 애머스트에 있는 숀의 집을 찾아갔다. 도착했을 때는 오후 늦은 시간이었다. 더웠다. 그리고 끈적끈적했다. 숀은 집에 없었다. 나는 간이 차고를 둘러보다 캠핑 스토브에 눈길이 닿았다. 앨런 또한 스토브를 발견했다. 앨런이 말했다. "야, 저건가 보다! 가서 들고 사진 찍을까?"

"아니야, 손을 기다리는 게 나을 것 같아. 지금 저거에 손대면, 나중에 손이 보여줄 때 처음 본 척하기가 힘들어질 테니까." 내가 말했다.

순간 손이 탄 것 같은 빨간 셰비 블레이저가 집 앞에 섰다. 보조석 문이 열리더니 도복 바지만 입은 쿵후 전사가 뛰쳐나왔다. "히이이야!" 꼬마 녀석이 소리를 질렀다. 꼬마는 우리를 향해 주먹을 휘둘렀다. 눈을 잔뜩 부라리던 꼬마는 우리에게 달려와 물었다. "아저씨들 누구야?!" 그러고는 돌려 차기로 앨런의 무릎을 치고 내 앞에서 아슬아슬하게 주먹을 휘둘렀다.

내가 말했다. "내 이름은 카일이고 이쪽은 앨런이야. 우린 거래를 하러 왔단다."

"정말이요? 어떤 거래요?" 꼬마가 물었다.

"음, 우린 이 문손잡이를 캠핑 스토브와 바꾸러 왔지. 어때?"

"문손잡이요?" 꼬마가 물었다.

"그래, 문손잡이." 내가 말했다.

꼬마는 인상을 찌푸리더니 블레이저를 올려다보았다. "아버지, 우리한테 왜 문손잡이가 필요해요?"

꼬마 녀석의 아버지가 트럭에서 내렸다. "음, 그걸 에스프레소 메이커에다 달 거야."

"아, 멋지겠네요." 쿵후 전사가 말했다. 그 애는 멀리 있는, 뭔가 흥미로운 것을 포착한 모양이었다. 그걸 확인하러 달려갔다. 꼬마 녀석의 아버지는 오른손을 내밀었다. "안녕하세요, 당신이 카일이군요. 난 숀입니다. 웹사이트에서 당신 사진을 봤죠. 그리고 이쪽은……."

"앨런입니다." 앨런이 말했다.

"좋아요! 만나서 반갑습니다. 이렇게 제때 찾아와줘서 고마워요. 저 놈은 내 아들 셰이머스입니다. 막 수영 강습을 끝내고 오는 길이에요. 평소보다 신경이 좀 날카로운 상태고요."

숀은 한쪽 팔에 들고 있던 여섯 병들이 박스에서 맥주 한 병을 꺼냈다. 시원해 보였다. 그는 눈썹을 추켜올렸다.

"사양하지 않겠습니다." 우리는 입을 모았다.

"배고픈가요?" 그가 물었다.

"네." 우리는 다시 입을 모았다.

"캠핑 스토브는 바로 저기 있습니다." 숀은 맥주병을 따며 말했다. "뭐 이미 사진도 찍고 그랬겠죠."

나는 그 캠핑 스토브를 바라보며 말했다. "아, 저거군요. 아니요, 아직 사진을 찍지 않았습니다."

숀은 개의치 않는 표정이었다. "식사 전에 거래를 하는 게 좋겠죠. 그러니까 얼른 해치우자구요."

나는 주머니에 손을 넣어 문손잡이를 꺼냈다. "여기 문손잡이 대령입니다."

숀은 그 문손잡이를 바라보다가 다시 나를 올려다보았다. 순간 당혹스러운 표정이 그의 얼굴 위를 스쳤다. "잠깐만요. 아직은 거래를 할 수가 없습니다."

"왜요?" 내가 물었다.

그는 능글맞게 웃었다. "그 거래 셔츠를 입고 있지 않으니까요."

"거래 셔츠요?" 내가 물었다.

"예, 그 줄무늬 셔츠 말입니다. 웹사이트에 올린 사진에서 입고 있던 그 셔츠요. 공식적인 거래 셔츠를 입지 않고서는 거래를 할 수가 없어요." 숀이 말했다.

"아, 리키 셔츠 말씀이군요? 사실 그건 제 거래 셔츠가 아니에요. 그냥 어쩌다 보니 처음으로 하게 된 두 거래에서 입게 된 거죠."

숀은 눈에 띄게 실망하는 기색이었다. 그는 고개를 살짝 떨어뜨렸다. "아…… 난 또 거래를 할 때마다 그걸 입는 줄 알았는데."

나는 숀을 실망시키고 싶지 않아 입을 열었다. "뭐, 그게 제 거래 셔츠는 아니지만 정 원하신다면 거래 셔츠로 정하면 되죠, 안 그래요?"

그는 머리를 살짝 들어올리고는 눈을 반짝이며 물었다. "그 셔츠가 당신의 행운의 셔츠 같은데…… 안 그래요?"

나는 잠시 생각해보았다. "그런 것 같네요. 아니, 사실은 아니에요. 그건 리키의 행운의 셔츠죠. 난 그저 그를 실망시키지 않으려고 입었던 거구요."

숀은 기대에 찬 목소리로 물었다. "그 셔츠 가져왔어요?"

"네, 차 안에 있어요." 나는 이렇게 말하며 맥주를 들지 않은 손으로 어깨 뒤에 있는 차를 가리켰다.

"그럼 뭘 꾸물거려요? 빨리 갈아입고 거래합시다." 그가 말했다.

나는 잽싸게 차로 달려가서 리키의 셔츠를 걸쳤다. 그 셔츠를 가져오길 잘했다는 생각이 들었다. 아니, 그저 잘한 게 아니라 끝내주게 잘한 일이라는 생각이 들었다. 숀의 말이 옳았다. 나에게도 행운의 거래 셔츠가 필요했다. 그리고 리키의 셔츠는 정말로 행운을 가져다주지 않았던가.

앨런이 우리가 '거래'하는 장면을 사진에 담았다. 당신이 예상하는 것처럼 바로 억지웃음을 한가득 지은 그런 사진이었다.

숀이 스토브 연료 한 통도 덤으로 주었으므로, 이제는 연료가 든 캠핑 스토브가 된 것이다.

검은 띠 존스…… 그러니까 셰이머스는…… 2차전을 하러 돌아왔다. 그 애는 카메라를 보며 이소룡 포즈를 취했다. 그 애는 카메라를 좋아했다. 주목받는 걸 좋아했다.

우리는 바비큐 석쇠 주위에 둘러서서 스테이크를 구웠다. 숀에게 물었다. "그런데 노트북을 트럭과 교환했다는 게 정말이세요?"

숀은 트럭을 가리켰다. "저기 저겁니다. 아주 근사하죠?" 그리고 그는 집을 가리켰다. "집 보이죠? 집도 주인이 여행 간 사이에 봐주기로 하고 들어온 겁니다. 빈 집을 맡아 관리해주는 일, 알죠? 크레이그스리스트를 통해서."

숀은 말솜씨가 보통이 아니었고 노련한데다가 실행력까지 갖췄다. 그는 최고였다. 숀은 특별한 불꽃을 가진 사람이었다. 그는 자극제였다. 그의 얘기를 들으며 나는 세상 바깥으로 나가 모든 것을 변화시키고 싶다는 열망에 사로잡혔다. 숀은 전설적인 트레이더였다. 문손잡이 한 개를 있으나 마나 한 캠핑 스토브와 교환하게 되어 잔뜩 들떠 있는 내게, 내 앞에 서 있는 이 남자는 중고 노트북과 교환한 트럭을 보여주었다. 나는 분명 경험이 풍부한 트레이더와 대화를 나누고 있었다. 숀의 고향은 캘리포니아 베이 지역이었다. 역동적인 남자였다. 활동적이며 느긋하고, 태평스러우면서도 에너지가 넘치는, 아이디어가 풍부한 남자라는 것 또한 확실했다. 숀과 함께 있다 보니 비거 앤드 베터 게임이 특정 지역에 국한되어 있지 않다는 확신이 들었다. 비거 앤드 베터 게임은 더 이상 아이디어에만 그치는 게 아니었다. 그건 현실이었다. 난 내 거래가 한 차례의 요행으로 끝나지는 않을 것 같다는 생각이 들었다. 숀은 실제로 내가 거래로 집까지 얻도록 돕고 싶어 했다.

나는 맥주를 벌컥 들이켰다. 숀이 말했다. "적당한 때에 만나게 되어 다행이에요. 얼마 전에 UMASS(매사추세츠 애머스트 대학교) 학기가 끝나서 2주 후면 난 워싱턴으로 이사를 가니까요."

"UMASS에서는 뭘 가르치셨어요?" 내가 물었다.

"저널리즘이요." 그가 이렇게 대답하며 말을 이었다. "그래요, 이 트럭을 몰고 이사를 갈 건데, 물건을 실을 공간이 넉넉지 않아서요. 캠핑 스토브가 이것 말고도 하나 더 있거든요. 트럭에는 하나밖에 실을 수가 없어서 지난주 창고 세일에 이 스토브를 내놨었죠. 그런데 아무도 사가질 않아서 도로변에 놓고 '공짜' 표지를 붙여놨어요. 그래도 가져가는 사람이 없더군요. 그러다 크레이그스리스트의 물물교환 코너에 올려놓은 당신 광고를 보고 이메일을 보낸 거예요. 당신이 거래하는 데 도움이 될 것 같아서 말입니다!"

"그 스토브를 팔지 못한 게 저한테는 천만다행이네요!" 내가 말했다.

숀과 셰이머스, 앨런 그리고 나는 허시퍼피(옥수수 가루로 만드는 둥근 튀김 과자―옮긴이) 크기만 한 스테이크 샌드위치를 정신없이 먹어치웠다. 내가 여태껏 먹어본 것 중 최고로 맛있는 스테이크 샌드위치였다. 우리는 기름이 번질번질한 손과 주방 칼로 숀의 에스프레소 메이커에 달린 낡고 망가진 손잡이를 떼어내려 했지만 꿈쩍도 하질 않았다. 숀은 날 올려다보며 말했다. "나중에 펜치를 가져다 빼야겠어요. 원한다면 당신한테도 사진을 보내드리죠."

나는 샌드위치의 마지막 한 입을 다 먹고 말했다. "꼭 그래주세요. 근사하겠네요. 물론 이 스테이크 샌드위치만큼 근사하진 않겠지만요."

숀은 씩 웃고는 그 문손잡이를 바라보았다. "지금 당장 이 새 손잡이를 달 수 있다면 정말 좋겠지만 모든 일이 다 마음먹은 대로 풀릴 순 없는 거겠죠."

숀은 이야기를 하고 싶어 했다. 그는 무슨 얘긴가를 우리와 나누고 싶어 했다.

셰이머스는 탁자 위에 반쯤 먹다 남은 스테이크 샌드위치를 내팽개치고 어디론가 달려갔으며, 숀은 그 아이를 불렀다. "셰이머스, 저녁은 마저 먹어야지!"

"아버지. 나 배 안 고파요." 셰이머스가 말했다.

"이리 와서 마저 먹어야지. 어서!"

셰이머스는 눈알을 또르르 굴리고는 제자리로 달려와 다시 정신없이 스테이크 샌드위치를 먹어치웠다. 숀은 아이를 자랑스러우면서도 애처로운 표정으로 바라보았다. 나는 숀에게 무언가 걱정거리가 있다는 생각을 지울 수가 없었다. 숀에게는 그 캠핑 스토브를 치워버리는 것 외에도 다른 걱정거리가 있는 게 분명했다. 셰이머스는 마지막 한 입까지 먹어치우고 배를 두드리며 무술 연습을 하러 뛰어나갔다. 숀은 그 애가 모퉁이를 돌아 뛰어가는 모습을 지켜본 뒤, 다시 우리를 보며 말했다. "네, 셰이머스는 샌프란시스코에 있는 어머니와 함께 살게 될 겁니다. 아직 저 애에게는 말하지 않았어요."

나는 맥주를 쭉 들이켰다.

"다음 주에 보낼 겁니다." 그가 덧붙였다.

나는 맥주를 삼켰다. 그렇게 떨어져 산다는 것이 어떤 것일지 나로선 상상이 되지 않았다. 내 부모님은 나와 함께였다. 언제나 함께였다. 떨어져 산다는 건, 특히 아이와 떨어져 산다는 건 아주 힘든 일일 것이다. 그에게는 아들과 함께할 시간이 앞으로 고작 일주일밖에 남지 않은 것이다. 그런데도 숀은 우리와 이야기를 나누고 우리와 함께 있고 싶어 했다. 그는 담배에 불을 붙였다. 이상한 상황이었다. 그는 우리와 함께하는 걸 분명 즐기고 있었다. 난생 처음 보는 낯선 이들과 함께한다는 것이 그의 인생에 있어 힘든 이 시기에 신선한 청량제가 된 모양이었다. 숀은 한숨 돌리길 원했다······. 입에 담배를 물고 있긴 했지만.

숀은 초조한 에너지를 내뿜고 있었지만 셰이머스는 활기찬 에너지를 내뿜고 있었다. 고기로 배를 잔뜩 채워서 더 강해진 에너지를. 숀은 셰이머스가 정원 호스를 손에 들고 탁자로 다가오자 담배 든 손을 야외용 탁자 밑에 숨겼다.

셰이머스는 당장이라도 물을 뿜을 기세였다. "아버지, 우리 언제 놀아요?"

"조금만 기다려. 먼저 집 앞 화단에 물 좀 주지 그러니?"

셰이머스는 입을 삐죽거렸지만 숀은 '나도 마음에 들진 않지만 사는 게 다 그런 거야'라고 말하는 듯 눈썹을 추켜올리고는 어깨를 으쓱했다.

셰이머스는 더 이상 조르지 않고 화단에 물을 주러 달려갔다. 숀은 셰이머스가 집 모퉁이를 돌아가는 걸 보고 담배를 한 모금 빨아들였다. 연기를 내뱉으며 그가 말했다. "저 애는 내가 담배 피우는 줄 모릅니다."

앨런과 나는 숀을 이해한다는 뜻으로 고개를 끄덕였다. 우리는 '어쩔 수 없는 일'이라는 데 조용히 동의했다.

숀은 담뱃불을 끄고 나를 바라보았다. "비거 앤드 베터 게임으로 어디까지 갈 수 있을 거라고 생각해요?"

나는 잠시 생각해보고 대답했다. "모르겠어요. 어쩌면 정말 멋진 물건을 손에 넣게 될지도 모르죠. 그냥 사람들과 물건을 교환하면서 갈 데까지 가보자는 생각으로 시작한 거예요. 제 블로그에는 거래를 통해 집한 채를 얻는 게 목표라고 적어두긴 했지만, 진짜 무언가를 손에 넣고 싶다기보다는 그저 그 과정을 즐기고 싶다는 마음이 더 커요."

숀은 스토브를 흘끗 바라보더니 다시 그의 트럭을 흘끗 바라보았다. 뭔가 생각이 있는 모양이었다. "있잖아요, 볼티모어에 친구가 몇 명 있는데 당신이 몇 차례 거래를 더 한다면 컴퓨터와 교환하도록 주선해줄 수도 있어요. 만약 당신이 이 캠핑 스토브보다 더 나은 무언가를 손에 넣게 된다면 그 친구들이 관심을 가질 수도 있다는 얘기예요. 컴퓨터를 손에 넣는다면, 나처럼 그걸로 중고차와 거래를 해볼 수도 있지 않겠어요?"

"네, 가능할 것 같네요. 그러려면 꾸준히 거래를 계속해야겠네요." 내가 말했다.

"거래는 얼마나 자주 합니까?" 숀이 물었다.

"사실 당신이 세 번째예요. 이제 막 시작한 셈이죠."

"바로 그래서 당신에게 이 캠핑 스토브를 주고 싶었어요. 정말로 그럴싸한 무언가를요. 펜이며 문손잡이며 고만고만한 것들만 거래하다 끝날 수도 있으니까요. 나라면 당신에게 실제로 더 크고 더 나은 무언가를 줄 수 있을 거라고 생각했죠." 그가 말했다.

나는 빙그레 미소를 지었다. "그래요. 확실히 더 크고 더 나은 물건입니다만, 제게도 스토브용 에스프레소 메이커가 있는데 그게 뚜껑이 안 열리거든요. 여기 올려놓는다고 해서 뚜껑이 열리진 않겠죠?"

숀은 씩 웃으며 말했다. "에이, 너무 많은 걸 바라지는 마세요."

"스토브를 주셔서 다시 한 번 감사드려요. 정말 근사해요." 나는 숀에게 미소를 지으며 덧붙였다. "그러니까 창고 세일에서 팔다 남은 물건이긴 하지만 정말로 감사드려요."

숀은 씩 웃었다. "네, 천만에요. 중요한 건 뭘 거래했느냐가 아니죠. 우리가 이렇게 만났다는 게 중요한 거 아니겠어요? 스토브는 잊어버려요. 분위기 좋잖아요."

"그래도 저는 거래 아이템이야말로 모험의 열쇠라고 생각합니다." 내가 말했다.

"그리고 맥주도요." 앨런이 덧붙였다.

"네, 이것도 나쁘지 않네요." 난 이렇게 말하며 두 사람과 맥주병을 맞부딪쳤다.

숀은 다시 그 캠핑 스토브를 바라보았다. "포기하지 말고 끝까지 한번 해보길 바라요. 멈출 이유가 없잖아요. 계속하다 보면 분명 집을 얻을 수 있을 거예요."

나는 맥주를 꿀꺽 삼켰다. 나 또한 책상 위에 놓인 빨간 클립을 발견한 순간 그런 생각을 했었다. 나 또한 그게 가능하다는 걸 알았지만, 난 그저 즐기면서 되는 대로 해볼 생각이었다. 나는…… 음, 이걸 어떻게 말해야 할지…… 어쩌면 조금은, 그러니까, 조금은 덜 헌신적이었다. 왜 확실하지도 않은 것에 목을 매야 한단 말인가? 나는 다이빙을 하기 전에 물의 깊이를 알아보고 싶었다. 바로 뛰어들어 연못 바닥에 머리를 들이받고 싶지는 않았다.

게다가 상향 거래로 집을 얻을 수 있다는 건 알지만 그게 재미있을지 어쩔지는 잘 몰랐다. 불가능한 일이란 없지만, 개중에는 노력할 가치가 없는 일들도 있는 법이다. 물론 집을 얻을 때까지 더 크고 더 나은 물건들로 상향 거래를 할 수 있지만, 최종적으로 집을 얻는다고 해서 그것이 내가 그때까지 들인 시간과 비용을 다 보상해줄 정도로 가치가 있는 일일까?

나는 계속해서 더 비싼 물건을 손에 넣기 위해 전국 방방곡곡을 돌아다니느라 수천 달러를 펑펑 써대는 내 모습을 그려보았다. 먼저 이 캠핑 스토브를 들고 앵커리지로 가서 주인이 원치 않는 피아노 한 대와 바꾼다. 그 후에는 플로리다로 내려가 휠캡이 없는 1995년식 셰비 루미나와 바꾼다. 휠캡이 없는 루미나는 하와이 2주일 여행권과 바꾸고, 또 그것은 뉴펀들랜드에 있는 낡아빠진 트레일러 홈과 바꾸고, 마침내 메뚜기 떼가 우글거리는 루이지애나의 어느 후미진 만에 있는 방갈로와 교환하게 될지도. 짐을 옮기는 데만도 어마어마한 돈이 들 텐데.

마침내 집을 얻어 대대적인 집들이를 하지만, 결국에는 이삿짐업자와 해충퇴치업자에게 지불할 어마어마한 돈 때문에 당장 팔아치워야 하는 처지가 된 내 모습을 상상해보았다. 혹시라도 운이 좋다면, 그리고 준비를 철저히 한다면, 집을 팔아 본전치기는 할 수 있을지도 몰랐다. 상향 거래로 집을 얻을 수 있을 거라는 확신은 들었지만, 메뚜기 떼가 우글거리는 방갈로를 어떻게 해야 할지 막막했다. 메뚜기는 정말 질색인데.

한창 상상의 나래를 펼치던 내게 숀이 말했다. "그냥 마음 편하게 먹고 천천히 하면서 지켜보세요. 마감이나 그런 게 있는 것도 아니니까. 원한다면 평생이라도 할 수 있어요."

숀이 상향 거래로 집을 얻을 수 있다고 말하는 순간 모든 게 달라졌다. 만약 숀이 그게 가능하다고 생각했다면, 나 외에 다른 누군가가 그게 가능하다고 생각했다면, 만약 충분히 많은 사람들이 그게 가능하다고 생각했다면…… 정말 그런 것이다. 한 사람만의 힘으로 달에 갈 수 있는 건 아니다. 만약 내가 선두가 되어 그런 일을 현실로 만든다면, 더 많은 사람들이 내 뒤를 따르게 될 것이다. 만약 내가 숀 같은 사람을 더 많이 만난다면 결국에는 집을 얻을 수 있을지도 모른다. 그리고 어쩌면, 정말 만약의 경우지만, 빚을 청산하기 위해 집을 팔아야 하는 일은 없을지도 모른다. 혹은 메뚜기 떼와 싸워야 할 일도 없을지 모른다. 게다가 지금까지는 이번 프로젝트에 돈은 한 푼도 쓰지 않았다. 하지만 동시에 지금까지 내 거래 아이템들은 전부 내 호주머니에 들어갈 정도의 크기였다.

나는 다시 현실로 돌아오기 위해 머리를 흔들었다. 낡은 캠핑 스토브를 한 번 바라보자 대대적인 집들이 파티의 영상은 스르륵 사라졌고, 금세 현실로 돌아왔다. 아, 현실. 내 오랜 친구. 현실에서의 나는 이사 가려는 남자의 낡은 캠핑 스토브를 가져가며 좋아하는 멍청한 빈털터리 몽상가였다. 나는 숀에게는 쓰레기를 공짜로 치워주는 청소부였다. 그래, 간

단명료하지 않은가. 나는 대단한 계획을 세워둔 것도 아니었다. 나는 머
저리였다. 어쩌면 숀이 집을 얻을 수도 있다는 군침 당기는 이야기를 늘
어놓은 건 나에게 저 캠핑 스토브를 떠넘기기 위해서가 아닐까.

숀은 내 눈에 담긴 근심을 눈치 챈 모양이었다. "카일, 당신은 정말 횡
재한 거예요. 당신이 정말 귀중한 물건을 얻었든 아니든, 어쨌든 거래를
하고 새로운 사람을 만난다는 것 자체가 굉장한 거예요. 앞으로도 아주
즐거울 거예요. 당신이라면 해낼 수 있을 겁니다." 그는 눈썹을 추켜올리
며 말을 이었다. "어쨌든 당신은 유니폼도 가지고 있잖습니까." 그는 맥
주병을 들어올리며 말했다.

"앞으로의 여정을 위하여."

"그리고 애머스트에서 가장 맛있는 스테이크 샌드위치를 위하여." 앨
런이 말했다.

"그렇고말고." 난 이렇게 말하며 맥주를 한 모금 들이켰다. 타는 듯이
뜨거웠다. 맥주가 아니라 날씨가. 맥주는 이가 시릴 정도로 차가웠다. 지
금으로서는 시원한 맥주나 캠핑 스토브가 집 한 채보다 훨씬 더 소중했
다. 우리는 빨간 코롤라를 타고 뉴욕으로 갈 예정인데 빨간 코롤라에는
집 한 채를 실을 수 없지 않은가.

호스를 어디다 치운 건지 셰이머스가 우리를 향해 달려왔다. 숀은 그
애를 바라보며 말했다. "한판 할 준비됐나?"

앨런과 나는 숀과 셰이머스에게 손을 흔들어 작별을 고했다. 우리는
숀에게 우리가 찍은…… 특히 셰이머스가 근사한 닌자 포즈를 취한 수십

장의 사진을 보내주기로 약속했다. 우리는 빨간 코롤라를 타고 길을 나섰다.

숀이 옳았다. 진부한 말 같지만 중요한 건 물건이 아니라 여정이었다. 나는 '모든 위대한 여정은 한 걸음에서 시작된다'는 말에 대해 생각해보았다. 나의 여정은 빨간 클립 하나와 물고기 펜 하나를 교환하는 순간 시작되었다. 빨간 클립 한 개가 내가 한 걸음을 내딛기 위해 거래한 물건이었다. 거래로 기분이 잔뜩 들뜬 나는 빨간 코롤라를 몰고 커다란 하얀 색 주택을 지나 이글거리는 일몰을 향해 나아가면서 이제부터 나의 비거 앤드 베터 게임을 '빨간 클립 한 개'라 부르기로 결심했다. 모든 것이 빨간 클립 한 개에서 시작되었다. 빨간 클립은 나의 출발점, 더 중요하게는 내가 다음에 할 수 있는 일을 상징하는 물건이었다. 나는 다음에는 그 어떤 것이라도 할 수가 있다. 나에게는 유니폼까지 있지 않은가.

더 많은 것이 바뀔수록 더 많은 변화가 생긴다

그렇다, 당신이 곰곰이 생각해보아야 할 또 다른 근사한 문장이다. 잠시만 생각해보자. 정말 맞는 말이다.

마음이 당신에게 무엇을 해줄 수 있느냐를 묻지 말고, 당신이 마음에게 무엇을 해줄 수 있는지 물어라

물론 이 문장은 J. F. K.의 연설에서 슬쩍 따왔다. 좋은 연설이다. 당신의 마음이 당신을 위해 일하도록 하려면 어떻게 훈련을 시켜야 하는지를 묻지 말고, 어떻게 하면 당신에게 마음의 평정을 주는 일을 할 수 있을지를 물어라. 맞는 말이라고 생각하는가? 혹 그렇다고 생각하지 않는다면, 그렇다는 생각이 들도록 무엇을 어떻게 해야 할까?

빨간 발전기 한 개

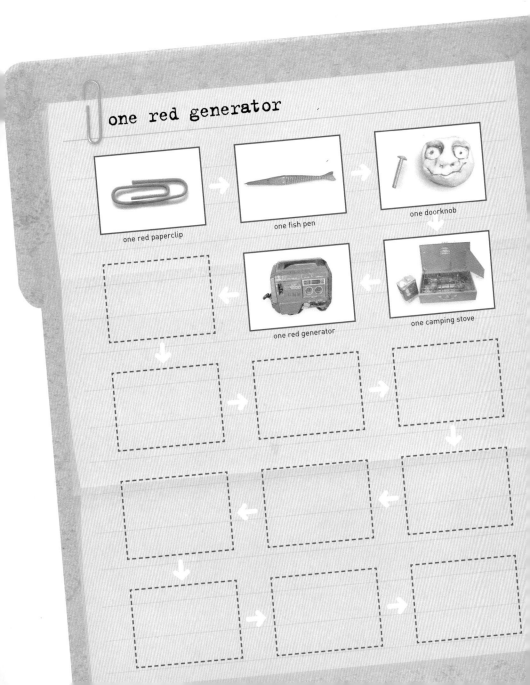

one red generator

one red paperclip

one fish pen

one doorknob

one red generator

one camping stove

몬트리올로 돌아온 나는 거대한 계획을 세웠다. 나는 블로그에 르와니와 코린나, 애니, 그리고 숀과의 거래에 대해 썼다. 그리고 내가 얼굴 없는 정신병자, 또는 스팸 메일이나 보내는 녀석이 아니라는 걸 사람들에게 알리고 거래에 대한 이해를 돕기 위해 사진도 함께 올렸다. 나는 그저 캠핑 스토브를 하나 가지고 있는 몬트리올 남자일 뿐이었다. 거래를 원하는 남자.

그때까지 내 블로그는 다른 웹사이트의, 눈에 잘 띄지 않는 구석에 처박혀 있었지만, oneredpaperclip.com이라는 도메인을 사서 자동으로 내 옛날 블로그와 연결되도록 해 더 찾기 쉽게 했다. 좀더 사용하기 편리하도록 블로그도 새로 단장했다. 이메일 주소도 기억하기 쉽도록 oneredpaperclip@gmail.com으로 변경했다. 나는 의욕적으로 '비거 앤드 베터'를 '빨간 클립 한 개'로 바꾸었다. 빨간 클립 한 개라는 명칭은 나를 돋보이게 해줄 것 같았다. 나만의 명칭이니까. 그래, 바로 그거다. 이미 oneredpaperclip.com을 방문하는 사람들이 매일 수십 명에 달하니까 앞으로는 일이 순조롭게 풀릴 것이다. 나는 거래 요청이 물밀듯 밀려 들어올 거라고 예상하고 기다렸다.

그리고 기다렸다.

또 기다렸다.

때는 여름이었다. 온 세상 사람들이 다 늘어졌고, 나 또한 마찬가지였다. 거래 제안은 내가 생각했던 것만큼 물밀듯 밀려 들어오지 않았으며 그나마 들어오는 요청들은 다 그만두고 쉬고 싶다는 마음만 간절하게 했다.

✉ 넵, 카일이 또 다른 카일에게 보냅니다……. 오늘 아침 난 근사한 빨간색 안락의자에 앉아서(네, 소파하고는 좀 다릅니다……. 하지만 전…… 혹시나 궁금해하실까 봐) 제 인생과 제가 처한 커다란 곤경에 대해 생각해보다…… 댁의 이메일이 생각났습니다……. 내가 절실히 콜맨 스토브가 필요하다는 메일에 댁이 보낸 답장이요……. 당시에 전 생각했죠. 이 얼마나 불행한 상황인가. 한 사람의 카일은 완벽한 콜맨 스토브(연료도 들어 있는)를 가지고 있고, 또 다른 카일은 완벽한 콜맨 스토브를 구하고 있는데…… 하지만 전 마침 그 주말에 캠핑을 가 있어서 그 스토브를 가지러 갈 시간이 없었습니다……. 저는 생각해 봤죠……. 댁은 공짜 집을 얻기 위해…… 열심히 찾아다니는 사람이니까……. 집을 '가정'으로 만들어주는 게 무얼까 생각해봤어요……. 뭐, 물론 가구겠죠. 그래서 생각해봤는데요……. 전 캠핑을 좋아하지만 가장 필수적인 스토브가 없으니…… 거래를 해보는 게 어떨까 하고요. 댁의 콜맨 스토브와 저의 이 근사한 안락의자를 교환하는 게 어떨지? 물론 토론토까지 오시려면 꽤 걸리겠지만, 기꺼이 댁에게 먹을 것을 제공하고, 원한다면 그 의자에서 하룻밤 주무시면서 얼마나 편안한지 직접 확인할 수 있게 해드릴게요.
카일

✉ 그 클립과 콜맨 스토브를 레이지 보이와 바꾸는 건 어때요? 레이지 보이는 탁한 장밋빛이에요. 안락의자도 되고 흔들의자도 되죠. 아직 유효하니까 원한다면 와서 가져가요. 사실 이틀 후면 사라질지도 모르니까 원하면 빨리 연락 주는 게 좋을 거예요. 뭐, 물론 님이 마음에 든다고 하면 좀더 기다려줄 수도 있어요. 그리고 난 클립이 워낙 많아서 그 빨간 클립이 내 연두색, 흰색, 파란색, 평범한 은색 클립들과 어울려 행복하게 지낼 수 있을 거예요. 클립은 아주 유용하더라고요. 그리고 콜맨 스토브는 이혼하면서 잃어버린 스토브를 대신할 수 있을 테고요. 이제 텐트 하나만 장만하면 다시 캠핑을 갈 수 있겠네요. 정말 재미있을 거예요. 좋은 하루 보내요. 물론 나도 그럴 거예요.
재닛

one instant party one famous s▪

✉ 그 콜맨을 다섯 권짜리 점자 모르몬경과 교환하고 싶습니다. 바비큐 파티를 열어 핫도그와 햄버거, 그리고 감자튀김도 대접해드리죠. 왜 점자책이냐고요? 그 빌어먹을 책은 당신이 가장 크고 가장 좋은 것들을 찾으러 '맹목적으로(blindly)' 크레이그스리스트를 검색하고 돌아다니는 동안 깔고 앉아 있어도 될 만큼 크니까요. 당신이 다음 거래가 이루어질 때까지 기다리는 동안 심심하지 않도록 읽는 법도 가르쳐드릴 수 있어요. 요청하시면 사진도 보내드리죠.
버몬트주 제리코에서 데이브

점점 일이 꼬인다는 생각이 들기 시작했다. 벌써 지겨워졌다거나 아무것도 하지 않은 것은 아니다. 거래 제안을 한 사람들이 죄다 먼 지역에 있어 도무지 엄두가 나지 않았을 뿐이다. 나는 정기적으로 몬트리올의 크레이그스리스트 물물교환 코너에 글을 올렸지만(이제는 크레이그스리스트의 안티스팸 정책을 지켜가면서), 주로 불어를 사용하는 몬트리올에는 크레이그스리스트 애용자들이 별로 없었다. 그리고 나는 비행기를 타고 가서 거래를 할 수 있을 정도로 부자도 아니었다. 나는 어떻게 하면 최상의 거래를 할 수 있는지 곰곰이 생각해보았다.

8월 말쯤, 종종 아르바이트를 주선해주는 친구인 에비앙에게서 전화가 왔다.

"다음 달에 로스앤젤레스에서 박람회가 열리는데 거기서 일해볼래?" 친구가 물었다.

"좋아." 내가 말했다.

나는 이따금씩 캐나다와 미국에서 열리는 박람회에서 테이블 샥스(Table Shox), 즉 레스토랑 테이블이 덜컹거리지 않도록 충격을 흡수해주

one trip to Yahk one cube van one recording contract one year in Phoenix one afternoon with A

는 장치를 홍보하는 아르바이트를 해서 집세에 보태곤 했다. 한두 달에 한 번씩 하는 아르바이트였다. 집세를 다 낼 정도로 돈을 버는 건 아니었지만, 어쨌든 조금이라도 도움은 됐다.

"밴쿠버에서 로스앤젤레스까지 물건을 가득 실은 밴을 운전하는 건?"

"그것도 좋지." 나는 흔쾌히 대답했다.

완벽했다. 2400여 킬로미터 거리인 밴쿠버와 로스앤젤레스 사이에 사는 사람들로부터 거래 제안이 많이 들어와 있던 터였다. 나는 제안한 사람들 중 밴쿠버와 로스앤젤레스 사이에 사는 모든 사람에게 이메일을 써서 내가 몇 주 후에 갈 거라고 알렸다. 나만의 작은 '무역 박람회'를 열 수 있길 기대하면서.

9월 중순, 나는 캠핑 스토브를 싸가지고 밴쿠버로 향하는 비행기에 올랐다. 서부 해안에 도착했을 때쯤 수십 통의 메일이 와 있었다.

✉ 안녕하세요
저는 캘리포니아 샌클러멘티에 살고 있습니다. 연료가 담긴 콜맨 스토브, 아직 교환 가능한가요? 저한테도 거래할 만한 물건이 좀 있어요. 혹시 이미 교환했다면 다음 물품은 뭔가요?
데이비드

✉ 전 유타 솔트레이크시티에 살고 있고, 그 콜맨 스토브를 97년식 혼다 시빅 엔진 및 변속 장치와 교환하고 싶습니다.
매트

97년식 혼다 시빅 엔진이 작은 캠핑 스토브보다 훨씬 비싸기는 했지만, 다음번 거래에서 그런 물건과 뭔가를 교환하겠다고 나설 사람이 있을지 의심스러웠다. 또 그걸 어떻게 가지고 다닌단 말인가? 일단 그것은 제외했다. 그리고 데이비드에게 답장을 보냈다.

 콜맨 스토브는 아직 거래 가능합니다. 저는 9월 25일쯤 LA나 샌디에이고에 갈 예정인데 그때쯤 스토브를 거래할 수 있을 것 같네요…… 어떤 것과 교환하려고 생각하시는지요?
카일
추신: 혹시라도 제가 다른 분과 스토브를 교환하면 알려드리죠…….

✉ 전 1000와트짜리 혼다 발전기를 가지고 있습니다. 휴대용인데다 무게가 고작 22킬로그램밖에 나가지 않아 한 손으로도 쉽게(?) 들 수 있죠.
그럼.
데이비드

 와우. 그거 아주 흥미로운 제안이네요. 콜맨 스토브와 혼다 발전기를 거래하실래요?

✉ 넵. 생각이 있으시다면 미리 손도 봐놓고 연료 탱크도 채워놓겠습니다.
그럼.
데이비드

그래, 바로 이거야! 1000와트짜리 발전기. 아니지, 새로 손도 보고 연료도 빵빵한 1000와트짜리 발전기. 혹시라도 그 사이에 다른 누군가 더 근사한 제안을 하지 않는 한, 나는 데이비드와 거래하기로 했다.

남쪽으로, 남쪽으로 달려 밴쿠버에서 로스앤젤레스까지 가는 데는 2~3일이 걸렸다. 어머니와 아버지가 나를 도와주시려고 비행기로 날아왔고, 우리는 캘리포니아의 트레이드마크인 따뜻한 날씨를 뒤로 한 채 애너하임 컨벤션 센터의 불빛 아래에서 거의 3일을 보냈다.

조금 한가해진 날, 어머니와 나는 캠핑 스토브를 들고 박람회장을 빠져나와 샌클러멘티에 있는 펜들턴 해병대 기지로 향하는 5번 고속도로를 타고 남쪽으로 80여 킬로미터를 달렸다. 이메일을 통해 이미 데이비드와 약속을 잡아둔 터였다.

그는 "5번 고속도로에 있는 돌리 파튼(Dolly Parton:미국의 유명한 컨트리음악 가수의 이름—옮긴이) 바로 전"이라고 설명했다. 돌리 파튼은 5번 고속도로에 있는 두 개의 파란 돔을 가리킨 것이었는데, 잘 보면 돌리 파튼을 연상시킨다고 했다. 혹은 적어도 돌리 파튼의 신체 일부를. 처음엔 무슨 소린지 몰랐으나, 그 두 개의 파란색 돔은 거대하게 솟아오른 파란색 가슴처럼 보였다. 나는 그것을 〈총알 탄 사나이(The Naked Gun)〉에서 본 게 기억났다. 그리고 얼마 전에는 펜들턴 기지를 지나간 적도 있었다. 또 돌리 파튼이 누구인지 알았기 때문에 그의 말을 완벽하게 이해할 수 있었다. 멀리서 돌리 파튼이 보이자 나는 고속도로에서 빠져나왔다.

어머니와 함께 군사 기지에 가본 건 그때가 처음이었다. 어머니는 잔뜩 긴장해 있었다.

"너무 떨린다, 애." 어머니가 말했다.

"괜찮을 거예요. 어머니 여권이나 이리 주세요." 내가 말했다.

우리는 여권을 꺼냈고 내 운전 면허증까지 꺼내 준비해두었다. 잠시 후 검문소에 도착했다. 보초가 다가오더니 우리를 유심히 살펴봤다.

"안녕하십니까?" 그가 말했다.

"예, 안녕하세요?" 내가 말했다.

"신분증 좀 보여주시겠습니까?"

"네, 물론이죠." 나는 우리의 여권을 건넸다.

"이곳에는 어떤 용건으로 오셨습니까?"

"해병대 하사관을 만나러 왔는데요."

"이름이 뭡니까?" 그가 물었다.

"데이비드요."

그는 여권을 흘끗 쳐다봤다.

"누구라고요?" 그가 다시 물었다.

"아마 해병대 하사관일 겁니다."

"누군지 모르겠군요. 어떻게 아는 사이죠?" 그가 물었다.

"서로 연락을 했어요. 그분이 발전기를 판다고 해서요." 내 거래 이야기를 죄다 설명하는 것보다는 그가 발전기를 팔려고 한다고 말하는 게 훨씬 간편할 것 같았다. 사실, 설명한다 해도 어떻게 그걸 다 얘기한단 말인가.

보초는 여권을 다시 내려다보았는데, 이번에는 한층 더 의심스러운 눈길이었다. "두 분 다 캐나다인이시군요?" 그가 물었다.

슬슬 불안해졌다. 우리는 외국인이었다. "네, 그렇습니다."

그는 씩 웃으며 말했다. "아, 이거 반갑습니다. 전 뉴욕 출신입니다. 따지고 보면 옆 동네 사람이네요."

"네, 우리는 서해안에 있는 밴쿠버에서 왔어요." 어머니가 말했다. 나는 '지금 여기서 캐나다의 어느 지역이라고 굳이 밝힐 필요는 없다구요!' 하는 시선으로 어머니를 찌릿 노려보았다. 어머니 때문에 일을 망치면 어쩌나, 순간 조마조마했다.

"네, 그러시군요. 오늘 하루 즐거운 여행하셨습니까?" 그가 물었다. 그리고 나를 보며 씩 웃었다. 윙크까지 했다. 마치 뭔가 알고 있다는 듯이. 내가 2~3년 전부터 뉴욕 바로 위쪽인 몬트리올에 살고 있다는 걸 알기라도 한 걸까?

"그럼요." 내가 말했다.

"들어가십시오." 그가 말했다.

우리는 기지의 주거 지역을 통과했다. 콘크리트 바닥 위에 온통 이동식 주택들이 늘어서 있었지만 이동 주택 주차지 느낌은 아니었다. 이동 주택 주차지와 교외 지역의 중간쯤 된다고 할까. 골목길과 보도가 있는 이동 주택 주차지거나, 영구 주택의 이런저런 귀찮은 일이 없는 교외 지역이거나. 딱히 단정 짓기가 힘들었다.

우리는 데이비드의 숙소 앞에 차를 세웠다. 그는 포드 브롱코의 착탈식 지붕 한쪽을 잡고 길가에 서 있었다. 그의 동료가 다른 한쪽 끝을 잡고 있었다. 둘은 그걸 들어올려 이동 주택 안에 실었다. 주위가 온통 물건들로 어지러웠다. 그는 이사를 가기 위해 짐을 싸는 중이었다. 나는 캠핑 스토브를 챙겨들고 어머니와 함께 밴에서 내려 그에게 다가갔다.

"당신이 카일이군요." 그가 말했다.

"네, 맞습니다. 그리고 이분은 제 어머니세요."

"만나서 반갑습니다, 부인." 그가 말했다.

나는 어머니가 약간 얼굴을 찡그리는 걸 보았다. 어머니는 부인이라고 불리는 걸 싫어했다. 우리는 모두 미소를 지으며 악수를 나눴다.

"이사 가시는 건가요?" 내가 물었다.

"예, 남부 캘리포니아로 다시 돌아가려고요." 그가 말했다.

"사람들이 많이 다녀갔다고 하셨죠?"

"네, 최대한 물건들을 팔아서 처분하려고 합니다."

"그러면 이번 거래가 그쪽에게도 도움이 되겠네요?" 내가 말했다.

"그럴 겁니다. 당신은 집을 얻을 때까지 거래를 계속할 거라고 했으니, 당신에게도 도움이 되겠군요."

"그럼요!"

"당신이 갖고 있는 그 콜맨 스토브가 바로 내가 찾던 모델입니다. 그렇게 훌륭한 옛날 모델을 찾기란 쉽지가 않죠."

나는 그가 조금 더 나아가 "요즘 물건이 오히려 옛날 것만 못하다니까요"라고 말하고 질 좋은 캠핑 스토브가 나오던 옛날을 추억하며 먼 허공에 시선을 던질 거라고 생각했다. 하지만 그는 그러지 않았다.

데이비드는 이렇게 덧붙였다. "제겐 발전기가 몇 개 있답니다." 그러면서 집 옆을 가리켰다.

red paperclip one fish pen one doorknob one camping stove one red generator

정말로 발전기가 몇 개, 아니 적어도 여섯 개는 있었다. 나는 호기심 어린 시선으로 그를 바라보았다.

"군부대 경매에서 구한 것들이죠." 그가 말했다.

그는 발전기의 작동 원리에 대해 한참 설명했다. 헤르츠, 회전, AC/DC, 그 외에도 내가 기억할 수도 없는 수많은 이야기들을 해주었다. 단어 하나하나는 이해했지만 다 합쳐보면 무슨 말인지 통 알 수가 없었다. 나는 고개를 끄덕이며 내 이해 수준이 '어린아이'와 같다는 것을 그가 알 때까지 턱을 계속 긁적였다. 그는 발전기의 시동줄을 잡아당겼다. 바로 시동이 걸렸다. 내가 알아야 하는 건 그것뿐이었다.

그와 악수를 나눈 후에 어머니와 나는 자리를 떴다. 그래, 내가 두 번째로 좋아하는 90년대 초반의 테크노 랩 그룹 '스냅'처럼 어머니와 난

'동력을 얻은(got the power)' 것이다(스냅이란 그룹의 노래 중에 "I've Got the Power"란 곡이 있음―옮긴이). 어머니는 빙그레 웃으며 말했다. "뭐, 그리 나쁘진 않았구나. 사실은 정말 즐거웠어. 함께 오자고 해줘서 고맙다."

"천만에요."

그다음 이틀 동안 에비앙과 나는 밴으로 5번 고속도로를 타고 포틀랜드로 갔다. 그곳에서 몬트리올행 비행기를 탈 예정이었다. 공항 호텔에서 하룻밤을 잔 뒤, 우리는 발전기의 연료 탱크를 비우고 공항으로 갔다. 나는 발전기를 상자 안에 넣고 수화물 보관소로 보냈다. 나는 에비앙에게 손을 흔들어 작별 인사를 한 다음 탑승권을 손에 꼭 쥐고 보안 검색대로 걸어갔다. 내가 탑승권을 훑어보며 비행기로 이어지는 통로에 막 들어서려는 순간, 안내 방송이 울려 퍼졌다. "카일 맥도널드 씨, TSA(미국 교통안전국) 보안실로 와주시기 바랍니다. 다시 한 번 말씀드립니다. 카일 맥도널드 씨, 지금 바로 TSA 보안실로 와주시기 바랍니다."

아, 이런.

나는 탑승권을 주머니에 도로 쑤셔 넣고 다시 검색대를 지나 중앙 통로를 걸어갔다. TSA 보안실에 도착한 나는, 휴대 금지 품목에는 포함되어 있지 않더라도 가솔린 발전기는 비행기에 실을 수 없다는 사실을 알았다.

나는 TSA 직원을 바라보며 말했다. "연료를 비우면 괜찮은 줄 알았는데요."

직원은 엉덩이에 손을 가져다대고 몸을 뒤로 젖히며 조그맣게 웃더니 말했다. "문제는 연료가 아니에요. 증기 형태의 가스죠. 가스는 폭발성이 있어요. 가솔린은 아무것도 아니에요. 불붙은 성냥도 그릇에 담긴 가솔린에 담가 끌 수가 있다구요."

와우. 난 정말이지 그 여자가 불붙은 성냥을 가솔린 그릇에 담가 끄는 장면을 눈으로 직접 확인하고 싶었다. 한마디로 그 여자의 말을 믿을 수가 없었다. 막 항의하려는 순간 비행기가 퍼뜩 생각났다. 비행기가 이제 곧 떠날 텐데. 빨리 조치를 취해야 했다. 나는 휴대폰을 꺼내 공항 근처 호텔에 있는 에비앙에게 전화를 걸었다.

"공항에 와서 발전기 좀 가져가줄래?"

에비앙이 분명 입술을 잘근잘근 씹고 있을 것 같았다. 에비앙 또한 이유를 알 테니까. "알았어, 금방 갈게." 그가 말했다.

몇 분 후, 밴이 멈추더니 그 안에서 에비앙이 뛰어나왔다.

"정말 미안해." 내가 말했다.

"됐어."

나는 씩 웃으며 덧붙였다. "참, 너 한 달 후에 있는 박람회 때문에 토론토로 물건 보내야 되지?"

"어, 그렇지. 너도 거기 갈 거야?" 에비앙이 물었다.

"응, 몬트리올에서 차 몰고 가려고."

에비앙이 발전기를 가리키며 말했다. "이 녀석도 같이 부칠게."

"그럼 고맙지. 그럼 그때 보자구." 나는 빨간 발전기를 내려다보며 사랑스럽게 쓰다듬고는 말했다. "그리고 너도 거기서 보자." 나는 걸어가다 말고 에비앙을 돌아보며 말했다. "참, 가솔린 그릇에 불붙은 성냥을 담그면 꺼진다는 거 알아?"

"뭔 소리야?" 에비앙은 이렇게 말하며 의아스러운 눈초리를 보냈다.

나는 다시 걸어가다 등 뒤로 외쳤다. "그래, 위험한 건 가스래!" 그리고 나는 달려가 비행기에 올랐다. 간신히.

한 달 후 몬트리올을 출발한 나는 다섯 시간 동안 차를 몰아 토론토에 도착했다. 나는 호텔에서 에비앙을 만났고, 다음날 아침 함께 테이블 샥스 셔츠를 입고 박람회에 갔다. 빨간 발전기는 박람회 부스 안에 얌전히 놓여 있었다. 나는 발전기를 유심히 살펴보고 에비앙을 쳐다보았다. "여기 아주 잘 어울리는데!"

"가솔린에 성냥불을 붙여서 꺼볼 참이야?" 에비앙이 물었다.

"물론이지, 성냥 좀 찾아봐!" 내가 말했다. "그리고 가솔린도."

"나도 보고 싶긴 하지만, 부스 앞에서는 좀 참아줘."

"알았어."

나는 에비앙의 말을 들어야 했다. 어쨌든 에비앙이 내 '상사'니까.

토론토에 사는 두 명이 발전기를 거래하고 싶다고 했기 때문에, 우리는 테이블이 덜컹거리는 걸 방지해주는 제품에 대해 열심히 판촉 활동을 한 다음 내 차에 발전기를 싣고 거래를 하러 갔다.

우리는 닉이라는 신사분이 제안한 러닝머신을 보러 갔다. 우리는 닉의 집을 찾아가 현관문을 두드렸다. 그는 잔뜩 들뜬 얼굴로 창고에 있는 러닝머신을 가리켰다. 나는 러닝머신을 바라보고 입술을 깨물었다. '비거 앤드 베터'의 견지에서 보면 나는 더 크거나 더 좋은 물건과 거래를 해야 했다. 이 러닝머신은 확실히 발전기보다 더 크긴 했다. 하지만 절대 더 좋은 물건은 아니었다. 녹이 슬어 있었다. 그리고 허접했다. 그렇게 허접한 러닝머신은 거래하기가 아주 힘들 것이다. 나는 닉에게 미안하다고 말하고 거래를 거절했다. 내가 발전기를 너무나도 아낀다거나 뭐 그런 건 아니었다. 거래자가 나타날 때까지 녹슨 러닝머신을 끌고 다니고 싶지 않았을 뿐이다.

테이블이 흔들리는 걸 막아주는 제품을 며칠 더 판촉한 후 우리는 박람회 부스를 정리했다. 나는 에비앙이 밴쿠버행 비행기를 탈 수 있도록 공항에 내려주었다. 나는 몬트리올로 돌아오는 길에 발전기와 자판기를 교환하자고 한 케빈을 만나기 위해 토론토 외곽의 스카보로에 잠시 들렀다. 내 생각에 자판기는 완벽한 거래 아이템이었다. 발전기는 동력을 생산할 수 있지만 자판기는 돈을 만들어낼 수 있지 않은가. 확실히 자판기는 돈이 열리는 나무였지만, 그건 지저분한 나뭇잎이 우수수 떨어지지 않을 경우의 이야기였다.

케빈은 자판기를 가리켰다. 어마어마했다. 냉장고 크기만 했고 분홍색이었다. 게다가 허접하기까지. 적어도 200킬로그램 이상은 나갈 것 같았다. 아파트 계단을 올라가는 건 둘째 치더라도 일단 내 차 지붕 위에 올리는 것부터가 문제였다. 하지만 무엇보다도 최악은 자판기에 25센트 미만의 동전밖에 들어가지 않는다는 점이었다. 1달러짜리 캐나다 동전도 들어가지 않았다. 1달러짜리 동전도. 지저분한 잎들을 떨어뜨리지 않는 돈 나무에 대한 꿈은 날아가버렸다. 앞으로 1달러짜리 동전을 싫어하는 거구의 고집쟁이 물건으로만 거래를 제한하고 싶지는 않았기 때문에 나는 고맙지만 됐다고 했다. 케빈은 내 심정을 이해했는지 이렇게 말했다. "그럼 다음 기회를 약속하죠 뭐."

"그래요." 내가 말했다.

어쨌든 우리는 한동안 이야기를 나누었고 케빈은 내게 자신의 의류 회사 부시 피그에서 만든 티셔츠 두 장을 주었다.

"운동할 때 입으세요." 그가 말했다.

"그러죠."

나는 다시 차를 몰아 몬트리올로 돌아왔다. 나는 토론토에서 거래를 하지 못해 기분이 좀 별로였다. 닉과 케빈 모두 좋은 사람들이었기 때문이다. 어쨌든 나는 고물상을 열고 싶은 생각은 없었다. 중요한 건 내가 좋은 사람들과 만났다는 점이었다.

일주일 정도가 지났다. 발전기는 우리 아파트에 얌전히 앉아 있었다. 거래 요청이 밀려들었지만 다들 너무 먼 곳이었다. 나는 몬트리올에서 발전기를 광고할 장소를 찾아보려 했지만, 몬트리올의 크레이그스리스트는 다른 북미 대도시만큼 사용자가 많지 않았다. 토론토에서 거래를 하지 않은 게 잘한 결정인지 의문이 들기 시작했다. 내가 실수를 한 걸까? 어쩌면 러닝머신이나 자판기와 교환하는 게 나았을지도 모른다.

하지만 계속 그런 생각만 하고 앉아 있을 수는 없는 노릇이었다. 생각이야 계속할 수 있지만, 그런다고 해결되는 건 아무것도 없을 테니까. 나는 계속 앞으로 나아가야 했다. 뒤만 돌아보는 건 의미가 없다. 하지만 나는 다소 의욕을 상실한 상태였다. 이제 나만의 모험을 선택하는 일이 어려웠다. 초반부에 일이 수월하게 풀릴 때는 거래가 재미있었지만, 끊임없이 노력을 쏟아 부어야 하는 시기가 되자 재미가 덜해졌다. 빨간 클립을 거래하던 날에는 재미있었지만 이제는 거래를 하는 일이 귀찮게도 느껴졌다. 이 게임을 그만두거나, 적어도 뒤로 미뤄두고 집세를 낼 다른 방도를 구해봐야 한다는 생각마저 들었다.

그다음 2주 동안 나는 마케팅 회사 아르바이트로 몬트리올 근처에서 홍보 일을 몇 개 했다. 토론토 박람회에서 올린 수입으로 집세를 낼 수 있었고, 마케팅 회사 아르바이트로 식비를 좀 보탤 수 있었다.

그리고 어느 날 저녁, 나는 몽루아얄 가에 있는 레스토랑에서 도미니크와 외식을 했다. 음식이 나왔다. 내가 쏘는 거였다. 드문 일이었다.

"'빨간 클립 한 개'는 뒤로 미뤄야 할까 봐." 내가 말했다.

"그게 무슨 소리야?" 도미니크가 물었다.

나는 그녀가 '뒤로 미룬다'는 말을 못 알아들은 건지, 아니면 미루는 이유를 알고 싶은 건지 알 수가 없었다. 나는 설명을 해주기로 했다.

"거래하는 게 정말 골치 아파. 지금 하고 있는 마케팅 일도 나름 재미있고. 그냥 어쩌다 보니 그렇게 됐어. 어쩌면 일을 몇 건 얻을 수 있을 것 같기도 하고."

도미니크는 잠시 생각하더니 말했다. "내가 보기에도 그런 것 같아. 요즘 들어 활기가 넘치는 것 같기도 하고, 네가 집 밖으로 나가고…… 점

one instant party one famous snowmobile one trip to Yahk one cube van one recording contract

심 전에 일어나는 것도 보기 좋아."

도미니크의 말이 옳았다. 일을 하지 않을 때는 늦게까지 늘어져 자고 생각을 하느라 집 안에만 틀어박혀 있었다. 비록 일시적이라도 일이 있다는 건 근사했다. 밤이면 피곤해 곯아떨어지고 아침이면 눈이 떠지니 말이다. 게다가 그리 힘들 것도 없었다. 정해진 스케줄대로 따라가면 되니 내 스스로 생각할 필요가 없었다. 유달리 많은 일을 하진 않더라도, 오전에 침대에서 일어날 때면 내가 뭔가 하고 있다는 느낌이 들었다.

"응, 지난번에 일하면서 좋은 사람들을 많이 만났어. 박람회 일을 계속하다 보면 경력이 쌓여 팀장이나 뭐 그런 게 될 수도 있겠지."

"그럼, 네가 원한다면. 물론이지." 도미니크가 말했다.

홍보 팀장이 되는 건 어떨까? 재미있는 일이긴 하지만 내가 정말 원하는 일일까? 알 수가 없었다. 나는 항상 그 순간 옳다고 생각하는 일을 했다. 그러면 대개 결과도 좋았다. 나는 갈림길에 서 있었다. 하나의 길은 안정적인 직장과 과제들로 이어지고, 다른 하나의 길은 불확실한 미래와 도전들로 이어진다. 내가 도전을 좋아하긴 하지만 안정을 원할까? 물론 정해진 스케줄이 있다는 건 좋은 일이지만, 이러다 홍보 일이 지긋지긋해져 다시 원래 자리로 되돌아오고 마는 건 아닐까? 그럴 수도 있는 일이다.

나는 돈을 지불했고 우리는 식당 밖으로 나왔다. 바람이 차가웠다. 겨울이 성큼 다가와 있었다. 우리는 재킷의 지퍼를 올렸다. 도미니크가 손을 뻗었다. 나는 그녀의 손을 잡았다.

Phoenix one afternoon with Alice Cooper

그녀가 말했다. "난 네가 어느 길을 갈 건지 선택하고 그 길을 따라야 한다고 생각해. 항상 망설이는 것도 좋지 않지만, 불가능한 일에 계속 시간을 쏟는 것도 좋지 않아. 어떤 게 옳은 일인지 잘 생각해봐. 네 스스로 결정해야 하는 일이니까."

나는 그녀의 손을 꼭 잡고 잠시 생각해보다 말했다. "그래. 이 빨간 클립 프로젝트에 최선을 다하든가 아니면 아예 그만두든가, 하나를 택해야 해. 안 그러면 괜히 마음만 심난할 거야. 내가 어떤지 알잖아. 한 번에 여러 가지 일은 못 하는 거."

도미니크는 날 바라보고 빙그레 미소를 지었다. "그럼, 잘 알지."

나는 그녀를 한 팔 가득 안았다. 내가 어떤 선택을 하든 도미니크는 내 곁에 있을 것이다.

우리는 아파트로 돌아왔다. 도미니크는 병원일 때문에 새벽 6시에 일어나야 했으므로 바로 잠자리에 들었다. 나는 침대에 앉아 책을 읽으려 했다. 10페이지쯤 넘긴 후에야 한 글자도 눈에 들어오지 않는 걸 깨달았다. 앞으로 돌아가 다시 읽어볼까 생각했지만, 그냥 책장 모서리를 접어놓고 책을 덮었다. 다음에 읽어야지. 오늘 밤에는 생각할 게 좀 있으니까.

나는 천장을 하염없이 올려다봤다. 이제 어떻게 해야 하지? 나는 막 계약한 일을 끝냈다. 이제 앞에는 열린 길이 놓여 있었다. 직장을 얻고 집세를 내야 할까? 아니면 빨간 클립부터 시작해 집을 얻는 거래를 계속해야 할까? 이도 저도 아닌 불확실한 상태를 계속 유지하고 싶지는 않았다. 잠을 자거나 앞으로 나아가거나 둘 중 하나였다. 그리고 기왕 타석에 설

거라면 홈런을 날리고 싶었다. 땅볼로 아웃되고 싶은 사람은 아무도 없을 것이다. 나는 내 웹사이트를 다시 들여다보며 외부인이 보기에는 어떨지 상상해보려 애썼다. 나는 꽤 괜찮은 웹사이트라고 생각했지만, 객관적인 눈으로 보니 전에는 보지 못한 무언가가 눈에 들어왔다. '빨간 클립 한 개 웹사이트'는 엉터리였다. 혼란스럽고 비효율적이었다. 마치 투아웃 상황에서 땅볼로 아웃당해 세 명의 주자를 잔루시킨 것과 마찬가지 상황이었다. 나는 시계를 올려다보았다. 밤 11시였다.

나는 모든 게시물을 다 스크랩해두고 블로그를 새로 만들기로 마음먹었다. 거래와 관련된 블로그 목록을 다 긁어 www.oneredpaperclip.blogspot.com에 위치한 새 블로그로 옮겼다. 주소창에 oneredpaperclip.com을 치면 바로 새 블로그와 연결되도록 해두었다. 그리고 블로그의 첫 화면에 그동안 거래한 아이템의 사진과 함께 간단한 이야기를 적어놓았다. 거래가 성사된 각 아이템들의 사진을 클릭하면 그 거래에 관한 이야기로 이어질 수 있게 했고, 나와 거래한 사람들에 대한 소개도 해두었다. 또한 눈에 잘 띄는 곳에 전화번호와 이메일 주소도 올려두었다. 방문자들이 나의 거래 과정을 보다 잘 이해하고, 내가 거래한 사람들에 관한 이야기를 읽고, 또 나와 더 쉽게 연락할 수 있다면, 내가 현재 가지고 있는 아이템에 대해 거래 요청을 할 가능성이 더 높아질 거라고 생각했다.

나는 내 능력을 최대한 발휘해 사이트를 꾸몄다. 눈을 더 이상 뜨고 있을 수 없을 때까지. 나는 새 사이트 링크를 친구와 가족들에게 알려주고, 자주 가는 사이트 몇 곳에도 올렸다. 컴퓨터 스크린에 뜬 시계를 보았다. 새벽 4시 56분이었다. 날이 바뀐 지 벌써 다섯 시간이나 지난 것이다. 이 정도면 충분하다. 하루 종일 이것만 붙잡고 있고 싶지는 않았다. 나는 있는 힘껏 최선을 다했다. 발전기와 거래하길 원하는 사람이 어서 나타나 길. 나는 침대로 기어들어가 정신없이 잠에 빠져들었다.

ne instant party one famous snowmobile one trip to Yahk one cube van one recording contract

지금도 어딘가에서 해는 빛나고 있다

지금 당장 머리 위를 비추고 있지는 않을지라도, 머지않아 해는 지평선 위 하늘로 높이 솟아올라 따뜻하고 찬란한 빛을 비춰줄 것이다. 물론, 당신이 동굴 안에 숨어 있지 않다면 말이다.

마음껏 불평하라. 사람들은 귀마개를 구입할 수 있으니까

무언가를 할 수 있는데 왜 불평을 한단 말인가? 무언가를 할 수 없다고 생각하면, 당신은 그 일을 할 수가 없다. 그렇다, 이렇게 말해 유감스럽지만 당신이 불가능하다고 확신한다면 정말로 그 일은 불가능해진다. 그리고 만일 당신이 마음을 고쳐먹고 자신감을 갖고 시작한다고 해도, 예상했던 것만큼 쉽지 않을 수도 있다는 점을 명심하라. 잠도 줄이고 힘든 결정을 내려야 할 수도 있다. 예상하던 결과가 나오지 않을 수도 있다. 하지만 당신이 생각하는 일은 '가능'하다. 무엇보다도 긍정적으로 생각하라. 불평불만을 늘어놓는 것도 나쁘고, 귀마개를 끼는 것 또한 그리 편하지는 않다.

내일은 아직 오지 않았다

하지만 당신이 페이지를 한 장 넘긴다면 내일이 올지도 모른다.

여섯 번째 거래 >>>

즉석 파티 세트

one instant party

one red paperclip

one fish pen

one doorknob

one instant party

one red generator

one camping stove

전화벨이 울렸다. 아주 크게. 나는 눈을 번쩍 뜨고 고개를 돌려 전화기를 쳐다보았다. 다시 요란하게 벨이 울렸다. 그냥 더 잘까, 받을까? 많이 망설여졌다. 또 벨이 울렸다. 에이, 받아보지 뭐. 이불 속에서 빠져나와 수화기를 들었다.

"여보세요?"

"안녕하세요, 카일이란 분 계십니까?" 명랑한 여자 목소리였다.

"예, 전데요."

"저는 클레어라고 해요. CBC 프로그램 〈디 아워(The Hour)〉의 프로듀서입니다."

"아, 안녕하세요."

CBC는 캐나다의 공영 방송국이다. 잠자리를 박차고 나와 받길 잘했다는 생각을 했다.

"당신의 빨간 클립 스토리가 퍽 흥미롭더군요. 쇼 진행자인 조지 스트럼볼로폴로스 씨가 당신과 인터뷰를 하고 싶어 하는데요. 오늘 밤 저희 프로그램에 출연해 이야기를 들려주실 의향이 있으신지요?"

"음, 물론이에요. 좋습니다."

"감사합니다. 그런데 웹사이트에 있는 당신 이메일 주소가 연결이 안 되는 것 알고 계세요? 당신을 찾으려고 퀘벡주에 사는, 성이 맥도널드이고 이름이 'K'로 시작하는 사람들한테는 거의 다 전화해본 것 같아요."

"아뇨, 몰랐어요. 제가 웹사이트를 관리하는 기술이 좀 부족해서요. 제 전화번호는 웹사이트에서 찾으신 것 아닌가요?"

"물론 그랬지요. 수많은 K. 맥도널드들에게 전화를 걸어본 다음에요. 대개 사람들은 인터넷에 그렇게 자기 번호를 노출시키지 않거든요."

"맞아요, 그런 것 같네요. 참, 그러고 보니 퀘벡주에서 다른 K. 맥도널드를 한 번도 만나본 적이 없는데. 어떻던가요?"

"대부분 많이 당황스러워했어요. 그 점만 빼면 특별한 건 없었어요. 전화번호가 웹사이트에 올라가 있어서 괴상한 전화들이 많이 걸려오지 않나요?"

나는 몇 초간 잠시 말없이 있다가 대답했다. "글쎄요, 아직까지는 당신이 처음인데요."

"아, 네. 이따가 미팅 때 제 아이디어를 제안해볼게요. 그리고 오늘 밤 출연이 확정되면 나중에 다시 알려드릴게요."

"좋습니다."

"그럼 또 연락드리죠."

"네, 안녕히 계세요." 나는 수화기를 내려놓으려다가 재빨리 다시 귀에 댔다.

"저기, 잠깐, 잠깐만요. 빨간 클립 얘기는 어디서 들으셨어요?"

"보잉보잉(Boing Boing)이요."

"와우, 그러셨군요." 나는 그렇게 말하고 전화를 끊었다.

보잉보잉. 흥미로운 주제의 다양한 글이 올라오는, 전 세계적으로 인기 높은 블로그다. 보잉보잉에 글이 올라갔다면 입소문이 퍼져 전 세계 사람들이 내 얘기를 하고 있을지도 모른다. 그 즈음 거래를 제안하기 위해 내 블로그를 방문하는 사람은 하루에 30명 정도였다. 나는 컴퓨터로 달려가 오늘 방문자수를 확인해보았다. 3만 명이었다. 그것도 오늘 하루만! 나는 시계를 쳐다보았다. 아침 8시 30분. 1초에 한 명꼴로 방문한다는 얘기였다. 이메일을 체크했다. 50통이 넘는 메일이 도착해 있었다. 조금 후 또 전화벨이 울렸다. 나는 깊게 심호흡을 한 후에 수화기를 들었다.

그리고 또 전화가 왔고, 또 왔고, 계속 전화벨이 울렸다.

하루 종일 쉴 새 없이 전화가 울려댔다. 신문기자, 라디오 DJ, 에이전시, 출판사, TV 프로듀서, 웹사이트 개발자 등등…… 도미니크가 퇴근하고 돌아와 내 표정을 보더니 심상치 않은 하루를 보낸 걸 눈치 챘는지 물었다. "무슨 일 있어?"

"있고말고. 하루 종일 전화기에 불나는 줄 알았다니까."

"정말? 왜?"

나는 모니터의 방문자수와 이메일 화면을 가리켰다. 도미니크의 눈이 휘둥그레졌다. "와우!"

발전기와 거래를 하자는 글들이 많이 올라와 있었지만 지역이 너무 멀었다. 이번에도 몬트리올에 사는 사람은 없었다. 당장이라도 위스콘신 주로 날아가 "(사슴과 충돌해서) 약간 찌그러지긴 했지만 달리는 데는 지장 없는" 1989년형 포드 크라운 빅토리아와 발전기를 교환하고 싶었지만 이동 비용을 감당할 수가 없었다.

몇 시간 후, 클레어에게 다시 전화가 왔다. 다른 중요한 뉴스거리가 생겨서 그것을 다뤄야 한다는 내용이었다. 그녀는 말했다. "하지만 조만간 저희 프로에 초대하겠습니다. 약속드릴게요."

"꼭 연락주세요!" 내가 말했다. 방송국에서 나를 찾았다는 사실만으로도 우쭐해졌다.

며칠 후 도미니크와 나는 코롤라를 타고 또 다른 테이블 샥스 박람회가 열리는 뉴욕으로 향했다. 발전기를 코롤라에 싣고 가는 일은 전혀 걱정되지 않았다. 빨간 발전기야말로 빨간 코롤라에 싣고 다니기에 딱 어울리는 물건 아닌가? 우리는 중간에 주유소에 들러 차에 기름을 넣고 발전기에도 기름을 채웠다. 그리고 다시 고속도로를 탔다.

"이게 무슨 냄새지?" 한창 달리던 중 도미니크가 물었다.

"아까 발전기에 기름을 넣다가 조금 흘렸나 봐. 신경 쓰지 마, 금방 날아갈 테니까. 환기 좀 시키면 될 거야."

나는 창문을 내렸다. 차 안에서 기름 냄새가 계속 났다. 나는 포틀랜드의 TSA 직원을 떠올리고는, 여유 있게 웃으면서 도미니크의 엉덩이를 어루만지고는 운전을 계속했다.

우리는 맨해튼의 호텔에 도착해 어머니와 아버지, 스콧, 레이철, 에비앙을 만났다. 발전기는 1층에 있는 물품 보관소에 두었다. 보잉보잉에 빨간 클립 이야기가 올라간 이후 〈뉴욕 타임스〉에서 짤막한 인터넷 관련 기사 하단에 내 웹사이트를 아주 잠깐 언급한 걸 볼 수 있었다. 하지만 아버지는 아들 이름이 "신문에 났다"며 퍽 자랑스러워하셨다.

나는 내가 뉴욕에 와 있고 물물교환을 원한다는 글을 올렸다.

다음날 퀸스에 사는 마킨이라는 사람과 거래를 하기로 마음을 정했다. 그는 생맥주통, 네온사인 등으로 구성된 '별난 물건 세트'를 갖고 있다고 했다. 나는 이틀간 박람회장에서 일한 후, 뉴욕에 머무는 마지막 날 저녁에 그의 집에서 만나 교환을 하기로 하고 약속 시간을 정했다. 마킨은 아침 일찍 일을 시작하기 때문에 저녁 9시 전에 만나고 싶어 했다. 우리는 뉴욕에서의 마지막 날 스케줄을 모두 마치고 '리틀 이탈리아'에서 저녁을 먹었다. 그리고 나서 발전기를 가지러 호텔로 향했다. 나는 주머니에서 물품 보관증을 꺼내 프런트 직원인 토니에게 내밀었다.

"보관소에 맡겨놓은 물건을 찾고 싶습니다."

"잠시만요. 금방 가져다드리겠습니다." 토니는 이렇게 말하고 물품 보관소로 뚜벅뚜벅 걸어갔다.

잠시 후 빈 손으로 돌아오는 토니의 모습이 보였다. 다소 걱정스러운 표정이었다.

"없는 것 같은데요. 물건이 어떻게 생겼습니까?"

"검정색 봉투에 싸인 박스예요. 조금 무겁고요."

"안에 뭐가 들었는데요?"

"가솔린 발전기요."

"아, 그 봉투! 그게 당신 거였어요?"

톤이 높아진 그의 목소리를 듣자 불안해졌다. "예……."

"저런."

"저런이라뇨? 어떻게 된 겁니까?"

토니는 손으로 턱을 고이고 잠시 생각하더니 입을 열었다.

"그러니까, 어떻게 설명해야 할까요……. 며칠 전에 프런트 직원 한 명이 기름 냄새가 난다면서 911에 신고를 했어요. 그리고 소방관인가, 경찰인가가 와서 그 봉투를 가져갔답니다. 물품 보관소에 발전기 같은 건 놔둘 수 없게 되어 있거든요. 기름 냄새가 많이 났어요. 투숙객들이 로비에 내려와서 어디서 기름이 새는 게 아니냐고 물었어요. 이 도시 사람들은 그런 일에 민감하잖습니까, 왜."

안전상의 문제가 있었던 것이다. '아차!' 싶었다. 전적으로 내 실수였다. 기름 냄새 펄펄 풍기는 발전기는 호텔 물품 보관소에 둘 수 있는 물건이 아니었다. 그것도 맨해튼이니! 굳이 말하지 않아도 누구나 아는 사실이었다. 하지만 발전기를 수거해간 사실을 아무도 내게 알려주지 않았다는 게 어이없었다. 발전기 손잡이에 붙은 태그에 내 이름과 객실 번호가 분명히 적혀 있는데도 말이다.

나는 어안이 벙벙해서 토니를 쳐다보았다. "도대체 언제 그랬나요?"

"며칠 전이었습니다." 그가 대답했다.

"어떻게 아무도 내게 알리지 않을 수가 있죠? 제 방 번호가 분명히 물건에 쓰여 있는데도요!"

"잘 모르겠습니다. 그날 저는 비번이었거든요."

"그럼 발전기는 지금 어디에 있나요?"

"그것까진 모르겠군요."

도미니크가 어느새 내 옆에 와 있었다. 그녀는 토니와 내가 대화하는 도중에 도착해서 대충 내용은 들은 상태였다. 그녀가 날 보며 물었다.
"이제 어떻게 할 거야?"

나는 대답했다. "글쎄, 모르겠어."

정말 어떻게 해야 좋을지 난감했다. 발전기가 사라지다니. 설령 발전기를 찾는다고 해도, '화재 위험 요인을 제공했다'거나 '시끄러운 록 음악이 아닌 위험한 물건 때문에 호텔 투숙객을 놀라게 했다'는 심각한 죄명으로 벌금을 500달러쯤 내야 할지도 모른다. 나는 소방관들이 주인에게 알리지도 않고 기름 냄새 나는 발전기 같은 수상한 물건을 호텔 물품 보관소에서 수거해갔다는 사실이 이상했다. 하긴 여기는 로어 맨해튼이니까. '베이지'라는 색깔 이름처럼 세상에는 가끔 이상한 것들이 있지 않던가. 나는 흥분을 가라앉히려고 노력했다. 발전기를 꼭 찾을 수 있을 거야. 그런데 벌금 500달러는 어쩐다? 발전기 한 대 값치고는 너무 큰돈인데.

토니는 반경 서른 개 블록 내에 있는 모든 소방서와 경찰서에 전화를 걸었다. 허사였다. 아무도 발전기에 대해 아는 사람이 없었다. 하지만 생각해보면 그렇게 난리칠 일도 아니잖아. 처음부터 다시 시작하면 되지, 안 그래? 또 다른 빨간 클립을 찾으면 되지 뭐. 발전기 하나 잃어버렸다고 세상이 끝난 것도 아니잖아?

나는 잠시 그런 생각에 잠겨 있었다.

물론 세상이 끝난 것은 아니다. 하지만 여기서 포기할 수는 없었다. 빨간 클립에서 시작해 빨간 발전기 한 대를 얻기까지 네 번의 거래를 성사시키려고 들인 노력이 얼마인데. 그 빨간 발전기는 내가 '노력해서 얻

one trip to Yahk one cube van one recording contract one year in Phoenix one afternoon with Alic
in Phoenix one afternoon with Alice Cooper

여섯 번째 거래 〉〉〉 즉석 파티 세트 | **113**

은' 것이었다. 나는 결심했다. 발전기를 되찾기로.

나는 꼭 쥔 주먹을 테이블 위에 올려놓고 말했다. "도미니크, 발전기를 찾아보자."

우리는 호텔 로비를 나왔다. 시계를 보니 벌써 9시가 다 되었다. 나는 마킨에게 전화를 걸어 약속을 취소했다. "혹시 내일은 어떨까요? 제가 발전기를 찾은 다음에요."

"좋습니다. 그럼 내일 다시 전화주세요. 내일 만납시다." 그가 흔쾌히 대답했다.

우리는 거리로 나가 찾을 수 있는 모든 소방서를 돌아다녔다. 두 시간쯤 지났을 무렵 스테이션왜건을 타고 있던, 말투가 거친 소방관 두 명을 만났다.

"발전기? 어이, 자네 생각은 어때? '래더 20' 소방대에 가볼까? 거기 있는 누군가가 알 것 같은데. 일단 차에 타십시오."

우리는 얼른 올라탔다.

"투시팝 막대 사탕 좀 드시겠습니까?" 소방관 한 명이 물었다.

"네, 감사합니다!"

우리는 라피엣 가에 있는 래더 20 소방대로 향했다. 소방관들은 굉장히 멋있었고, 투시팝은 정말 맛있었다. 우리는 그곳에서 발전기를 찾았다. 소방서엔 달마티안도 있었다. 내가 발전기를 집어 들고 소방관에게 다시 한 번 고맙다고 인사하자, 그는 우리를 한쪽으로 데리고 가더니 이렇게 말했다.

one instant party one famous snowmobile one trip to Yahk one cube van one recording contract

"정말 운이 좋은 줄 아십시오. 그런 물건은 트럭에서 굴러 떨어지기 딱이거든요. 무슨 뜻인지 알죠?"

그의 말뜻을 알아채긴 어렵지 않았다. 트럭으로 옮길 때 바깥쪽에 실으면, 그리고 단단히 줄로 매지 않으면 길바닥 어딘가에 굴러 떨어지기 딱 알맞은 물건이라는 소리였다. 또 그런 빨간 발전기를 옮기기에 적당한 줄을 소방관들이 갖고 있는지도 알 수 없는 법이다.

우리는 도와줘서 고맙다고 인사를 했다. 발전기를 들고 다시 호텔로 돌아가기 위해 발걸음을 돌리려는 찰나, 소방관이 말했다.

"이봐요, 앞으로는 그런 물건을 보관할 때 주의해요. 알았죠?"

나는 천천히 몸을 돌리고는 이렇게 대답했다. "그러겠습니다. 오늘밤엔 제 차에 넣어둘 거예요. 호텔 안에 말고요. 걱정 마세요."

"안에 기름이 없다고 위험하지 않은 게 아닙니다."

나는 그의 말이 얼른 이해되지 않았다.

소방관은 이렇게 덧붙였다. "거기서 생기는 가스가 위험하거든요."

나는 이 일화를 짤막하게 정리해 블로그에 올렸다. 마킨과의 거래가 성사되지 않았기 때문에 만약을 대비해 준비를 해두어야 했다. 만일 마킨과 일이 성사되지 않으면 뉴욕의 다른 누군가가 나타나길 바라며.

"어쩌면 투시팝 막대 사탕도 함께 끼워주는 게 좋을지도 몰라." 내가 말했다.

도미니크는 시큰둥한 표정이었다. 어쨌든 정말 기나긴 저녁이었다.

다음날 아침 일어나자마자 마킨에게 전화를 걸었다. 받지 않았다.

나는 도미니크에게 말했다. "어젯밤에 그렇게 고생해서 찾았는데 그냥 뉴욕을 떠날 수는 없어. 마킨하고 안 되면 다른 사람을 찾아볼 거야."

"그래. 꼭 찾아보자." 그녀가 말했다.

우리는 인터넷에 들어가 크레이그스리스트 사이트에 접속한 다음 뉴욕을 중심으로 한 물물교환 코너 몇 군데에 광고를 올렸다. 글을 올린 후 한 시간 동안 흥미로운 이메일이 몇 통 도착했다. 하지만 확실한 교환이 이루어질 만한 건 없었다.

나는 마킨에게 다시 전화했다. 역시 받지 않았다.

나는 크레이그스리스트에 들어가 뉴욕과 몬트리올 사이에 있는 모든 도시에 광고를 올렸다. 이번에도 관심을 보이는 이메일이 몇 통 왔지만 거래가 성사되지는 못했다.

나는 다시 마킨의 전화번호를 눌렀다. 이번엔 그가 전화를 받았다. "여보세요?"

"안녕하세요, 마킨. 카일이에요. 발전기 때문에 얼마 전에 전화드렸던. 오늘 만나서 물건을 교환할 수 있을까요?"

"좋습니다. 제가 있는 곳으로 오세요."

우리는 롱아일랜드의 마스페스에 있는 마킨의 집으로 향했다. 맨해튼에서 자동차로 30분 거리였다. 도중에 발전기에 기름을 채웠다. 제대로 작동하지 않으면 물건을 교환할 수 없을 테니 말이다.

우리는 마킨의 집 앞에 차를 세우고 그와 인사를 나누었다. 마킨은 발전기와 교환할 '별난 물건 세트'를 우리 앞에 내놓았다. 세트를 구성하는 물품은 다음과 같았다.

● 생맥주 한 통

● 버드와이저 네온사인 하나

● 생맥주 한 통에 대한 양도증

'즉석 파티'를 한 차례 열어도 손색이 없는 조합이었다.

나는 버드와이저 네온사인의 플러그를 발전기에 꽂고 발전기를 작동
시켰다. 마킨이 네온사인의 스위치를 켰다. 그러자 네온사인이 환하게
빛났다.

우리는 서로를 쳐다보며 악수를 하고 거래를 완료했다.

마킨이 발전기를 가리키며 말했다. "나는 주말을 대부분 북쪽 지방에
서 보내기 때문에 이 녀석이 꽤 유용할 겁니다."

나 역시 나보다는 그에게 발전기가 훨씬 쓸모 있을 것 같다는 생각이
들었다.

우리는 다시 몬트리올로 돌아왔다. 나는 나름 구색을 갖춘 '즉석 파티

세트'를 아파트에 옮겨놓고 곧장 컴퓨터로 달려갔다. 아주 진하게 커피를
타서 모니터 옆에 올려놓았다. 그리고 마음속에 담긴 말들을 블로그에 쏟
아놓기 시작했다.

저에게 이번 교환은 정말 의미 있는 거래였습니다. 발전기로 네온사인에
불을 밝히기까지 복잡한 우여곡절을 겪은 것이나 양도증을 받은 것도 인
상적이었지만, 그보다는 '즉석 파티 세트'가 재미를 선사할 잠재력이 더 크다는
점에서 말입니다. 아마 이 '즉석 파티 세트'를 구성하는 물건들은 발전기보다 그
값어치가 작을 겁니다. 여러분 누구라도 그렇게 생각하시겠죠. 저도 잘 압니다.
마킨은 한마디로 '땡잡은' 거죠. 하지만 이건 이베이(eBay) 거래가 아닙니다. 이건
저만의 빨간 클립 프로젝트입니다. 저는 물건을 파는 게 아니라 '교환'합니다. 그리
고 교환이란 무릇 즐거워야 합니다. 여러분은 어떠실지 모르겠지만, 저는 '즉석
파티 세트'가 발전기보다 훨씬 많은 즐거움을 담고 있다고 생각합니다. 마킨은
분명히 그 빨간 발전기를 훌륭하게 사용할 거예요. 틀림없어요. 발전기도 물론
재미있는 물건입니다. 단지 제가 하고 싶은 얘기는, 돈으로 따지면 발전기가 이
'즉석 파티 세트'보다 더 비쌀지도 모르지만 '즉석 파티 세트'가 펀텐셜(funten-
tial), 즉 재미를 위한 잠재력을 더 많이 갖고 있다는 사실입니다. 재미와 즐거움은
돈으로 따질 수 없는 것입니다. 아 참, 그리고 생맥주통을 빨간색으로 칠했습니
다. 무척 잘 어울립니다.
요전 날 제 빨간 발전기가 뉴욕시 소방당국에 압수됐다는 사실을 알았을 때 문득
이런 생각이 들더군요······. 그 발전기는 재산이 아니라 일종의 부채라는 생각 말입

니다. 제겐 보석금을 내고 발전기를 찾아올 돈
이 없었습니다. 지금껏 저는 교환을 끝까지 이
어가서 집을 얻는 제 모습을 보고 싶어 하는 수
많은 블로그 방문자들의 격려를 받았습니다. 저
역시 꼭 목표를 이루고 싶습니다. 저를 도와주
고 응원하시는 많은 분들을 생각하면, 모두가

함께 이 프로젝트에 참여하고 있는 기분이 듭니다. 만일 제가 집을 얻지 못하면 여러분을 실망시켜드리겠지요. 집을 목표로 물물교환을 해나가는 것은 즐거운 과정이 될 겁니다. 집이 생기면 정말 멋질 거예요. 근사한 일이죠. 집을 얻으면 여러분 모두를 초대하겠습니다. 하지만 빨간 클립에서 시작해 집을 얻기까지는 패러다임의 변화가 필요합니다. 구글에 검색해보니 어디선가 '패러다임의 변화'를 이렇게 정의했더군요. "이전에는 불가능하거나 수용할 수 없다고 여겨지던 새로운 상황의 전개를 가능하게 만드는, 사고방식이나 신념 체계의 전면적인 변화[예: 재고를 자산이 아니라 부채로 보는 적시생산시스템(just-in-time system)이 가져온 사고방식의 변화]." 빨간 클립에서 집에 이르는 물물교환 과정 전체를 바꿔야 한다는 뜻이 아닙니다. 한 가지 일이 예상치 못한 다른 일을 불러올 수 있고, 또 제가 하는 각각의 교환이 미래의 교환에 커다란 영향을 미친다는 사실을 배우게 되었다는 말입니다. 이제 클립을 벗어나서 생각해야겠습니다. '즉석 파티 세트'에 담긴 굉장한 펀텐셜을 생각해보건대, 앞으로는 제 프로젝트를 단순히 '빨간 클립 한 개'라고 부르지 않겠습니다. 앞으로 제 프로젝트 이름은 'ORP 2.0(One Red Paperclip 2.0)'입니다. 즉, 정리하면 이렇게 되죠.

● ORP 1.0: 더 크거나 더 나은 물건에 제한됨. 예를 들면 '세계에서 가장 큰 하키스틱' 같은 것.

● ORP 2.0: ORP 1.0과 같은 목표를 갖지만 〈투나이트 쇼〉에 게스트로 출연' 같은 것도 포함됨.

앞으로는 이를테면 '유동자산'을 거래하겠습니다. 빨리 교환할 수 있는 것, 장점이 뛰어나 교환하겠다는 사람이 얼른 나설 만한 것, 소방당국에 압수당하지 않을 만한 것 말입니다. 맥주 같은 것도 좋구요. 아, 예를 잘못 들었군요. 하지만 제 말뜻은 이해하셨으리라 생각합니다. 저는 실제로 물건을 교환하는 데 시간을 쓰고 싶지, 그것을 고치거나 교환할 사람을 물색하는 데 시간을 많이 들이고 싶진 않습니다. 발전기를 교환하기까지 53일이 걸렸습니다. 53일은 퍽 긴 시간입니다. 53일 동안 항상 즐겁지만은 않았고 오히려 지루하기도 했거든요. 53일은 ORP 1.0을 위한 시간이었습니다.

몇 가지만 손보면—'왼쪽 백미러'나 '기어'만 새로 달면, 또는 '구동 시스템'을 정비

하고 '프레임'만 교정하면—도로를 문제없이 달릴 수 있다며 자동차를 바꾸고 제 안해주신 많은 분들, 정말 고맙습니다. 하지만 중요한 건 제겐 정비 도구가 없다는 사실입니다. 자동차 정비소랑 정비공이랑 새로 추가해야 하는 부품까지 함께 주실 게 아니라면, 제가 자동차를 넘겨받을 수 있을 것 같진 않습니다[오리지널 제너럴 리(General Lee)를 갖고 계신 분이라면 이 단락은 안 읽은 걸로 하십시오. 자동차 상태는 상관없습니다].

지금 저는 진짜 가슴이 설렙니다. 뭔가 제대로 크게 한걸음 내디딘 것 같거든요. 그것도 굉장히 근사한 방향으로요.

추신: '빨간 발전기 한 개'에서 얻은 교훈

● 어떤 물건은 비행기로 옮기기에 부적절하다. 예를 들면 가솔린 발전기.
● 어떤 물건은 호텔 물품 보관소에 맡겨서는 안 된다. 예를 들면 가솔린 발전기.
● 뉴욕에 대규모 정전 사태가 벌어지지 않는 한, 어떤 물건은 뉴욕에서 교환하기 힘들다. 예를 들면 가솔린 발전기.
● 펀텐셜은 이제 진짜로 쓰이는 말이다.
● 퓨리어시티(Furiousity)는 쓰이는 말이 아니다. 아직은.

나의 멋진 목표를 이루는 날을 조금 더 당기기 위해, 나는 '즉석 파티 세트'에 대한 교환 신청에 데드라인을 정했다. 12월 1일. 데드라인이 없으면 아무것도 이뤄지지 않는 법이다. 그리고 도저히 거절할 수 없는 기막히게 매력적인 제안을 받지 않는 한, 11월 30일 밤 11시 59분까지만 기다리겠다는 주의 사항을 덧붙였다.

그 주 목요일에 몬트리올에서 발행되는 주간 연예 신문인 〈미러(The Mirror)〉의 "네트워시(Networthy)"라는 칼럼에 oneredpaperclip.com이 짧게 소개되었다. 도미니크와 나는 집에서 가장 가까운 신문 가판대로 달려가 한 부를 사가지고 와서 직접 확인했다. 정말 있었다. oneredpaperclip.

com에 관한 기사가. 그것도 신문에! 블로거들 사이에 엄청난 화제가 되고 있는 coreyhartdrivesafiero.blogspot.com이라는 블로그에 관한 굵고 커다란 선전 문구 바로 위에 우리 얘기가 있었다. 와우. 이제 나는 '빅 리그'에 속해 있었다.

주머니 속에서 "히히힝" 하고 휴대폰이 울렸다. 나는 전화기를 꺼내서 받았다. "여보세요?"

낯선 남자의 목소리가 흘러나왔다.

"안녕하세요, 카일. 방금 〈미러〉에서 당신 블로그에 관한 기사를 봤어요. 당신에 관한 기사를 저희 신문에도 싣고 싶어서 전화드렸습니다."

"저야 영광이지요! 언제 뵐까요?"

"지금 당장 괜찮으십니까?"

"좋습니다. 물론이죠."

그 사람과 나는 우리 아파트에서 만나기로 했다.

"감사합니다. 그럼 이따가 뵙지요." 그가 말했다.

"죄송하지만 아까 성함을 제대로 알아듣지 못했어요."

"패트릭 라가세라고 합니다."

"신문 이름은요?"

"〈르 주르날 드 몬트리올(Le Journal de Montreal)〉입니다."

와우. 〈르 주르날 드 몬트리올〉이면 퀘벡주에서 가장 큰 신문이다. 이런 행운을 얻다니.

"누구야?" 도미니크가 물었다.

"〈르 주르날 드 몬트리올〉에 있는 어떤 남잔데 빨간 클립에 대한 기사를 쓰고 싶대."

"어떤 남잔데?"

"응, 패트릭 누구라고 하던걸."

"패트릭 라가세?"

"아 맞아. 그랬던 거 같아."

"이거 정말 대단한데? 그 사람 무지 유명한 기자야. 기억 안 나? 선거 기간 때 히치하이킹 하면서 취재했던 기자 말이야."

"아, 그 사람? TV에 나와서 스노모빌에 관해 얘기했던 그 사람?"

"그래." 도미니크가 말했다.

이런. 패트릭을 실제로 만날 생각을 하니 흥분이 되었다. 그는 진짜 유명한 기자였다. 일 년 전 그는 선거 기간에 히치하이킹으로 캐나다 전역을 돌아다니며 취재를 했다. 그리고 그를 기꺼이 차에 태워준 시민들, 다가올 선거에 대한 국민들의 생각에 대해 기사를 썼다. 그는 또한 TV 토론 프로그램에 출연해 열띤 토론을 펼치기도 했다. 프로그램 이름은 〈110퍼센트〉, 토론 주제는 "스노모빌, 해로운 물건인가 유익한 물건인가?"였다. 패트릭은 스노모빌이 공공에게 피해가 된다는 입장에서 주장을 펼쳤다. 주요 TV 방송국에서 스노모빌을 놓고 한 시간이나, 그것도 프라임타임에 토론을 펴는 곳은 아마 퀘벡밖에 없을 것이다. 패트릭은 정말 존경할 만한 기자였다. 진정한 의미의 기자. 기사거리가 존재하는 곳이라면 어디든 달려가는 기자 말이다.

one instant party one famous snowmobile one trip to Yahk one cube van one recording contract

패트릭 라가세답게 그는 주저 않고 내가 사는 아파트로 찾아왔다. 그의 손에는 진짜 취재용 수첩도 들려 있었다. 그는 수첩을 열고 부지런히 적어 내려갔다.

"최종적으로 집을 얻기까지 정해놓은 목표일이 있으십니까?"

나는 잠시 생각한 후 대답했다. "딱 정확하게 정해놓은 날짜는 없지만 일 년쯤으로 생각하고 있습니다. 올해 7월 12일에 시작했으니까 내년 7월 12일까지는 끝내고 싶어요. 하지만 물론 공식적인 날짜는 아닙니다. 기사에는 쓰지 말아주세요. 심각하게 말씀드린 건 아니니까요. 일 년 안에 해내면 재밌지 않을까, 뭐 그 정돕니다."

패트릭은 고개를 끄덕였다. 그는 멋진 남자니까 그 내용을 기사에서 빼줄 것이다.

"〈르 주르날 드 몬트리올〉에 언제 기사가 나오죠?" 내가 물었다.

"내일입니다."

"정말요?"

그날 저녁 친구들과 함께 식사를 하면서 패트릭이 취재해간 얘기를 들려주었다. 다들 탄성을 내질렀다. 나는 내 기사가 흥미 위주의 이야깃거리를 싣는 뒤쪽 지면에, 그러니까 나무 위에 고양이가 매달렸다는 등하는 특이한 기사를 싣는 섹션 어디쯤에 실릴 거라고 생각했다. 하지만 도미니크의 친구 마리 이브는 입 안 가득한 스파게티를 꿀꺽 삼키며 이렇게 말했다. "아니야. 1면에 실릴걸? 두고 보라고."

마리 이브 덕분에 우리는 한바탕 웃었다. 1면이냐, 아니냐, 옥신각신하면서.

다음날 아침 아직 자고 있는데 전화벨이 울렸다. 마리 이브였다.

"신문 봤어?" 그녀가 물었다.

"아니, 아직."

마리 이브의 목소리 톤이 높아졌다. "아직 못 봤단 말이야? 지금 당장 사서 봐."

더 이상 길게 통화할 필요가 없었다. "알았어, 그렇게."

내 사진이 〈르 주르날 드 몬트리올〉의 제1면에 떡 하니 실려 있었다. 그것도 컬러로. 나는 서둘러 기사를 읽었다. 내 기사는 거의 한 페이지 전체에 걸쳐 있었고, 스노모빌에 관한 기사 바로 옆에 붙어 있었다. 이런 근사한 일이 벌어지다니. 입을 다물 수가 없었다. 믿기지가 않았다! 패트릭은 내가 교환을 계속해 7월 12일까지 집을 얻을 계획이라고 썼다. 나와의 약속을 지키지 않은 것이다. 이제 세상 사람들이 다 알게 되었다. 그러니 이를 악물고 그 날짜 안에 해내야 한다. 사람들은 패트릭의 말을 믿을 것이다. 그가 들고 있던 취재용 수첩, 그것은 판사의 수첩과 마찬가지였다. 그리고 거기 적힌 내용은 이제 지키지 않으면 안 되는 '법'이었다.

달력을 보았다. 11월 25일이었다. 재빨리 손가락을 꼽아보았다. 12월, 1월, 2월, 3월, 4월, 5월, 6월, 7월. 가운데 손가락에서 멈췄다. 여덟 달이 채 못 남은 셈이었다.

만일 내가 한 말을, 아니 더 정확히 표현하면 '패트릭이' 한 말을 지키려면 7개월 반 후엔 집을 얻어야만 했다.

그날 하루 종일 도미니크의 친구와 친척들한테 전화가 왔다. 퀘벡의 거의 모든 라디오 방송에서도 '빨간 클립' 사내에 대해 떠들었다.

교환을 원하는 사람들의 글이 계속 올라왔다.

✉ 기름 연료를 넣는 분사식 제설기, 우유통(목장에서 사용하는 거예요), 그리고 52-in-1 NES 카트리지 여덟 개들이 한 박스에다가 컨버터(일본 패미컴 타입)까지 드리겠습니다. 어떠세요? 그럼 안녕히!
MC

✉ 제게 미스터리 박스가 하나 있는데 '즉석 파티 세트'와 교환하고 싶습니다.

✉ 샤민 화장지 16팩이 있어요. 흰색이구요. 즉석 파티를 연 후에 화장지는 굉장히 유용할 거예요. 특히 버드와이저를 많이 마셨다면요.

✉ 안녕하세요, 카일!
제가 퀘벡에서 당신과 거래하는 첫 번째 사람이 되었으면 좋겠어요. 겨울이 시작되었으니, 당신의 버드와이저 네온사인과 겨울용 타이어 네 개를 교환했으면 해요. 최신형 제품이고요(진짜 겨울에 딱이에요). 혹시 저와의 거래가 이뤄지지 않는다고 해도, 전 당신의 프로젝트를 격려해주고 싶어요. 꿈을 꼭 이루시길 진심으로 바랄게요.
이름 없는 젊은이가

✉ 구미가 당기는 얘기군요! 퀘벡 엘리트 축구 리그의 공식 축구공을 줄게요. 행운을 빌어요!
퀘벡 엘리트 축구 리그 운영위원 마르크 앙드레 로르

✉ 이렇게 하죠. 님이 좋은 걸로 골라봐요. 우선, 애호가들이 깜빡 넘어가는 2003년 오-피-치(O-Pee-Chee) 하키 카드 컬렉션. 하키 내셔널라인 첫 시즌 때의 마리오 르뮤 카드도 들어 있습니다(꽤 가치가 나가는 거죠!). 그게 아

니면, 45개의 탑 올드 컬렉션. 제법 귀한 겁니다. 하지만 이왕이면 하키 카드를 선택하라고 권하고 싶습니다. 가지고 있으면 인기 좀 끌 거예요! 그 물건 나한테 알리지 않고 아무것도 아닌 거랑 바꾸지는 말았으면 좋겠네요. 나도 좀 보게요. 그럼, 행운을 빌어요!
피에로

금요일 오후가 되니 기온이 급격하게 떨어졌다. 쌓인 눈이 녹지 않고 길 위에 그대로 남아 있었다. 날씨는 차가웠지만 교환을 희망하는 사람들의 열기는 뜨거웠다. 나는 이메일을 열어보았다.

✉ 안녕하세요, 카일 씨
오늘 아침에 〈몬트리올 저널〉에서 카일 씨의 이야기를 읽었습니다.
우리는 몬트리올 98.5FM 라디오 방송국에서 일하는 사람들입니다. 우리 방송국의 스타 진행자 미셸 바렛 씨가 교환하고 싶은 게 있다는군요.
바로 봄바디어 1991년형 스노모빌 Mac 1입니다. 새로 수리한 거구요.
퀘벡 사람에게는 가치가 좀더 있는 물건이죠. 우리 지역의 유명 배우가 가지고 있었던 거니까요. 생각해보시길!
그럼 이만.
조제 부르니발

불어로 된 편지가 도착해 있었다. 나는 눈이 흐릿해져서 처음엔 그것을 그냥 스쳐 지나갔다. 하지만 조금 후 다시 찾아서 읽어보았다. 호기심을 자극하는 내용이었다. 편지를 찬찬히 읽어보니 미셸이라는 남자가 스노모빌을 교환하자는 내용이었다. 스노모빌이라니! 딱 맘에 드는 물건이었다. 절대로 거절할 수 없는 물건. 특히나 겨울이 시작된 참이고 여기는 퀘벡이 아닌가. 퀘벡과 스노모빌, 이 둘은 떼려야 뗄 수 없는 관계다. 나는 가슴이 설레어 옆방을 향해 소리쳤다. "도미니크, 이것 좀 봐!"

도미니크는 내가 가리키는 모니터 화면에 시선을 고정했다. 그녀는 반쯤 중얼거리면서 편지를 읽다가 네 번째 줄에서 멈췄다. "미셸 바렛? 미셸 바렛한테 메일이 온 거야?"

"응. 미셸 바렛이 누군데 그래?"

"모른단 말이야?" 그녀는 놀란 눈으로 되물었다.

나는 멀뚱한 표정으로 어깨를 으쓱했다.

그녀는 믿기지 않는다는 얼굴로 나를 보았다. "미셸 바렛을 모른다구? 퀘벡에서 얼마나 유명한데. 코미디언이야. TV에도 나오고 영화에도 출연했어. 미셸 바렛을 모르는 사람은 없단 말이야."

"이 메일 보니까 라디오 진행자나 뭐 그런 사람 같은데?" 내가 말했다.

"물론이지. '지금'도 진행하고 있어. 정말 모르는 사람이 없다구."

놓칠 수 없는 기회가 찾아온 것이다. 미셸과 교환을 하면 내 프로젝트에 대한 소문이 쫙 퍼질 것이다. 미셸 바렛, 그 유명한 미셸 바렛이니까.

우리는 인터넷을 뒤져 그의 라디오 프로그램 방송국을 찾았다. 웹사이트에 그의 사진이 떴다. 도미니크가 사진을 가리키며 말했다. "바로 이 사람이야." 프로그램 편성표를 보니 마침 그의 방송이 나오는 시간이었다.

우리는 라디오를 켜고 주파수를 맞췄다. 스피커에서 미셸 바렛의 목소리가 흘러나왔다. 도미니크가 흥분해서 말했다. "맞아, 맞아, 이 사람!"

나는 광고가 나올 때까지 기다렸다가 프로듀서인 조제에게 전화를 걸었다. 간단히 내 소개를 하자 수화기 저쪽에서 "반갑습니다!" 하는 대답이 큰 소리로 들려왔다. 나는 미셸과 물건을 교환하고 싶다고 말했다. 금요일 오후였으므로, 그녀는 미셸에게 얘기를 전해주겠다며 다음 주로 약속을 정하자고 했다. 딸깍. 우리는 라디오에 계속 귀를 기울였다. 광고가 끝나고 다시 프로그램이 시작되자 라디오에서는 '빨간 클립 사나이'에 대한 이야기가 흘러 나왔다. 무슨 얘기를 하는지 대충은 알겠는데 자세한 내용은 이해하기가 힘들었다. 나는 도미니크를 쳐다보고 물었다. "정확하게 뭐라고 하는 거야?"

"다음 주에 자기랑 미셸 바렛이 물건을 교환할 거라고 온 퀘벡 사람들한테 말했어."

"좋았어! 집을 얻기까지 이제 7개월 반이면 돼!"

진정으로 원하면 해낼 수 있다

원하는 것을 이루기 위해 어디까지 갈 준비가 되어 있는가? 당신이 진정으로, 정말로 이루길 원한다면 방법을 찾는 것은 시간문제다. 소방당국이 당신의 앞길을 가로막더라도 말이다.

입소문은 세상에서 가장 강력한 마케팅 도구다

보잉보잉에 빨간 클립 이야기가 올라간 이후, 나는 언제나 수많은 사람들이 흥미로운 화제에 대해 이야기를 나눈다는 사실을 깨달았다. 사람들은 흥미롭다고 생각되는 주제를 이야기한다. 그 얘기를 들은 사람은 그것이 재미있다고 느껴지면, 또 다른 곳에 가서 다른 사람들한테 이야기를 해준다. 그렇게 꼬리에 꼬리를 물고 퍼져 나간다. 이는 사람들의 입과 말이 만들어내는 현상이다. 한마디로 '입소문'이라고 할 수 있다. 입소문. 썩 괜찮은 방식이 아닌가.

당신의 펀텐셜은 어디에 있는가?

어떤 방법으로 재미를 위한 잠재력을 최대화할 것인가? 당신과 다른 이들이 함께 즐거움을 느낄 수 있는 무언가를 생각해보라. 즐거움을 느끼는 대상에 가능한 한 가까이 가도록 노력하고, 다른 사람들 역시 가까이 가도록 권유하라. 즐거운 대상에 모두가 가까이 갈수록 펀텐셜로 가득 찬 삶을 살 수 있다.

red paperclip one fish pen one doorknob one camping stove one red generator

스노모빌 한 대

one famous snowmobile

one red paperclip → one fish pen → one doorknob

one instant party ← one red generator ← one camping stove

one famous snowmobile →

12월 1일이라는 데드라인을 지킬 수 있게 되었다. 와인 잔을 하나도 쓰러뜨리지 않고 식탁보를 잡아채 벗겨낸 셈이었다. 당연지사였다. 미셸 바렛의 스노모빌은 거절할 수 없는 제안이었으니 말이다. 어쨌든 그는 그 유명한 미셸 바렛 아니던가.

전화벨이 울렸다. 〈디 아워〉의 클레어였다. "월요일 쇼에 출연해서 그간의 물물교환에 관해 조지와 이야기를 나눠주실 수 있겠어요?" 그녀가 물었다.

"물론입니다!" 내가 대답했다.

월요일이 되자 흥분을 주체할 수가 없었다. 나는 전국에 생방송으로 방영되는 TV 프로그램에 한 번도 출연해본 적이 없었다. 거국적인 순간이었다. 전국 방송이라니! 국토가 광활한 캐나다에서 공영방송에 출연한다는 건 대단한 일이었다. 포르투갈이나 칠레처럼 길쭉하게 생긴 국가의 공영방송에 출연하는 것과는 차원이 다를 것이다. 아니, 완전히 다르다.

캐나다의 뉴스 앵커 중 단연 최고라 할 수 있는 조지 스트럼볼로폴로스가 나를 인터뷰했다. 그는 단연 가장 긴 성(姓)을 지니고 있었고, 온몸에 가장 많은 피어싱을 하고 있었다.

방송은 위성 생중계로 진행되었다. 조지는 토론토에, 나는 몬트리올에 있었다. 조지는 그동안 내가 했던 거래들에 관해 간략히 소개해주었다. 각각의 거래마다 멋들어진 영상들도 이어졌다. 전에는 한 번도 그런 영상들이 없었다.

조지가 꽤 간결한 어조로 질문을 던졌다. "거래를 위해서라면 어디든 갈 기세라는 건 알겠는데요, 예외로 삼을 만한 곳을 굳이 말해달라면 어디가 될까요?"

나는 조금의 망설임도 없이 단호하게 대답했다. "브리티시컬럼비아 주의 야크만 제외하고 전 세계 어디든 갈 겁니다."

조지가 웃으며 물었다. "왜 거기죠?"

"질문을 들어보니 예외로 삼을 곳을 한 군데쯤 말하는 게 도리인 듯하고, 대답하기에 딱 좋은 곳이 야크라는 생각이 들어서요."

"그래요? 바그다드 같은 곳을 들 법도 한데……." 그가 말했다.

"글쎄요, 바그다드에는 한 번도 가본 적이 없거든요. 하지만 야크에는 가본 적이 있는데 물물교환에 적당한 장소로는 보이지 않아서요." 내가 말했다.

"네, 충분히 알겠습니다, 멋진 답변이네요." 그가 말했다.

그날 밤 여느 때처럼 잠자리에 들었다. 그렇게 월요일이 지나갔다.

다음날 아침, 오렌지 바나나에 얽힌 사연이 있었지만 그 얘기는 나중으로 미루겠다.

내 이야기가 전국 방송에 나간 후에, 캐나다의 공영방송 몇 곳에서 전화를 걸어왔다. 뒤이어 CNN의 전화를 받았다. 그들 역시 내 얘기를 방송에 내보내고자 했다. 짜릿했다. CNN은 다름 아닌 미.국.의 전국 방송 아니던가. 캐나다와 마찬가지로 미국도 정말로 광활한 나라다. 알래스카, 하와이, 괌과 같은 곳까지 모두 포함한다면, 미국은 캐나다보다 '이론의 여지없이' 더 넓다. 이런 사실을 생각하니, 미국의 전국 방송에 출연하는 것이 엄청나게 흥미진진하리라는 확신이 들었다.

스노모빌을 교환하기로 한 날, 나는 캐나다의 공영방송국에서 나온 두 명의 카메라맨들과 서둘러 인터뷰를 끝내야 했다. CNN과의 위성 인터뷰 시간이 촉박했기 때문이다. 우리는 그 방송국 직원들을 집에서 쫓듯이 내보내고, '즉석 파티 세트'를 급히 챙긴 다음 CNN 인터뷰를 위해 몬트리올 시내에 있는 TV 스튜디오로 서둘러 갔다. 지체할 시간이 없었다.

그때까지 내 프로젝트에 관한 유일한 비디오는 도미니크가 찍었던 것뿐이었는데, 그것은 마킨과 내가 '즉석 파티 세트'와 발전기를 교환하는 장면을 촬영한 보잘 것 없는 영상이었다. 하지만 방송국들은 모두 아주 훌륭한 카메라들을 갖추고 있어서 멋진 영상이 보장되었다. 그리고 카메라에 관해서라면, CNN은 두말할 것도 없이 가장 좋은 카메라들을 확보하고 있고, 누구나 익히 알다시피 당연히 최상의 뉴스를 방송하고 있다.

CNN 인터뷰는 재미있었다. 나는 키라 필립스와 빨간 클립 한 개로 시작해 집 한 채까지 교환하려는 내 계획에 관해 몇 분간 이야기를 나누었다. 내 옆에는 버드와이저 네온사인이 놓여 있었다. 나는 그녀에게 그 양도증서도 보여주었다. 우리는 서로에게 미소를 지어보이고는 다음으로 벌어질 일에 관심을 돌렸다.

도미니크와 나는 미셸 바렛이 근무하는 CKOI 라디오 방송국으로 차를 몰았다. 현관에 카메라맨들이 서성거리고 있었다. 날씨가 꽤 쌀쌀했고 30센티미터쯤 눈이 쌓여 있었다. 스노모빌을 거래하기에 딱 좋은 날이었다. 그 즈음, 유명 인사인 미셸 바렛과 거래한다는 소식은 이미 퀘벡

주위에 자자히 퍼져 있었고 몬트리올의 지방 방송국들은 '액션 뉴스 (action news)'용 차량을 비롯하여 각종 장비들을 갖추고 대기 중이었다.

우리는 빨간색 코롤라에서 내려 모두에게 인사를 건넸다. 나는 '즉석 파티 세트'를 차에서 내려 갓돌에 올려놓았다. 그때 선글라스를 쓴 남자가 한쪽 귀퉁이에서 우리 쪽으로 걸어왔다. 나는 그 사람이 지나갈 수 있도록 보도 한쪽으로 길을 비켜주었다. 그는 우리 근처에 오더니 주춤거렸다. 그러고는 함박웃음을 지으며 입을 열었다. "클립 사나이 맞죠?"

나는 정중하게 미소를 지어 보이며 속으로 생각했다. '방금 전 CNN 이나 다른 방송을 본 모양이군.' 그가 선글라스를 벗었다. 그제야 나는 그가 그 유명한 미셸 바렛이라는 사실을 알아챘다. 우리는 악수를 나누고 서로를 바라보며 미소를 지었다. 그는 주머니를 뒤적이더니 작은 봉지를 하나 꺼냈다. 그러고는 내 쪽으로 손을 내밀더니 내 눈을 똑바로 응시하며 말했다. "쿠키 좀 드실라우?"

나는 고맙다고 말하고 그 쿠키를 조금 베어 물었다. 맛있었다. 본래 쿠키는 맛있는 법이다.

미셸은 퀘벡 북부에서 스노모빌을 운반해온 거대한 세미 트럭의 뒤쪽 문을 열었다. 우리는 그 트럭에 올라 스노모빌을 살펴보았다. 미셸이 스노모빌의 시동 장치를 움켜쥐었다. 시동이 걸렸다. 그는 엔진의 회전속도를 차츰 높이면서 얼굴 한가득 웃음을 지으며 나를 쳐다보았다. TV 카메라들이 돌아갔다. 그는 보란 듯이 멋지게 엔진을 가동시키며 몇 가지 계기판들을 확인했다. 그러고는 스노모빌에서 내리더니 나에게 타보라는 몸짓을 해보였다. 나는 그 스노모빌에 올라타 핸들을 잡았다. TV 카메라를 위해 엔진을 가속시켜 소리를 높이고 배기가스를 막 방출하려는 순간, 미셸이 내 손을 부여잡더니 내 눈을 똑바로 쳐다보며 말했다. "속도를 너무 높이지 마세요. 트럭을 뚫고 앞으로 튀어나갈 수도 있거든요."

나는 잠시 생각했다. 그런 일은 상상도 해보지 못했다. 트랙터 트레일러를 뚫고 앞으로 튀어나간다니. 게다가 공영방송에서 말이다. 나는 잠깐 동안 그냥 한 번 그렇게 해볼까 생각했다. 어쨌든 끝내주는 장면 아닌가. 하지만 그 순간 어머니가 뭐라고 할까 하는 생각이 들어 마음을 고쳐먹었다. 트럭을 뚫고 앞으로 튀어나갈 수는 없는 노릇이었다. 헬멧도 쓰지 않은 채 말이다. 나는 카메라에 찍히기에 적당할 정도로만 조심스레 엔진을 가속시켜 소리를 높이고 트레일러 밖으로 약간의 배기가스를 뿜어냈다. 카메라맨들은 그 장면을 하나도 빠짐없이 모조리 담아냈다. 본래 카메라맨들은 그런 법이다.

미셸과 나는 의례적인 '악수'를 나누며 사진을 찍었고, 나는 만면에 화

Phoenix one afternoon with Alice Cooper

사한 미소를 지으며 도미니크에게 걸어갔다. 바로 이거였다. 스노모빌 한 대. 단 몇 차례의 교환으로 나는 빨간 클립 한 개를 스노모빌 한 대로 탈바꿈시켰다. 우리는 바닥에서 몇 미터 떨어져 있는 그 트랙터 트레일러 안에 서서 먼 곳을 응시했다. 도미니크는 케이트 윈즐릿이었고 나는 리어나도 디캐프리오였다. 우리는 타이타닉의 맨 앞에 서서 얼굴에 바람을 맞으며 우리 앞에 펼쳐진 망망대해를 바라보고 있었다. 불가능이란 없어보였다. 잘못될 거라곤 아무것도 없을 터였다.

누군가의 손이 어깨에 닿는 느낌이 들었다. 뒤를 돌아보자 미셸 바렛이 스노모빌을 가리키며 말했다. "미스터 클립, 이제 트럭 기사에게 당신의 스노모빌을 어디에 내려놓을지 말씀해주시죠."

나는 도미니크를 쳐다보았다. 그녀는 '특유의 표정'을 지었다.

이런. 미처 그 생각을 하지 못했다. 다음 거래 물품을 알게 될 때까지 스노모빌이 그저 그 라디오 방송국에 보관되어 있을 거라고 무턱대고 가정했던 것이다. 그러니 뭐라고 대답한단 말인가? 곤경에 빠져버린 셈이다. 나는 곤경에 처하는 게 싫다. 솔직히 내가 세상에서 가장 싫어하는 음식도 '곤경'이라는 의미로도 쓰이는 '피클'이다. 분명 그 작은 오이는 가장 과대평가를 받고 있다. 나는 열심히 머리를 굴렸다. 일단 우리 아파트는 작은데다 3층이었기 때문에 스노모빌을 놓아두기가 불가능했다. 직장에 있는 친구 마티외의 집에 그것을 두는 것은 상당히 뻔뻔스러운 일일 것이며, 사실 그 집은 엄연히 말해 그의 부모님 집이었다. 나중에 하루 날잡아 그에게 엄청난 양의 맥주로 확실히 답례를 할 수 있겠지만, 방금 전에 맥주통을 교환해버렸다.

도미니크가 머리를 절레절레 흔들더니 또 다른 '특유의 표정'을 지으며 말했다. "스노모빌이 멋지긴 하네. 근데 내가 말했지, 저 스노모빌을 보관해둘 장소를 물색해놓아야 한다고 말이야. 무슨 생각을 하고 있었던 거야? 저게 제 발로 머물 곳을 찾을 거라고 생각한 거야?"

나는 그렇다고 말하고 싶었다. 정확히 그렇게 생각했었기 때문이다. 나는 정말로 그 일이 어떻게든 저절로 해결되리라고 생각했었다.

그 스노모빌을 보관할 수 있는 곳을 머릿속에서 급히 수소문해보았다. 순간 저스틴이 뇌리를 스쳤다. 나는 여전히 그 '특유의 표정'을 하고 있던 도미니크를 쳐다보며 말했다. "저스틴은 어떨까? 그 친구가 자기 차고에 잠시 보관해도 좋다고 했거든."

그녀가 나를 다시 쳐다보았다. 이제 '그 표정'은 '그 목소리'가 되어 튀어나왔다. "뭐라고? 지금 거기로 이걸 무작정 보낼 수는 없잖아. 먼저 귀띔을 해주어야지. 이런 식으로 막판에 무작정 떠넘길 순 없어."

하지만 나는 저스틴에게 귀띔을 할 수가 없었다. 말 그대로 막판이었으니 말이다.

어쨌든 저스틴은 충분히 이해하고도 남을 스타일이었다. 그를 처음 만난 건 몇 년 전 호주의 호스텔에서였다. 당시 그는 퀘벡에서 날아온 비행기에서 막 내린 터였고 영어를 거의 한마디도 못했다. 그 점이 그에게는 정말이지 힘겨웠을 것이다. 호주인들의 말을 도통 알아들을 수 없었으니까. 그는 다음과 같은 간단한 호주 영어도 이해하지 못했다. "How ye goin mate? Yeh, toss the slab of VB in the ute. That sheila you were just talking to's got a few roos loose in the top paddock but I reckon you can get a quick root in before you head down to Melly Saturday arvo(넌 어떻게 파트너를 구할 거야? 그래, 그 소형 트럭에 있는 맥주 좀 던져줘. 방금 전에 네가 말을 건 그 아가씨는 지적 수준은 좀 떨어지지만, 그래도 뭐 토요일 오후가 되기 전에 한 건 하기에는 쉬운 상대인 것 같아)."

그는 툭하면 호주인들이 뭐라고 하는 거냐고 물어댔고, 나는 그에게 통역을 해주었다. 때로는 나도 그들의 말을 이해할 수 없었기에 간혹 거짓말을 하거나 얼렁뚱땅 꾸며서 말했다. 당시 우리는 그런 일을 웃음으로 넘어갔다. 그는 소형 트럭(ute)이나 아가씨(sheila), 맥주(slab of VB), 오후(arvo) 따위가 무슨 의미인지 알아듣지 못했으므로, 틀림없이 상당히 주눅이 들었을 것이다. 마치 '완벽한' 바보가 된 느낌이었을 것이다.

하지만 이번엔 내가 바보가 된 듯했다. 나는 휴대폰을 꺼내들고 저스틴의 번호를 눌렀다. 그는 곧바로 전화를 받았다.

"여보세요?" 수화기 저편에서 저스틴의 목소리가 들려왔다.

나는 위쪽을 올려다보았다. 두 대의 TV 카메라가 내 얼굴을 비추고 있었다. 빨간 불이 켜져 있는 상태로 말이다. 나는 침을 한 번 꿀꺽 삼키고 나서 일단 저질러보기로 했다. "안녕, 저스틴, 네가 스노모빌을 맡겨도 된다고 했던 거 기억해?"

"어……." 그가 말했다.

"있잖아, 음, 지금 좀 그런데 말이야. 잠시만 그것을 보관해둘 장소를 찾아야 하거든.”

저스틴이 웃었다. 그는 그 카메라들을 볼 수도 없었고, 내가 그 상황을 충분히 설명하지도 않았지만, 내 목소리에서 그 모든 걸 감지하고 있었다. 그것은 내가 호주에서 그를 놀렸던 시간들에 대한 깜찍한 복수였다.

“거기에 잠깐 놓아둬도 괜찮겠어?” 나는 눈동자와 목소리에 희망을 담아 물었다.

그가 다시 한 번 웃으며 말했다. “물론이야, 친구. 주소를 알려줄게.”

“고마워.”

카메라맨들이 그 장면을 하나도 빠짐없이 모두 담았다. 카메라맨들은 원래 그렇다.

나는 트럭 기사들에게 저스틴의 주소를 전해주었다. 우리는 카메라맨들과 리포터들에게 작별 인사를 건넸다. 그러고서 도미니크와 미셸, 그리고 나는 라디오 방송국 안으로 ‘즉석 파티 세트’를 질질 끌며 들어갔다. 사람들이 우르르 몰려다니며 손을 연신 흔들어댔다. 그곳에는 카메라맨이 없었다. 몇 대의 TV 카메라 앞에서 하루를 보내고 나니, 희한하게도 프랑스어로 속사포같이 질문을 퍼부어대는 수많은 사람들로 가득한 공간에 있는 게 오히려 편안한 오아시스에 있는 것처럼 느껴졌다. 나는 난생 처음 최고로 당혹스러운 전화를 걸었다. 그런 일은 공영방송에서 다시는 되풀이되지 않을 것이다. 나는 진짜로 당황스런 전화를 거는 상황을 상상해보았다. 공영방송만 아니라면 나는 얼마든지 당혹스런 전화를 걸 수 있었다. 그건 내가 항상 당연하게 생각했던 것이었다. 하지만 희한하게도 공영방송에 출연해보니 그게 그렇지가 않았다. 완전히 달랐다.

미셸과 나는 스튜디오에 앉아 집 한 채를 얻으려는 내 계획에 관해 이야기를 나누었다. 나는 라디오 방송에 출연하여 프랑스어로 말해본 적이 없었다. 긴장되었다. 나는 짧은 프랑스어 실력으로 간신히 버티다가 결국 그 대화에 도미니크까지 끌어들였다. 그녀 역시 긴장했다. 모든 친구와 가족이 듣고 있다는 것을 알고 있었기 때문이다.

프랑스어로 진행되는 라디오 쇼에 출연하는 것으로 그날의 대미를 장식했다. 몇 년 전 퀘벡에 처음 갔을 때, 나는 프랑스어를 거의 못했다. 프랑스어를 익히는 것은 내 생애 가장 어렵고도 주눅 드는 일이었다. 저스틴에게 바보 같은 전화를 거는 것보다 더 힘들었다. 퀘벡에 도착하기 전 수년 동안 나는 외지에 나가 지하 12미터의 석유 굴착 장치에서 석유를 파는 일을 했다. 그 일은 힘들었다. 하지만 그런 힘든 일보다 비교도 되지 않을 만큼 힘든 일이 있으니, 바로 여자 친구의 가족들과 함께 저녁 식사를 하는 것이었다. 그런 자리에서는 눈앞의 현실에 대해 이성을 완전히 상실하게 된다. 영어가 모국어인 우리가 그런 경험을 하게 된다는 게 놀랍다. 우리는 어딜 가든 모든 이들이 우리를 이해할 거로 기대하며, 대부분의 지역에서는 사실 그렇다. 상황이 완전히 뒤바뀌어 특정 문화권에서 이방인이 되어보면 당혹감을 느끼지 않을 수가 없다. 특히 자국에서 그런 일을 겪게 된다면 더욱 그렇다.

나는 퀘벡과 '친구'라는 것을 입증하기 위해 라디오에서 프랑스어를 할 필요가 없었고, 갑작스레 퀘벡 주민이 될 수 있으리라는 환상 같은 것도 전혀 없었다(내 억양은 그러한 사실을 확실히 보여주었다). 하지만 도미니크의 모든 가족이 듣고 있는 가운데 라디오에서 미셸과 이야기를 나누자니, 마치 그 갈라진 틈에 최종적으로 다리를 놓는 기분이었다. 아주 최소한 나는 어느 정도 퀘벡의 신세대다움을 지니고 있었다. 미셸 바렛과 함께 있자니 너무 떨렸다. 다른 사람도 아닌 바로 그 미셸 바렛이니 말이다.

미셸은 '즉석 파티 세트'를 자신의 친구에게 선물로 줄 작정이었다. 사실 애초에는 그 스노모빌을 줄 계획이었다. 하지만 그는 그 친구에게 꽉 찬 맥주통과 버드와이저 네온사인, 그리고 추가로 대략 30개의 보너스 맥주를 덤으로 끼워주는 게 더 재미있겠다고 생각했다. 그의 친구는 처음에는 기가 질려버릴 테지만, 약간의 맥주를 마신 뒤에는 그것을 모조리 해치울 수 있다는 사실을 알게 될 것이다. 맥주를 조금 더 마시고 나면 미셸이 천재라고 생각할 것이다. 일주일 내내 단 한 잔의 맥주도 마시지 않은 나도 미셸 바렛이 천재라고 확신하고 있었으니 말이다. 그는 천재이자 정말로 멋진 사나이다.

미셸은 나를 찬찬히 살펴보며 말했다. "그 스노모빌을 누구와 거래하게 될 것 같아요?"

나는 미소를 지어보이며 오렌지 바나나 향기가 그윽한 비밀에 관해 생각했다. "정말로 좋은 제안들이 몇 개 있지만, 아직 확실한 것은 없습니다. 조만간 결정을 내리게 될 겁니다. 좋은 생각이 있거든요." 나는 능글맞은 웃음을 흘리며 말했다.

"그렇군요. 결정되면 우리에게도 알려주세요." 그가 말했다.

"그럴게요." 내가 말했다.

도미니크와 나는 그에게 작별 인사를 한 뒤 집으로 향했다.

지금까지 오렌지 바나나 건에 관해 아무런 언급도 하지 않았으니, 충분히 궁금해졌을 것이다. 이제 그 일을 털어놓을 생각이다. 사실 나는 〈디 아워〉에 출연했던 그날 아침부터 비밀을 하나 간직하고 있었다. 〈디 아워〉에 출연했던 그날 아침에, 나는 스노모빌에 대한 굉장한 제안을 받았지만 확정된 것은 아니었다. 미셸과 시간을 보내고 집에 돌아온 나는 이메일을 확인해보았다. 그 제안이 확정되어 있었다. 나는 허공에 주먹을 휘두르며 기쁨의 한마디를 중얼거렸다. "좋았어!"

나는 부엌으로 가 도미니크에게 말했다. "됐어."

"뭐가 돼?" 그녀가 물었다.

"제프가 '승인'이라고 했어. 그 제안이 공식화된 거야." 내가 말했다.

"제프…… 누구?" 그녀가 말했다.

"오렌지 바나나 제프 말이야." 내가 말했다.

"와! 잘됐네." 그녀가 말했다.

배경: 카일과 도미니크의 아파트. 카일이 조지 스트럼볼로폴로스와 인터뷰를 하고 난 아침. 아주 이른 시각. 전화벨이 울린다. 카일은 전화를 받을지 잠을 좀더 청할지 고민 중이다. 다시 전화벨이 울린다. 카일은 전화를 받는다.

카일: 여보세요.

제프: 여보세요, 카일 있나요?

카일(목소리를 가다듬고): 네, 전데요.

제프: 아, 카일 씨, 안녕하세요?

카일: 네, 안녕하세요?

제프: 당신은 이미 제가 누군지 알고 있지만 영화 대본 스타일로 꾸미는 중이니까, 그냥 제 소개를 할게요. 저는 제프 쿠퍼라고 합니다. 브리티시컬럼비아주 크랜브룩에 있는 잡지사 〈스노라이더스 웨스트(SnoRiders West)〉에서 일하고 있습니다. 야크와는 45분 정도 떨어져 있죠. 딱 좋은 거리예요.

카일: 멋진데요! 어젯밤 〈디 아워〉를 보신 게로군요.

제프: 사실 전 못 봤고요, 대신 제 동료인 케리가 보았죠. 그 친구가 전부 다 말해줬고요.

카일: 그렇군요.

제프: 우리는 당신의 스노모빌에 대해 제안을 하나 하고 싶어요.

카일: 그래요? 무슨 제안이죠?

제프: 야크 여행권과 당신의 스노모빌을 맞바꾸고 싶습니다.

제프는 진지하다. 그는 크랜브룩까지 2인용 왕복항공권과 스키장 1일 이용권, 식사를 제안한다. 이것은 빅뉴스다. 야크 여행권이라. 카일은 이것이 굉장한 제안이라며 제프의 제안에 동의한다. 야크 여행권이라는 펀텐셜은 예정에 없었던 것이다.

카일: 완벽해요.

제프: 그런데 조건이 있습니다.

카일: 그게 뭐죠?

제프: 사실은 두 가지 조건이에요. 일단은 저희 사장님께 확답을 받아
야 하고요.

카일: 두 번째 조건은요?

제프: 당신은 그 거래를 반드시 야크에서 해야 합니다.

카일은 제4의 벽(무대와 관객 사이를 떼어놓는 보이지 않는 공간―옮긴이)을 부수고
카메라를 빤히 쳐다본다. 화면에서 그의 눈이 멀어지며 깜짝 놀란 얼굴
표정이 앵글에 잡힌다. 가장 놀란 표정이 된 순간 화면이 멈춘다. 광고 음
악을 내보내라는 사인이 나간다.

one instant party one famous snowmobile one trip to Yahk one cube van one recording contract

당신은 지금 이것을 읽고 있다

그 일이 일어났다. 실제로 말이다. 그리고 그런 일은 다시 일어날 것이다. 어디에선가. 어떻게든. 하지만 다르다. 그런 일이 당신에게도 일어날까?

담장 너머를 살펴보라

건너편 잔디가 반드시 더 푸르리라는 보장은 없지만, 그럴 가능성이 아예 없지는 않다. 다른 이들의 조언을 새겨듣는 한편으로, 우리는 모두 색깔을 다르게 본다는 사실을 명심하라. 다른 어떤 이에게는 덜 푸르게 보이는 것이라도 당신에게는 좀더 푸르게 보일 수도 있다.

야크 여행권

one trip to Yahk

one red paperclip

one fish pen

one doorknob

one instant party

one red generator

one camping stove

one famous snowmobile

one trip to Yahk

하지만 어떻게 야크에서 거래를 한단 말인가? 나는 거래를 위해서라면 야크를 제외한 전 세계 어디든 갈 거라고 말했다. 그건 농담이 아니라 내 진심이었다. 그렇다. 나는 분명 그렇게 말했다. 더구나 전국에 방송되는 텔레비전에서 그렇게 말해버렸다.

영화 장면으로 꾸며본 오렌지 바나나의 회상 장면, 즉 내가 카메라를 정면으로 쳐다보기 위해 '제4의 벽'을 부숴버렸던 그 시점 이후, 나는 정신을 차리고 미소를 지으며 수화기에 대고 말했다. "그러니까 이 모든 게 다 야크와 관련된 거군요."

"네, 맞아요. 전부 야크와 관련된 겁니다." 제프가 말했다.

원칙적으로 나는 처음에 제안을 받은 즉시 거래에 동의했지만, 그에게서 그 제안이 공식적이라는 확언을 받은 것은, 내가 미셸 바렛과 물품을 교환한 뒤 이메일을 확인하고 허공에 주먹을 날리며 "좋았어!"라고 혼잣말을 중얼댔던 날로부터 며칠 후였다. 그리하여 나는 그것에 '비밀'이라는 코드명을 붙여두었던 것이다.

그렇게 나는 야크 여행권을 확보했다. 나는 야크에서 어떠한 거래도 하지 않겠다는 내 말을 어기지 않는 동시에, 야크에서 그 거래를 성사시킬 방법을 찾아야 했다. 그뿐만이 아니다. 그 스노모빌을 어떻게 운반해야 할지도 막막했다. 몬트리올에서 야크까지는 장장 4800여 킬로미터나 된다. 하지만 나는 그 일 역시 어떻게든 저절로 해결되리라고 생각했다.

나는 가고자 하는 곳이 어디인지 확실히 알고 있었으나, 다만 거기에 이를 방법을 모르고 있었을 뿐이다.

분명 나는 혼란에 빠져버렸다. 어떤 의미의 혼란이었든 말이다.

지난 한 주일 동안 많은 사람들이 하고많은 장소 중에 왜 하필 야크에서 거래를 하지 않겠다고 했는지 물어보았다. "비장의 무기가 있었던 거예요? 우리가 모르는 뭔가가 있는 겁니까?" 〈디 아워〉의 조지 스트럼볼로폴로스와의 인터뷰에서, 나는 순전히 장난으로 "브리티시컬럼비아주의 야크입니다"라고 말했다. 하지만 사실은 그저 '야크'라는 단어 자체가 재미있다고 생각했을 뿐이었다.

나는 야크를 잘 알고 있었다. 그래서 그렇게 말했던 것이다.

어린 시절 하얀색의 낡은 셰비 밴을 타고 브리티시컬럼비아에서 가족 휴가를 즐기던 중 아버지가 랜드 맥낼리 사에서 만든 1986년판 브리티시컬럼비아의 너덜너덜한 지도를 펼치고는 야크를 가리켰다. 아버지는 미소 띤 얼굴로 물었다. "여기, 야크 어떠니?" 아버지는 야크 약간 위쪽에 위치한 넬슨이라는 마을에서 성장했다. 사실 아버지는 야크를 상당히 중요하게 생각하고 있었다. 나는 수년 동안 가족 휴가를 떠날 때마다 셀 수 없이 많은 시간 동안 그 낡은 지도를 뚫어져라 쳐다보았고, 내 시선의 종착지는 항상 야크였다. 만약 워런이나 호주, 퓨알랍이나 워싱턴보다 더 완벽하게 떠날 준비가 되어 있는 어딘가가 지구상에 있다면, 그곳은 바로 야크였다.

이런 이유로 나는 그저 재미 삼아 야크라고 말했던 것이다. 나는 야크나 야크 주민들에게 아무 감정이 없었다. 다만 어디든 갈 거라고 말하는 것보다는 잘 알려져 있지 않은 어딘가에 가지 않을 거라고 말하는 편이

one instant party one famous snowmobile one trip to Yahk one cube van one recording contract

훨씬 더 재미있다고 생각했다. 어디든 갈 거라는 말은 식상하다. 어디든 이라는 말 자체가 상투적이다. 어디든이라는 건 야크가 아니다. 나는 실 제로 야크에서 거래 제안을 받게 되리라고는 상상조차 하지 못했다. 하지 만 그런 내 생각이 나를 곤경에 빠뜨려버렸다. 살다 보면 수없이 많은 상 황에 처하겠지만 거짓말쟁이가 될 생각은 추호도 없었다. 하지만 내가 야 크에서 교환을 하지 않을 거라고 말한 이상, 거기서 거래를 한다면 나는 수년간 쌓아온 신용을 모두 잃게 될 것이었다. 모든 신용을 말이다.

나는 이 상황에서 무사히 벗어나기 위해 다소 치사한 짓을 해야 할 것 이다. 내 평판이 위태로웠다. 나는 오랜 시간 열심히 머리를 굴렸고, 달리 기를 했으며, 약간의 자기 성찰을 했다. 그 결과 내가 '자기 성찰' 따위의 말을 정말로 좋아하지 않는다는 사실을 깨달았다. 그리고 거짓말쟁이가 되지 않고도 제프와 거래할 방법이 딱 하나 있다는 사실도 깨달았다. 내 가 할 수 있는 거라고는 거짓말밖에 없다는 사실 말이다.

나는 야크 시민들에게 띄우는 메시지를 내 웹사이트에 올렸다.

야크 시민들에게
12월 5일, CBC 앵커이자 피어싱에 푹 빠져 있는 조지 스트럼볼로폴로스가 생방송 TV 쇼에 저를 초대했습니다. 그는 저에게 거래를 위해 가지 않으려는 곳이 있는지 묻더군요. 저는 브리티시컬럼비아의 야크를 제외한 지구상의 어디라도 갈 거라고 대답했습니다. 이렇게 말했다고 해서 화내지 마십시오. 화를 내려거든 조지 스트럼볼로폴로스에게 내셔야 합니다. 그 이유를 말씀드리지요. 여러분께 작은 비밀 하나를 털어놓아야겠습니다. 저는 그 사람의 마수에 걸려들었다고 생 각합니다. 그렇습니다. 조지 스트럼볼로폴로스는 기억하기도 불가능할 정도로

긴 성과 엄청나게 많은 피어싱이라는 두 가지 마법으로 생방송에서 나에게 최면을 걸었습니다. 내가 거래를 위해 야크에 가지 않을 거라고 말하도록 그 사람이 조장한 셈이지요. 저는 예전에 야크에 가본 적이 있습니다. 무척 멋진 곳이라고 생각했습니다. 나는 당신들 또한 멋진 사람들이라고 확신합니다. 다만 조지 스트럼블로폴로스가 내게 여러분의 마을에서는 거래를 하지 않겠다는 말을 하도록 강요했을 뿐이죠. 비록 제가 여의치 않아 야크에서는 물물교환을 하지 않겠다는 말을 입 밖에 내고야 말았지만, 여러분은 제 말 따위에 상관없이 잘 살아갈 거라고 생각합니다. 우리는 그저 거래 상대가 될 수 없을 뿐, 얼마든지 계속 친구로 지낼 수 있습니다. 어쩌면 야크의 시민들이 가혹한 최면술을 사용한 조지 스트럼블로폴로스를 보이콧해야 마땅할지도 모릅니다. 사실 제가 보기엔 그것이 가장 합당한 일로 여겨지지만요. 사실 저는 누군가가 탄원서를 내서 스트럼블로폴로스가 야크에서 생방송 〈디 아워〉를 진행하면서 이 일에 대해 사과하게 해야 마땅하다고 생각합니다. 그렇습니다. 온라인 탄원서를 만드는 방법을 알고 있는 누군가가 그곳 어딘가에 있다면, 탄원서를 작성해 그 온라인 주소를 제게 보내주세요. 이것은 분명 일을 바로잡는 첫걸음입니다. 제 말을 이해해주시기 바랍니다.

카일

20분 뒤 브렌트라는 사람에게서 이메일을 받았다.

✉ **안녕하세요, 카일 씨**
당신의 마지막 블로그 게시글을 조금 전에 막 읽었어요. 제가 탄원서를 작성했으니 한 번 보세요.

수신: 조지 스트럼블로폴로스, CBC
우리 캐나다 브리티시컬럼비아주 야크 주민들과, 야크에 살지 않지만 전 세계 야크 관련자들은 이 자리에서 oneredpaperclip.com의 카일 맥도널드가 거래를 하지 않기 위해 야크에 오는 날, 조지 스트럼블로폴로스도 이곳에서 CBC 〈디 아

워)를 방송할 것을 요구하는 바다. 만약 조지 스트럼볼로폴로스가 야크에서 방송을 한다면, 그가 카일 맥도널드에게 걸었던 최면술이 풀릴 것이고 빨간 클립 한 개 프로젝트와 관련된 거래들이 야크에서도 이루어질 수 있게 될 것이다.
서명

나는 내 웹사이트에 그 탄원서를 링크시켰다. 내가 잠자리에 들기 직전까지 이미 몇몇 사람들이 서명을 남겨놓았다. 다음날이 되자 훨씬 더 많은 사람들이 그 탄원서에 서명을 했다. 나는 생각했다. '이거 제대로 먹혀들 것 같은데!' 이 세상에 불가능할 게 뭐가 있단 말인가?

나는 야크 여행권을 탐낼 만한 모든 잠재적 거래 상대들을 대상으로 블로그에 게시물을 올렸다.

잠재적인 거래 상대들에게

나는 공영 TV에서 브리티시컬럼비아주 야크를 제외하고는 거래를 위해 전 세계 어디든 가겠다고 말했습니다. 나는 거짓말쟁이가 아닙니다. 그러니 우리는 야크 교외에서 거래를 해야 할 겁니다. 이해해주길 바랍니다. 어쨌든 '야크 여행권'은 모든 이들에게 열려 있습니다. 이것과 뭔가를 교환하고 싶으신 분들은 빨리 연락주세요. 야크 밖에서 여러분과 거래하게 될 상황을 하루 빨리 맞이하고 싶네요. 조지 스트럼볼로폴로스가 마법을 풀어주지 않는다면 어쩔 수가 없습니다. 상황이 그렇습니다. 여러분들에게까지는 스트럼볼로폴로스의 마수가 뻗어 있지 않아요. 저만 그 술수에 넘어간 겁니다. 조지는 비상한 술수와 재빠른 말솜씨, 그리고 수많은 피어싱으로 제 혼을 쏙 빼놓았습니다.

그 '논쟁'은 야크에서 상당한 파장을 불러일으켰다. 자칭 야크의 활동가이자 야크 킹스게이트 사학회 회원인 페니 앤더슨은 야크 킹스게이트

동호회 웹사이트에 그 탄원서를 올려놓았고, 조지 스트럼볼로폴로스에게 그 마수가 야크의 시민들에게는 아무런 효력을 지니지 못할 거라고 경고했다. 페니는 나에게 이메일을 한 통 보내왔다.

✉ 계속해서 지켜보십시오……. 우리가 옳다는 걸 보여드리죠.

나는 〈디 아워〉의 클레어에게 이 모든 자료들을 첨부해 이메일을 보냈다. 그녀는 내 이메일에 즉각 답장을 보내왔다.

✉ 수신: 카일 맥도널드
주제: Re: 조지가 이것을 보고 싶어 할 겁니다.
메시지: 오늘 밤 방송을 꼭 보세요!

우리는 케이블을 설치하지 않았다. 그래서 도미니크와 나는 도미니크의 동생 마리 루의 집에서 텔레비전을 보기로 했다. "오늘 밤 방송을 꼭 보세요!"라는 클레어의 이메일에 긴장이 되었다. 그것은 어떤 특별한 일이 일어날 거라는 의미였다. 어쩌면 〈디 아워〉의 마케팅 예산이 터무니없이 적어서 다이렉트 이메일 홍보를 하고 있는지도 모를 일이었다. 조지는 그날 방송에서 시청자들에게 자신의 처지를 해명했다. 그는 내가 어떤 경위로 마수를 운운하며 그에게 책임을 전가하게 되었는지 자초지종을 설명했다. 나는 그가 나에게 마수를 건 걸 탓하지 않았다. 그가 정말로 사람을 홀리는 능력 같은 걸 갖고 있다는 사실은 모든 이들이 알고 있는 터였

다. 그는 그 탄원서의 내용을 간략히 정리해 알려주면서 그가 '이상한 삼
각관계'에 빠져버렸다고 말했다. 조지는 자신을 비롯한 〈디 아워〉의 모
든 이들이 그 탄원서 사건이 어떻게 전개될지 지켜볼 것이라고 말했다.
조지는 또한 이런 말도 덧붙였다. "카일과는 달리, 저는 진심으로 브리티
시컬럼비아주 야크에서 시간을 보내고 싶은 사람입니다."

이 일로 긴장감이 훨씬 커졌지만 한편으로는 짜릿했다. 나는 조지가
내 견해를 반박하며 달려들어주길 내심 기대했었다. 만약 그가 그렇게 한
다면, 최소한 우리는 그가 야크 주민들에게 악의적인 반감을 품고 있음을
알게 될 것이었고, 내가 영웅처럼 보일 것이었다. 그런데 그의 능수능란
한 대응에 내가 다시 악당이 되어 있었다. 일단 기다리면서 탄원서 사건
이 어떻게 전개될지 지켜볼 수밖에. 그리고 톰 페티가 말했듯이, 그런 기
다림이 가장 힘겨운 것이었다.

거래 지점이 불확실했음에도 야크 여행권에 대한 거래 제안들이 이메
일로 속속 도착했다.

✉ 저는 브리티시컬럼비아주 크랜브룩의 쿠트니 컨트리 컴포트 인의 주인입
니다. 스키 시즌 동안 이용할 수 있는 60일짜리 숙박권을 거래하고 싶어요. 물
론 조식도 포함되어 있구요.

✉ 카일 씨
내 이름은 마틴이고 온타리오주 서드베리 지역에 살고 있어요. 저는 1994년형
포드 선더버드를 제안합니다. 37만 킬로미터 정도를 달렸지만 지금도 여전히 쌩쌩
잘 나가고, 지난 일 년 반 사이에 브레이크와 충격 완충기, 버팀대와 스프링을 모두

교체했어요. 좋은 집이 필요하시죠? 좀더 자세한 정보를 원하신다면, [705] XXX-XXXX로 전화를 걸거나 이메일을 주세요. 행운을 빕니다. 당신이 찾는 게 이거면 좋겠네요. 저는 겨울과 야크를 사랑하는 사람입니다.

✉ 당신의 블로그를 계속 지켜보고 있는 사람입니다. 사우스캐롤라이나의 주요 언론들에는 당신 얘기가 그리 많이 실리지는 않았지만 말이죠. 저도 언젠가는 거래를 제안해봐야겠다고 생각했어요. 제 거래 물품은 '데인저레스큐 2'라는 이름의 제 보트입니다. 1971년형 패버글래스 트라이-Hull, 1984년형 에빈루드 70-HP 아웃보드, 비미니 탑, 6인용 좌석, 튜브, 튜브용 밧줄, 여섯 개의 낚싯대 지지대, 물고기 탐지기, 23리터짜리 가스탱크 두 개, 트레일러를 갖추고 있지요. 상태가 무척 양호하며 지금까지 엄청 많은 물고기를 낚았어요.

이 외에도 수십 통이 더 있었다.

크리스마스 무렵이었기에 우리는 가족과의 저녁 식사, 파티, 이사 등으로 정말이지 눈코 뜰 새 없이 바빴다. 무거운 박스를 옮기는 일만큼 즐거운 기분을 잡쳐놓는 것은 없다. 욕조의 묵은 때를 벗겨내는 일도 마찬가지다. 우리는 친구 마티외, 마리 클로드와 함께 새로운 곳으로 이사했다. 훌륭한 선택이었다. 새로 이사한 집은 천장이 더 높았고, 내 작업실도 따로 있었으며, 그 덕에 '자정에 몰아서 일을 하는' 나 때문에 도미니크가 밤잠을 설치는 일도 피할 수 있게 되었다.

이사를 마쳤을 즈음, 거의 1000명에 이르는 사람들이 탄원서에 서명을 남겼다. 시골구석에서 제기된 불만이라는 점과 실현 가능성이 거의 없는 시나리오라는 점에서 그리 나쁘지 않은 셈이었다. 아니, 전혀 나쁘지 않았다. 하지만 〈디 아워〉가 야크에 올지 안 올지는 사실상 중요하지 않게 되었다. 탈출구를 찾아냈기 때문이다. 거짓말쟁이가 되지 않고도 야크에 갈 수 있는 방법이 있었다!

그 사이 제프 쿠퍼가 야크에서 찍은 자신의 사진을 몇 장 보내왔고, 그 사진에서 나는 중요한 걸 하나 찾아냈다. 탈출구 하나를 발견한 셈이었다. 그 사진의 배경으로 잡힌 표지판에 "야크―자치체로 정식 승인되지 않았음"이라는 문구가 적혀 있었던 것이다. 야크가 도시나 타운 혹은 마을이나 촌락으로 정식 승인되지 않았다면, 야크가 실제로 시작되고 끝나는 지점이 애매할 터였다. 야크는 아무 데도 없을 수도, 그리고 동시에 모든 곳일 수도 있었다. 정말 끝내주지 않는가. 나는 그 탈출구가 마음에 들었다. 결국 공식적으로 야크는 존재하지 않는 곳인 셈이고, 이 사실은 곧 내가 야크에서 거래를 하는 데 아무런 제한을 받지 않는다는 의미였다. 이제 와서 고백하면, 그건 궁색한 변명이자 극에 달해 있는 내 낙천주의(그리고 비굴함)에 지나지 않았다. 하지만 어쨌든 그건 하나의 탈출구였다. 그리고 내가 수년에 걸쳐 쌓아온 신용을 지켜낼 유일한 방법이었다. 내가 찾아낸 탈출구가 자랑스럽기까지 했다. 사실 탈출구를 찾아낸다는 게 언제나 가능한 일은 아니잖은가.

하지만 사실은 조지 스트럼볼로폴로스와 〈디 아워〉를 야크에 보내고 싶었다. 탈출구도 재미있지만, 시골구석에서 제기된 불만 때문에 공영방송이 대륙을 가로지르는 모습을 보는 것보다는 재미가 덜 하다.

나는 페니 앤더슨과 이야기를 나누었다. 그녀는 그쪽의 모든 일이 무리 없이 척척 진행되고 있다고 말했다. 그 지역 주민들이 모여 이야기를 나눠본 결과, 그 탄원서에 계속 서명을 하는 동시에 〈디 아워〉의 모든 관련자들에게 계속 이메일을 보내는 게 가장 좋은 방법이라는 결정을 내렸다고 했다. 몇몇 사람들은 비디오도 제작했는데, 아이들이 조지에게 왜 야크에 오고 싶지 않은지 묻는 내용이었다. 정말 기발했다.

그 탄원서에 서명들이 계속 쇄도했다. 대략 1200명쯤 서명했을 즈음, 나는 〈디 아워〉의 클레어에게서 이메일을 한 통 받았다. 나는 희망 어린 눈으로 그것을 열어보았다. 대단한 소식이었다. 그들은 그 탄원서에 얼마나 서명을 하는지 추이를 계속 지켜보았고 야크로 출장 가기로 결정했다. 〈디 아워〉가 야크에서 방송을 할 예정이었다! 야크 주민들이 드디어 해낸 것이다. 모든 것들이 딱딱 맞아떨어지고 있었다. 아니, 완벽히 다 맞아떨어지는 건 아니었다. 여전히 스노모빌을 야크까지 운반할 대책이 전혀 없었다. '저절로 해결되어야 할 일' 중 겨우 절반만 해결된 셈이었다. 나는 몇 가지 잡일을 처리하기 위해 코롤라에 올라탔다. 그때 휴대폰이 울렸다. 휴대폰을 열었다.

"여보세요." 내가 말했다.

"여보세요. 카일 씨와 통화하고 싶은데요."

"네, 전데요. 누구시죠?"

"저는 브루노라고 합니다. 신타스에 근무하고 있지요."

"그렇군요, 당신들이 언제쯤 전화할지 궁금하던 참이었어요!"

"그랬어요?"

"네, 저는 언론에 출연할 때마다 리키의 신타스 셔츠를 입었거든요."

"그걸 입고 TV에 출연했다고요?"

"네, CNN을 비롯해 모든 프로에 입고 출연했죠."

"그래요? 저는 지난달 〈르 주르날 드 몬트리올〉에서 보았어요."

"네, 거기에도 제가 나왔죠. 가는 곳마다 그걸 입고 있었는데. 리키와 저 사이의 내밀한 언약 같은 거였거든요."

브루노가 웃었다. "있잖아요, 저는 물물교환을 하고 다닌다는 리키라는 이름의 남자를 찾으려고 이 나라의 모든 신타스 매장에 전화를 걸었어요. 그런데 리키에 관해 들어본 사람이 아무도 없더군요. 당신의 웹사이트를 방문하고 나서야 당신 이름이 리키가 아니라 카일이고, 신타스에서 근무한 적도 없고, 이곳 몬트리올에 있다는 사실을 알게 되었죠." 브루노의 목소리에서 미소가 감지되었다.

"그렇게 막연히 계속 찾아다니게 해서 죄송하군요!" 내가 말했다.

"아닙니다. 저는 당신이 하고 있는 일이 정말로 멋지다고 생각합니다. 당신을 만나서 그 프로젝트에 관해 이야기를 나누고 싶어요. 그리고 우리가 함께 뭔가를 해낼 수 있을지도 궁금했고요." 그가 말했다.

"그럼, 오늘 저녁 어떠세요?"

나는 약속된 식당으로 갔다. 정말로 긴장되었다. 그 상황을 어떻게 받아들여야 할지 확신이 서지 않았다. 그 신타스 셔츠는 리키와 내가 그저 장난으로 주고받은 것이었다. 그것은 의도치 않게 물물교환 때마다 공식적인 셔츠가 되었고, 어느덧 내 상징이 되어 있었다. 나는 빨간 클립 한 개가 신타스라는 기업의 홍보물이 되는 것을 바라지 않았다. 그런 일에 반감이 있어서가 아니라, 신타스와 개인적으로 아무 상관이 없었기 때문이다. 그것은 리키와 나 사이의 장난에 지나지 않았다. 하지만 거대 기업인 신타스는 나를 그저 홍보 수단으로 보고 있을 수도 있었다.

그 식당에서 브루노를 만났다.

악수를 나누고 자리에 앉은 뒤에, 나는 그의 눈을 똑바로 쳐다보면서 전화에서 들은 내용을 확인해보았다. 그의 눈에 미소가 어렸다. 그는 꽤나 큰 관심을 보였다. 그는 내 취지를 '확실히 이해'하고 있었다. 그에게 빨간 클립 한 개는 단순한 홍보 수단이 아니라 재미였다. 그는 그 프로젝트에 참여하고 싶어 했다. 기업 임원이 아니라 야크 여행의 동반자로서. 돈이 아니라 사람들. 함께. 이루어가기.

브루노는 몸을 앞으로 숙이며 말했다. "그 야크 여행권을 제 큐브밴과 바꾸는 게 어때요? 그 정도면 구미가 당길 법도 한데요?"

나는 미소를 지었다. 그러고 나서 소리 내어 웃었다. 완벽했다. 나는 그의 눈을 응시하다가 입을 열려고 했으나 브루노가 선수를 쳤다.

"굉장히 재밌을 거예요."

처음 생각과는 달리, 브루노를 만나기를 잘했다는 생각이 들었다. 그 셔츠는 거래 하나를 물고 한 바퀴 돌아 제자리로 왔다. 정말 놀라웠다.

"그런데, 야크 여행권을 원하는 이유가 뭐예요?"

"며칠간 휴가를 낼 수 있을 테니까요." 그가 말했다.

나는 미소를 지었다. "좋아요. 거래합시다."

그리고 우리는 악수를 했다.

'그들'이나 당신이나 다르지 않다

그들이 기업의 성공한 임원이든, 공영방송국의 저명한 진행자든, 혹은 '다른' 팀을 응원하는 팬이든 '그들도' 역시 야크가 어디에 있는지 모를 것이다. 우리는 정말로 굉장히 비슷하다.

모두가 이긴다면, 지는 이가 하나도 없다

당신이 윈윈 혹은 상호 이득이 되는 거래를 만들어낸다면, 모든 이들이 승리를 거둘 것이다. 잠시 거래와 교환에 관해 생각해보라. 그 모두가 윈윈 상황들이다. 저것을 위한 이것, 이것을 위한 저것, 이러한 것들을 위한 저러한 것들. 제품, 서비스, 그리고 무엇보다도 아이디어의 교환이라는 생각 주위에 우리 인생이 구축된다. 물론 당신은 잠재적으로 착취의 형태를 띤 교환이 있을 수 있다고 주장할 수도 있지만, 그래도 아이디어의 교환이 없는 삶을 상상할 수 있겠는가? 만약 그럴 수 있다면, 당신이 이 책을 읽고 있다는 사실 자체가 놀랍다. 문자도 한때는 아이디어였다.

사람들은 일이 벌어지는 것을 보고 싶어 한다

아무런 일도 일어나지 않는 것보다는 무슨 일이든 벌어지는 게 분명 훨씬 더 재미있다.

큐브밴 한 대

one cube van

one red paperclip

one fish pen

one doorknob

one instant party

one red generator

one camping stove

one famous snowmobile

one trip to Yahk

one cube van

one instant party one famous snowmobile one trip to Yahk one cube van one recording contract

브루노는 내 손이 거의 뭉개질 정도로 손에 힘을 주었다. 난생 처음 경험하는 엄청난 힘이었다. 전에 나는 앨 로커와 악수를 나눈 적이 있었다. 그것은 마치 구식으로 고문을 받거나 혹은 격투기 시합이라도 하는 것 같았다. 브루노가 협상을 위해 개발된 특수한 악수법을 전수받은 유일한 인물일지도 모른다는 생각이 들었다. 브루노식 악수법(Brunoshake). 브루-노-사-케(Bru-No-Sha-Ke). 마치 일본어 같았다. 어쩌면 브루노는 닌자일지도 몰랐다. 비즈니스맨으로 변장한 닌자 말이다. 누구도 모를 일이다. 사실 완전히 터무니없는 생각은 아니었다. 그는 상당히 노련한 비즈니스맨이자 신타스 퀘벡 지사의 총지배인이었다. 그 식당의 모든 이들이 그를 잘 알고 있는 듯했다. 어쩌면 사무라이일지도 모른다. 나는 경외심 어린 눈길로 차분히 그를 쳐다보았다. 나는 고개를 깊숙이 숙여 공

n Phoenix one afternoon with Alice Cooper

손히 인사를 하거나 그에게 내 명함을 두 손으로 정중히 내밀어야 하는 게 아닐까 고민했지만, 문득 내게 명함이 없다는 사실이 떠올랐다.

브루노가 미소 띤 얼굴로 물었다. "왜 웃는 거죠?"

"아무것도 아니에요. 이 일을 생각해보니 기분이 좋아져서요."

"그래요, 재미있을 거예요."

우리 둘은 미소를 지었다.

악수는 거의 고문 수준이었지만, 브루노는 내가 지금껏 만나본 가장 행복한 사람들 중 하나였다. 그에게는 에너지가 넘쳐흘렀다. 그리고 그는 긍정적인 사람이었다. 그 거래의 미래를 알려주듯이 말이다. 브루노는 주변 사람들을 행복하게 해주는 데서 행복을 느꼈다. 그의 인간성은 전염성이 있었다. 긍정적인 전염성 말이다. 그는 사람들이 곁에 두고 싶어 할 사람이었다. 그는 현실적이었다. 게다가 그가 제안한 품목은 또 어떠한가! 큐브밴 한 대다! 그것은 야크까지 스노모빌을 운반할, 더할 나위 없는 수단이었다. 브루노에게는 일언반구 안 했지만, 리키가 페라리에서 일했다면 어땠을까 하는 생각이 들었다. 하지만 그 순간 중요한 사실이 하나 떠올랐다. 페라리 뒤에는 스노모빌을 실을 수가 없다는 사실 말이다.

브루노가 그 제안에 덤을 얹어준 것으로 봐서는 내가 페라리를 꿈꾸고 있는 걸 눈치 챘던 게 틀림없다. "이봐요, 내가 그 큐브밴에 연료를 댈게요. 여기에서 야크까지 그리고 그 후의 기름 값까지 모두. 어때요?"

와우. 연료비라. "좋은데요. '야크까지 그리고 그 후'라고 하셨는데

one instant party one famous s

'그 후'가 어디일지 전혀 모른다는 사실은 잘 알고 있죠?"

"뭐, 그런 셈이죠. 하지만 당신은 너무 멀리까지 그 밴을 끌고 가고 싶지는 않겠지요." 그가 말했다.

몬트리올에서 야크까지는 차로 4800여 킬로미터였다. 야크는 꽤 멀찍이 떨어져 있었고, 모두 알다시피 캐나다는 정말로 광활한 나라다. 자동차로, 특히 큐브밴으로 4800여 킬로미터를 이동하는 건 그리 녹녹한 일이 아니다. 하지만 내 계획은 원대했다. 나는 입술을 깨물었고 내가 얼마나 멀리까지 갈 의향이 있는지 브루노에게 일러줬다. "사실 그럴듯한 제안만 들어온다면 저는 그 큐브밴을 어디로든 가져갈 겁니다."

"어디든지요? 캐나다 어디라도 가겠다는 말인가요?" 그가 염려스러운 듯이 물었다.

"아니요, '어디든' 간다니까요. 좋은 제안이라면 저는 그 큐브밴을 어디든 끌고 갈 겁니다." 내가 말했다.

"북미 어디라도 갈 셈인가요?" 그가 걱정스러운 기색으로 물었다.

"아니요, 어디든요." 나는 이렇게 말하면서 몸을 앞으로 숙여 '어디든'이라는 말을 다시 한 번 강조해주었다.

브루노의 얼굴에 걱정하는 기색이 역력했다. "그러니까 야크에서 정말로 먼 곳, 이를테면 플로리다 같은 곳에 있는 사람이 괜찮은 제안을 해온다면, 그곳까지도 차를 몰고 갈 거라는 말인가요?"

나는 고개를 끄덕였다. "바로 그겁니다. 괜찮은 제안이라면 저는 야크에서 플로리다까지 그 밴을 몰고 갈 겁니다."

one trip to Yahk one cube van one recording contract one year in Phoenix one afternoon with A

나는 다시 몸을 앞으로 숙이며 목소리를 약간 낮춰 말했다. "브루노 씨, 제 말을 정확히 이해하셨는지 모르겠습니다만, 만약 누군가 호주의 피츠로이 크로싱이나 키르기스스탄의 비슈케크까지 그 큐브밴을 항공편으로 운반해달라고 하면, 그곳에라도 거래를 하러 갈 겁니다. '어디든'이라는 말은 상당히 포괄적이거든요."

브루노는 잠시 생각하더니 입을 열었다. "좋아요, 그렇다면 제가 여기부터 야크까지 연료비를 대지요. 그다음 북미 어느 곳으로 가든 그 연료비까지 제가 부담할게요. 하지만 항공 운반은 제외합시다."

"좋습니다." 내가 말했다.

만약 항공편으로 물건을 운반해야 할 상황이 닥친다면, 내가 그 방책을 찾을 수 있을지는 미지수였다.

브루노는 야크 여행에 관해 생각하더니 말했다. "2인용 여행권이라고 하셨으니, 직장 동료인 개리와 동행을 해야겠네요."

나는 미소를 띠며 말했다. "야크는 최고일 겁니다."

"야크로 가는 내내 그 큐브밴을 운전하지 않아도 된다는 게 그저 기쁠 따름입니다. 저는 그곳에 날아갈 거니까요!"

"비행기가 야크로 날아가는 거겠죠. 당신은 그냥 비행기 좌석에 앉아 있는 거고요." 나는 무표정한 얼굴로 말했다.

"무슨 말이죠?" 브루노가 물었다.

"아닙니다. 이미 초반에 엉뚱한 짓은 많이 했어요." 나는 음식을 조금 먹으면서 말했다.

브루노가 말했다. "그나저나 오늘 당신 웹사이트를 보다가 리키의 셔츠를 공짜로 세탁해드릴 수 있을지도 모른다는 생각을 했어요." 그러고 나서 그는 신타스가 유니폼을 만드는 회사이기 때문에, 리키의 셔츠를 무료로 세탁해줄 수 있을 거라고 했다. 귀가 솔깃해졌다. 나는 무료 세탁이라면 사족을 못 쓴다. 나는 야크 여행권과 큐브밴을 교환했고, 그 스노모빌을 야크까지 운반할 방법도 확보했을 뿐만 아니라, 다음 한 주 동안 셔츠 세탁도 미뤄놓을 수 있게 되었다.

나는 그 거래 사실을 웹사이트에 올렸다. 사람들은 내가 거래를 성사시켰다는 사실에 관심을 보였지만, 큐브밴이라는 단어를 제대로 이해하는 사람이 하나도 없었다. 사람들은 큐브밴이라는 말보다는 이삿짐 트럭이나 화물차, 혹은 뒤에 화물칸이 달린 큰 트럭이라는 단어를 쓰면 누구나 이해할 수 있으리라는 사실을 내게 '알려'주었다. 하지만 브루노가 큐브 밴이라고 했으니 큐브밴일 수밖에 없었다. 다르게 부를 도리가 없잖은가. 나는 이런 점을 잘 알면서도, 내심 브루노가 그 큐브밴을 조랑말, 데님 셔츠, 혹은 아만다와 같은 훨씬 더 일반적인 단어로 불렀으면 좋았을 거란 생각이 들었다.

나는 몬트리올에 있는 그의 사무실로 찾아가 그 큐브밴을 확인했다. 그것은 거대했다.

그가 밴의 열쇠를 건네주었다. 열쇠를 꽂자 단번에 시동이 걸렸다.

나는 스노모빌을 맡아주었던 저스틴을 밖으로 불러내 답례로 점심 식사를 대접했다. 그러고 나서 임시변통한 합판으로 경사로를 만들어 그 스

노모빌을 큐브밴 뒤에 실었다. 이번에도 나는 헬멧을 쓰고 있지 않았고 이번에도 그 스노모빌이 큐브밴과 정면으로 충돌하는 사태를 가까스로 피할 수 있었다. 브루노는 밴의 앞쪽 문짝에 예쁜 도안까지 손수 준비해 주었다. 거기에는 "리키가 아니라 카일입니다"라는 문구와 함께 빨간 클립 사진이 박혀 있었다. 완벽했다.

아버지가 몬트리올에 왔다. 사업차 들른 김에 '카일이 야크까지 큐브밴을 몰고 가는 일을 도울' 생각이었던 것이다. 우리는 밴에 올라타고 서쪽으로 차를 몰았다. 우리는 디트로이트로 갔다. 아버지는 밀워키의 할인 매장에서 스웨터를 구매했다. 그것은 으레 하던 일종의 '의식'이었다.

며칠 뒤 우리는 미니애폴리스에 도착했고 아버지는 비행기를 타고 집으로 돌아갔다. 아버지가 앉아 있던 내 옆 좌석은 밴쿠버 출신의 친구 댄이 차지했다.

댄은 자기 여자 친구 안드레아를 방문한 김에 '카일이 야크까지 큐브밴을 몰고 가는 일을 도울' 겸 미니애폴리스에 머물러 있었다. 댄과 나는 러슈모어 산에 갔다. 버펄로들이 한가로이 거닐고 있는 모습이 보였다. 우리는 버펄로들이 거니는 장면을 바라보는 우리 모습을 비디오로 찍어 웹사이트에 올렸다. 장엄한 광경이었다.

우리는 야크의 동쪽에 맞닿아 있는 캐나다 국경에 도착해 국경 경비 초소에 차를 세웠다. 경비병이 다가와 폐쇄 회로 비디오의 모니터를 통해 자동차 번호판을 들여다보며 물었다. "퀘벡 번호판이군요? 당신이 빨간 클립 한 개로 집 한 채까지 교환하려고 한다는 분이시죠?"

"네, 바로 접니다."

"그러니까 당신이 바로 빨간 클립의 사나이라는 말이죠?"

나는 미소를 지었다. "네, 제가 바로 그 빨간 클립의 사나이죠."

"오늘 아침 라디오에서 당신 얘기를 들었어요. 신문에도 실렸고요. 당신이 이곳을 지나갈 거라고 생각했어요. 야크로 가는 거 맞죠?"

"네, CBC도 올 거예요. 야크의 모든 사람들이 정말 기뻐하고 있어요."

그의 얼굴에 환한 웃음이 번졌다. "당연히 그렇겠지요. 와우, 정말이지 끝내주는 아이디어예요. 정말 독특한 발상입니다." 그는 계속 미소를 짓다가 이내 얼굴을 찌푸렸다. 자신의 임무가 다시 떠올랐던 것이다. 어쨌든 그는 임무를 수행해야 했다. 공식적인 국경 진입로였으니 말이다. "좋습니다, 국적이 어디죠?" 그가 물었다.

"둘 다 캐나다입니다." 내가 말했다.

"트럭에 몇 명이 있죠?"

"두 명입니다."

"어디에서 오는 길입니까?"

나는 댄을 가리키며 말했다. "이 친구는 아름다운 쌍둥이 도시, 미니애폴리스와 세인트폴에서 오는 길이고, 저는 몬트리올에서 오는 길입니다……. 사우스다코타주 월에 있는 월드러그를 경유해서요."

"목적지가 어디입니까?"

"야크요."

"좋아요. 됐습니다. 실례했어요. 이게 제 직업이니까요. 어쨌든 정말 멋진 아이디어예요! 빨간 클립 한 개를 집과 맞바꾼다니. 이곳의 우리 모두 당신을 응원하고 있어요!"

"감사합니다."

"야크에서 즐거운 시간 보내세요."

"당근이죠."

우리는 차를 출발시켰다. 댄과 나는 함박웃음을 지으며 서로를 쳐다보았다. 이렇게 환상적으로 국경을 넘어보기는 내 생애 처음이었다. 댄도 아마 똑같이 말할 것이다. 아니, 다시 생각해보니 댄이 그렇게 생각할지는 확신할 수 없는 노릇이다. 나는 댄이 아니니까.

우리는 야크의 중심지에 도착해 호텔에서 제프와 상봉했다. 전화로만 무수히 이야기를 나누던 사람을 직접 만나보니 좋았다. 그는 아이디어가 넘쳐흐르는 사람이었다. 머리 회전이 빠른 사람. 사진가. 여행가. 행동하는 자. 확신컨대 브루노와 마찬가지로 그 역시 그 거래의 결과로 그 회사가 얻게 될지 모를 이득을 노리고 있었을 것이다. 하지만 그는 매우 현실적이며 실용적인 태도를 잃지 않았다. 그리고 개인적으로 그와의 악수는 브루노의 학대성 악수와는 달리 멋졌다.

브루노와 개리가 도착했다. 어머니와 아버지도 도착했다. 어머니가 내 머리를 깎아주었고 우리 모두는 마치 나무토막처럼 꼼짝도 않고 정신 없이 잠에 빠져들었다. 커튼 사이로 아침 햇살이 쏟아져 들어왔다. 우리 모두는 로비에서 만나 스노모빌들을 실어놓은 트레일러를 밖으로 끌어냈다. 우리는 스노모빌에 올라타고 야크 여행의 마지막 구간을 위해 수많은 사람들과 함께 스노모빌 시승식이 있는 곳으로 향했다. 스물네 대의 스노모빌들과 청명한 푸른 하늘, 사방 천지가 흰 눈으로 뒤덮인 풍경을 배경으로 산꼭대기에 서 있자니 기분이 짜릿했다.

스노모빌 여행은 야크로 들어가는, 끝내주는 방법이었다. 스노모빌을 타고 이동해야 할 거리는 100킬로미터쯤 되었지만, 와이오밍주를 일주하는 것보다 더 길게 느껴졌다. 심지어 몬태나주까지 합친 거리보다 더 긴 듯했다. 브루노와 개리는 입 꼬리가 귀에 걸릴 정도로 환하게 웃었다.

마을 근방에 이르자 스노모빌을 탈 수 있을 정도의 눈이 없었다. 우리는 마을 어귀에서 트레일러를 끌던 트럭에 다시 스노모빌을 싣고 남은 거리는 차로 이동했다.

야크로 차를 몰고 들어가는 내내 신경이 곤두섰다. 야크 건이 실현되도록 해주었던 그 모든 일들은 극히 '비현실적'이었지만, 이제 상황은 완벽한 현실이 되어 있었다. 사람들과 자동차들이 곳곳에 있었다. 자동차, 트럭, 밴, 소방차, 경찰차, 하키 선수단 버스, 그리고 수없이 수많은 CBC 위성 TV 트럭들. 분장실용 트레일러도 하나 있었다. 오늘 밤 온 국민은 야크에서 중계되는 뉴스를 보게 될 것이었다. 야크에 분장실용 트레일러가 와 있다는 게 그 증거였다.

나는 커뮤니티 센터 안으로 걸어 들어갔다. 그 안은 이미 텔레비전 스튜디오를 방불케 했다. 도처에 카메라들이 설치되어 있었고 검은색 티셔츠를 입은 장발의 남자들이 케이블을 들고 이리저리 뛰어다녔다. 그들은 검은 바지 뒤쪽의 벨트에 가죽 칼집에 든 칼을 차고 있었다. 조지 스트럼볼로폴로스와 함께 다니는 로드 매니저들이었다.

스트럼볼로폴로스의 로드 매니저들 이외에도 수백 명의 사람들이 우르르 몰려다녔다.

긴장되었다. 나는 전 세계에서 거래를 하고 싶지 않은 유일한 곳이 바로 야크라고 공개적으로 말했었다. 어쩌면 쇠갈퀴와 이글거리는 횃불을 든 화난 군중들이 나를 마을 밖으로 쫓아낼 수도 있을 터였다. 가능한 일이었다. 순간 웃음이 났다. 사람들은 나에게 화내지 않을 것이다. 나는 죄인이 아니었다. 죄인은 조지 스트럼볼로폴로스였다. 물론 그의 곁에는 로드 매니저들이 있기는 했지만 말이다.

그 순간 뒤에서 누군가가 갑자기 헤드록을 걸어오며 머리카락을 헝클어 놓았다. 몸을 뒤로 빼 간신히 그 손아귀에서 빠져나온 나는 주위를 두리번거렸다. 입 꼬리가 귀에 걸릴 정도로 환히 웃고 있는 한 사람이 내 앞에 서서 손을 내밀었다.

조지 스트럼볼로폴로스였다.

나는 미소를 지으며 손을 내밀었고 우리는 악수를 했다.

조지가 웃으며 말했다. "당신 덕에 내가 야크까지 행차했네요!"

나는 그를 쳐다보며 미소를 지어 보였다. "저 역시 '당신' 덕에 야크까지 오게 되었네요!"

상황이 너무 우스웠기에 우리는 한바탕 웃었다.

그때 한 여성이 구석에서 걸어 나와 손을 내밀며 인사를 건넸다. "안녕하세요, 카일 씨, 내가 누군지 알겠어요?"

"페니 앤더슨이군요. 목소리만 들어도 알겠네요!" 내가 말했다.

"야크에 오신 걸 환영해요!" 그녀가 말했다.

"감사합니다. 이곳에 오게 되어 기쁩니다!"

"그 미약한 탄원서가 제대로 먹혀든 것 같죠?"

"당신이 없었다면 해내지 못했을 겁니다!" 내가 말했다.

"그게 바로 야크의 활동가들이 하는 일인 걸요."

야크에서 보낸 시간은 정말이지 멋졌다.

댄과 나는 밖으로 걸어 나갔다. 나는 도미니크가 주말을 이용해 몬트리올에서 비행기를 타고 오도록 포인트들을 현금으로 바꾸어놓았었다. 그녀가 흙탕물 옆에 서 있었다. 나는 진흙탕을 살짝 피해 그녀에게 다가가 포옹을 했다. 우리는 웃기 시작했다. 정말 환상적이었다. 그녀가 내 머리를 올려다보며 말했다. "머리 멋진데."

"고마워, 어제 어머니가 깎아준 거야."

그녀가 웃으며 말했다. "그래, '정말' 그래 보인다."

"근데 오늘 하루 종일 스노모빌을 타느라 헬멧을 쓰고 있었더니 머리 모양이 헬멧처럼 되었지 뭐야. 게다가 조지 스트럼볼로폴로스가 헤드록을 걸어서 머리를 이 모양으로 만들어놨어."

"그랬구나……." 그녀는 이렇게 말하고는 멍하니 나를 바라보았다. 그녀는 내 말을 이해하지 못한 모습이었다. 어쩌면 그녀는 '헤드록'이 뭔지도 몰랐을 것이다.

헬멧에 눌려 엉망이 되어버린 내 머리 모양에 대해, 이번에도 공개적으로 조지 탓을 해볼까 생각했지만, 일단은 보류하기로 마음먹었다. 그는 이미 충분히 당했다. "어머니가 머리를 깎아주었어요"라고 말한다면, 사람들은 말만이라도 칭찬해줄 수밖에 없을 거란 사실을 나는 알고 있었다. 어머니가 깎아준 머리를 이상하다고 말한다면 어머니를 욕하는 것일 테니 말이다. 그것은 또 다른 탈출구였다!

도미니크와 나는 커뮤니티 센터로 들어갔다. 방송 준비가 되어 있었다. 우리는 조지와 행복한 표정의 야크 주민들과 함께 잡담을 나누었다.

one instant party one famous snowmobile one trip to Yahk one cube van one recording contract

17세가량으로 보이는 경쾌한 차림의 소년들이 조지와 나를 향해 걸어오더니 조지에게 사인을 부탁했다. 조지가 선뜻 사인을 해주었다. 그다음으로 그들은 나에게 사인을 부탁했다. 나도 기꺼이 사인을 해주었다. 그때 댄이 다가와 우리 옆에 섰다. 나는 그 소년들에게 물었다. "너희들 아직 댄을 모르니?"

댄과 가장 가까이에 있던 소년이 흥분된 목소리로 물었다. "당신이 댄이에요? 웹사이트에 있던 버펄로 사나이?"

댄은 엄지손가락을 들어 자신을 가리키며 미소를 지었다.

"그래, 그게 나야. 내가 바로 그 버펄로 사나이야."

"와우, 사인 좀 해주실래요?" 그 소년이 말했다.

댄이 미소를 지으며 물었다. "펜은 있니?" 그러고는 자신의 이름을 적었다. 드디어 그도 유명한 댄이 되었다.

그 소년은 댄에게 고맙다고 말하고는 잠시 그 사인을 감탄의 눈길로 바라보았다. 잠시 후 그 소년은 도미니크를 올려다보더니 입을 열었다. "저기요, 당신이 도미니크 맞아요?"

도미니크가 미소를 지었다. "그래, 내가 바로 그 도미니크란다."

"사인해줄 수 있어요?" 그 소년이 물었다.

"물론이지." 그녀가 말했다.

방송이 시작되었다. 한쪽 해안에서 반대편 해안으로 생방송이 나가고 있었다. 수백 명의 야크 활동가들에 둘러싸인 커뮤니티 센터의 한가운데 조지가 섰다.

그는 시청자들에게 야크에서 만나 뵙게 되어 반갑다고 말하고는 자신의 트레이드마크인 속사포 같은 말투로 그날의 사건 사고들에 관해 자유분방한 뉴스 중계를 시작했다. 모든 이들이 행복해했다.

헬멧 모양의 머리가 이제는 헤드록으로 헝클어진 머리가 되었다. 어머니가 다가와 야단을 떨었다. 어머니는 바닥에서 눈을 한줌 집어 들더니 내 머리를 정리해보려 애썼다. 나는 머리를 살짝 옆으로 피하며 말했다. "눈 정도로 해결될 문제가 아닌 거 같은데요."

"그래도 한 번 해보자꾸나." 어머니가 말했다.

나는 어깨를 으쓱하고는 머리를 약간 숙여주었다. 그래, 한 번 해보지, 뭐. 그 눈은 요즘 한창 잘 팔리는 민트 껌처럼 차갑고 상쾌했다. 하지만 조지의 손가락 놀림 덕분에 내 머리는 여전히 독수리 둥지 같았다.

나는 주변을 어슬렁거리며 살펴보았다. 약 400명가량의 야크 주민들 대부분은 물론 인근의 크레스턴에서 온 하키팀 선수들도 있었다. 그날의 행사를 위해 시애틀에서 애정을 품고 달려온 사람들을 가득 실은 밴까지 있었다! 그들은 모두 빨간 클립이 새겨진 하얀색 티셔츠를 입고 있었다. '빨간 클립의 사나이'에게 이제 열광적인 팬들까지 생긴 셈이었다. 모든 이들이 행복해했다. 완벽했다.

〈디 아워〉의 클레어가 말했다. "첫 거래에 관해 이야기할 시간이 5분 정도 주어질 거예요."

나는 고개를 끄덕였다. "알겠어요, 잠깐만 화장실에 다녀올게요."

그녀가 나를 빤히 쳐다보았다. "농담이죠?"

나는 다시 그녀를 쳐다보았다. "어어, 그래요, 농담이에요." 나는 '어어'라고 말했지만 농담은 아니었다. 정말로 화장실이 급했다.

5분 뒤 조지가 생중계 TV 카메라들을 이끌고 야크 커뮤니티 센터 밖으로 나왔다. 나는 예정대로 그 스노모빌에 다가가 열쇠를 뽑아들고 조지 옆에 섰다. 우리는 소소한 이야기를 나누고 나서 〈스노라이더스 웨스트〉의 제프와 케리를 소개했다. 우리는 스노모빌과 야크 여행권을 맞바꾸게 된 자세한 사연을 빠르게 정리해주었다. 제프와 케리는 그 거래를 상징하는 멋진 노란색 표지판을 들고 있었다. 그들이 그 노란색 표지판을 나에게 건네주었다. 나는 스노모빌의 열쇠를 그들에게 건네주었다. 우리는 악수를 나누었다. 이로써 야크 여행권이 내 수중에 들어왔다. 물론 나는 이미 야크에 와 있었고, 그 여행권은 이미 브루노에게 넘긴 뒤였다. 하지만 이런 게 방송 아니던가. 꾸며진 방송.

그러한 사실을 눈치 챌 겨를도 없이 조지가 말했다. "자, 채널 고정하시고, 카일이 다음으로 무엇을 거래할지 지켜봅시다."

ne trip to Yahk one cube van one recording contract one year in Phoenix one afternoon with Al

    광고가 나가면서 잠시 쉴 틈이 생겼다. 조명도 꺼졌다. 나는 화장실로 뛰어가 가까스로 위기를 모면했다. 나는 손을 씻고 머리를 매만졌다. 아직도 눈이 약간 남아 있었다. 머리 모양에 신경이 쓰이기도 했지만, 머리를 그대로 두는 건 어머니의 이발 솜씨에 대한 일종의 모욕이었다.

    생방송은 나를 긴장시켰다. 나는 제프와 케리와의 거래를 이야기하면서 말을 약간 더듬었다. 평소보다 허튼소리가 더 많이 나오는 통에 말문까지 막혀버렸다. 어쩌면 단지 피곤했는지도 모른다. 거울을 들여다보았다. 눈 아래로 다크서클이 드리워져 있었다. 그러고 보니 지난주 내내 잠을 제대로 못 잤다. 잠도 못 자고 내내 운전만 했으니 그럴 수밖에. 나는 얼굴에 물을 조금 뿌렸다. 변명을 한다고 해서 도움 될 게 하나도 없었다. 방송은 계속되어야 했다.

    나는 밖으로 걸어 나와 커피 한 잔을 마시며 칠리를 먹었다. 클레어가 다가와 나를 한쪽 구석으로 데리고 갔다. "좋았어요, 두 번째 거래는 정말 짜릿하면서도 섹시한 걸로 만들어봅시다. 사람들이 당신의 에너지를 진심으로 느끼기를 바라잖아요. 이건 그저 그런 거래가 아니에요, 이건 근사한 거예요."

"좋습니다. 최선을 다할게요." 내가 말했다.

"아주 좋아요!" 그녀가 멀어져가며 말했다. 그녀는 커뮤니티 센터 안으로 걸어 들어가면서 고개를 끄덕이더니 엄지손가락을 들어보였다.

지금까지는 한 번도 내 거래에 코치를 해주는 사람이 없었다. 섹시라고? 이것은 새로운 영역이었다. 와우. 섹시라. 클레어가 말하기를 이건 그저 그런 거래가 아니라, 근사한 거라고 했다. 그리고 섹시라. 나는 내 머리 모양을 생각해보았다. 이 머리로는 안 되겠다는 생각이 들었다. 헬멧 모양의 머리를 하고 섹시한 분위기를 연출할 수는 없는 법이지 않은가. 나는 주머니를 뒤져서 까만색의 창이 없는 작은 모자를 꺼냈다. 잠시 감탄의 눈으로 그것을 쳐다보다가 머리에 뒤집어썼다. 완벽했다. 클레어의 코칭과 내 까만색 모자, 그리고 칠리의 포만감이라는 환상적인 조합 덕분에 두 번째 거래 장면은 훨씬 수월하게 진행할 수 있을 터였다. 하지만 브루노 쪽은 그렇지 못했다. 그는 정말로 바짝 긴장하고 있었다.

그는 나를 구석으로 데려가더니 이렇게 말했다. "뭐라고 말하죠?"

나도 잘 모르겠기에 그를 클레어 쪽으로 보냈다. 그녀는 그를 한쪽으로 데려가 격려의 말을 해주었다. 카메라가 돌아가기 시작했고 조지는 시청자들에게 두 번째 거래를 보여주기 위해 커뮤니티 센터 밖으로 나왔다. 브루노와 개리는 그 건물 바로 밖에 있는 큐브밴에 앉아 있었다. 나는 그 큐브밴 앞에 서서 리키의 신타스 셔츠 덕분에 브루노가 나에게 연락을 하게 되었다고 조지에게 설명해주었다. 조지가 운전석에 앉아 있던 브루노에게 다가가 물었다. "잠깐 말씀 좀 나누시죠. 야크 여행권이 굉장하긴 합니다만, 큐브밴이라니요? 이 거래를 하고 싶은 게 확실합니까?"

한창 긴장한데다 카메라의 불빛에 눈앞이 캄캄해진 브루노가 더듬거리며 말했다. "어어어어, 우린 이미 그 거래를 했고요, 그래서 제가 여기에 있는 거예요." 그리고 긴장한 기색이 역력한 미소를 지어보였다.

조지와 나는 다시 큐브밴 앞으로 자리를 옮겼고 나는 이렇게 말했다. "저는 이 큐브밴을 전 세계 어디든 가져갈 겁니다. 특히나 야크라면 두말할 것도 없죠."

청중들에게서 환호가 터져 나왔다. 모든 게 굉장히 섹시했다.

모두가 안으로 들어갔다. 조지와 나는 기념의 의미로 거대한 케이크를 잘랐다. 그 케이크의 왼쪽 절반에는 털이 긴, 거대한 소처럼 생긴 야크의 사진이 있었고, 오른쪽 절반에는 "야크에서의 거래를 금지시킨 CBC 〈디 아워〉를 환영합니다. 다시 한 번 와주세요"라고 적혀 있었다. 그것은 맛깔스럽게 보였다.

조지가 케이크를 한 조각 들어 자기 접시에 올려놓았다. 케이크를 먹고 있는 조지에 관해 멀찍이서 빈정대는 소리가 들렸던 것 같지만, 확실하진 않다. 나도 케이크를 한 조각 집어 내 접시에 놓았다. 나는 재미 삼아 그것을 조지의 접시에 놓아볼까 생각했지만, 이내 생각을 바꿨다. 그의 접시에는 이미 케이크가 충분히 있었다.

야크 주민이자 카펫 볼링 선수인 리 로즈가 다가와 손을 내밀었다.

"리 로즈입니다." 악수를 건네며 그가 말했다.

"안녕하세요, 리. 당신을 알아요. 지난밤에 〈디 아워〉에서 스트럼볼 로폴로스와 전화 인터뷰를 하셨잖아요! 당신이 공영방송의 카펫 볼링 게임에 그를 초대했을 때, 화면에 당신의 영상이 떠 있었거든요."

"아, 맞아요, 조지와 이야기를 나누는 건 무척 멋졌어요. 함께 카펫 볼링을 할 때도 좋았고요. 그는 정말 멋진 젊은이예요." 리가 말했다.

나는 조지가 내 머리를 엉망으로 헝클어놓았다는 사실을 그에게 말하지 않는 게 좋겠다고 생각했다.

"우리 마을과 관련해 당신이 한 일들을 이야기해주어 감사합니다. 최근 우리 마을에서 벌어진 일들 중 단연 최고예요!"

공영방송에 출연해 누군가의 마을에서 거래하고 싶지 '않다'고 말하는 것은 분명 멋진 일이었다. 나는 이 사실을 마음에 새겨두었다.

리는 댄과 내게 자기 집에 들러달라고 했다.

그날 밤에 대한 기억은 흐릿하다. 나는 수백 명의 사람들을 만났고 사진을 찍기 위해 포즈를 취했으며 사인을 해주었고 칠리 요리를 좀더 먹었다.

다음 며칠 동안 댄과 나는 어머니, 아버지, 도미니크, 브루노, 개리, 제프, 그리고 여건이 허락되는 다른 사람들과 함께 스키를 타러 갔다. 훌륭했다.

겨울의 로키산맥은 형언할 수 없을 만큼 멋지다. 로키가 얼마나 굉장한 곳인지 나로서는 설명할 수 없으니, 자세한 설명은 그만두자. 로키에 대해서는 그냥 이 정도로 말해두어야겠다. 만약 '멋진'이라는 단어가 찬사를 표현하는 가장 낮은 수준의 형용사라면, 로키는 그런 형용사들 중에서 가장 높은 수준의 단어로만 설명할 수 있다. 그 단어가 무엇이든 말이다. 로키산맥은 그 정도로 훌륭하다.

스키장에서 시간을 보낸 뒤 모든 사람들은 제 갈 길로 갔고, 댄과 나는 큐브밴에 다시 올라탔다. 밴쿠버로 돌아오는 길에 우리는 리 로즈와 그의 아내 도로시를 방문하기 위해 다시 야크를 지나갔다. 그들은 우리를 환영하며 집으로 맞아들였다. 그 집에는 여섯 마리가 넘는 몰티즈 강아지들이 있었다. 도로시는 취미로 몰티즈 강아지를 키우고 있었다. 리는 많은 책을 저술했다. 그는 자신이 쓴 책 한 권에서 몇 개의 장을 큰 소리로 읽어주었다. 리와 도로시가 예전에 살았던 브리티시컬럼비아주 북부의 농장을 배경으로 시간 여행에 관한 이야기가 펼쳐지는 공상과학소설이었다. 공상과학소설을 특별히 좋아하지는 않지만 리가 직접 책을 읽어주는 것은 믿을 수 없을 만큼 굉장한 경험이었다. 등줄기가 오싹해지는 부분이 있었다. 그가 그 인물들과 배경을 무척 잘 알고 있어서인지 그 이야기가 마치 실제인 것처럼 느껴졌다.

우리는 리와 도로시, 몰티즈 강아지들에게 작별 인사를 하고 야크 외곽으로 차를 몰았다. 야크 끝자락에 닿기 직전에 우리는 고트마운틴 비누공장에 멈췄다. 〈디 아워〉가 방송되는 동안 마이크 미셸이 가운데 빨간 클립이 든 비누를 한 장 건네주며 자신의 비누공장으로 초대했었다. 나는 정중히 고개를 끄덕이고는 말했다. "갈 수 있으면 갈게요……." 내가 말을 끝마치기도 전에 마이크가 눈썹을 추켜올리며 이렇게 말했다. "우리 공장 지붕에는 염소가 살아요."

그 말이면 족했다.

나는 정말로 염소에게 관심이 많다. 특히 하얀 염소들 말이다. 그 이유는 모르겠다.

도미니크의 고향인 생알렉시데몽에 들어서면 하얀 염소들을 기르는 농장이 보인다. 나는 그 염소들이 밖에 나와 있는지 확인해보곤 했다. 염소들이 밖에 나와 있다면 행운을 뜻한다. 그렇다고 그 반대가 불운을 의미하진 않는다. 즉 염소들이 밖에 나와 있지 않다고 해서 행운이 없다는 의미는 아니다. 단지 그 염소들이 축사 안에 있다는 의미일 뿐이다. 염소에 대해서는 그런 식으로 생각한다.

이런 미신은 검은 고양이들에게도 통한다. 내 부모님은 내가 자라는 동안 검은 고양이를 키웠다. 어릴 적에 검은 고양이들이 셀 수도 없이 많이 내 앞을 지나갔지만, 내 인생은 거의 항상 행운이 따라다녔다. 그래서 나는 검은 고양이가 내 앞을 지나쳐갈 때마다 그것을 행운의 지표로 삼았다. 역시 그 역은 적용되지 않는다. 다시 말해 검은 고양이가 내 앞을 지나쳐가지 않는다고 해서 운이 없는 것은 아니다. 단지 검은 고양이가 다른 곳에 있다는 의미일 뿐이다. 고양이에 대해서는 그런 식으로 생각한다.

댄과 나는 고트마운틴 비누공장으로 차를 몰았다. 그런데 그 지붕에 염소가 없었다. 마이크가 염소에 유난히 약한 내 성향을 알고 그저 염소 우유 비누를 팔아먹기 위해 거짓말을 한 걸까? 알고 보니 염소가 살던 지붕에 최근 너무 많은 눈이 내렸다고 한다. 마이크는 그 지붕을 올려다보면서 말했다. "그래요, 염소들이 눈을 좋아하지 않더군요."

이해할 수 있었다. 내가 염소라도 눈이 싫었을 것이다. 사방 천지가 눈이었다. 마이크는 만약 우리가 '가장 귀여운' 염소 미니에게 입맞춤을 해준다면 공짜 티셔츠를 주겠다고 말했다.

댄과 나는 큐브밴에 올라탄 후 마이크와 미니에게 손을 흔들어주었다. 그리고 밴쿠버를 향해 크로스네스트 쪽으로 차를 출발시켰다. 우리 셔츠의 등판에는 "나는 그 염소와 키스했어요(I Kissed the Goat)"라고 보란 듯이 찍혀 있었다.

야크로의 멋진 여행은 이것으로 완벽히 끝났다.

나는 부모님 집에서 하루 이틀 시간을 보내면서 리키와 어울렸고, 아무 생각 없이 그냥 즐겁게 지냈다. 그렇게 하릴없이 시간을 보내던 어느 날, 문득 도로 위의 큐브밴이 눈에 들어왔다. 나는 커다란 이정표 앞에 도착해 있었다. 빨간 클립 하나와 비교해볼 때, 큐브밴 한 대는 정말 크다.

비거 앤드 베터 차원에서 나는 그 게임을 잘해냈다. 그 밴을 도로 한편에 세워두고 약간의 단열재를 덧발라주고 창문 한두 개를 뚫어준다면, 그 큐 브밴에서 생활하는 것도 가능할 터였다. 그 밴은 집채만 했다. 내 부모님 이 도로에 주차되어 있는 커다란 흰색 큐브밴을 싫어하진 않을지 궁금했 다. 아마도 그렇지는 않았을 것이다. 하지만 다시 생각해보니 확실히 알 수는 없다. 나는 부모님이 아니니까 말이다.

그 사이 그 큐브밴과 뭔가를 바꾸자는 제안들이 미친 듯이 몰려들었 다. 이번에는 웹사이트에다 즉각적으로 답변을 달아주었다.

✉ **안녕하세요, 카일 씨**
아주 잘 훈련된 고양이를 당신의 큐브밴과 바꾸고 싶습니다. 한 마리도 아닌 두 마리나 됩니다. 저는 검은색과 흰색 얼룩이 있는 고양이 두 마리를 갖고 있어요. 이 고양이들은 사람이 부르면 가까이 다가가서 앉고, 재롱을 부리며, 하이파이브를 하고, 앞발을 흔듭니다. 요즘에는 그 고양이들이 내 세금을 계산해주고 잔디를 깎도록 훈련시키고 있습니다. 고양이 서커스단을 만든다면 당신의 유명세 덕분 에 엄청난 돈을 벌 수 있을 거예요. 덧붙여 말하면, 사실 저는 제 고양이들과 헤 어질 수 없거든요. 그러니 고양이 조련사로 저도 덤으로 끼워드릴게요. 저는 당 신이 어디를 가든 당신과 고양이 서커스단을 따라다닐 겁니다……. 야크에 가더 라도 말입니다! 내 제안을 잘 생각해보세요. 감사합니다.
톰

 톰, 메일 감사해요. 무시 못할 제안이군요. 진심으로 그럴 준비가 되어 있나요?

✉ 2001년형 선더카트 고카트. 노란색에 11마력. 그리고 포장을 뜯지 않은 〈007〉 40주년 기념 조니 라이트닝 다이-캐스트 모델, 즉 제임스 본드 영화

〈007 골든 아이〉에 나왔던 BMW Z3의 다이캐스트(die-cast: 실물을 최대한 살려 복제한 미니 모형 자동차—옮긴이) 모델까지 얹어줄 의향이 있어요. 그건 작고 멋진 모형 자동차이고 오리지널 영화 포스터의 소형 복사본도 들어 있어요. 정식 증명서도 있어요. 제 제안이 돈으로 꽉 찬 서류 가방만큼 훌륭하지는 않겠지만요……. 모쪼록 계속 좋은…… 물물교환 해나가시길!!

 네! 선더카트 고카트라고 하셨나요? 사진 한 장만 보내주세요!

✉ 친구—
플로리다의 내 콘도에서 2주간 머무는 건 어떤가?

 친구—
플로리다의 어디를 말하는 건가?

✉ 기타를 연주하는 해골 모양의 방향제 용기를 제안합니다.

 정말 멋진 제안입니다. 그게 록도 연주하나요?

✉ 그 큐브밴과 내 사인을 바꿉시다. 나는 언젠가 유명인이 될 것이고 이것은 정말 끝내주는 제안입니다. 전 세계에서 유일한 사인이 될 테니 관심이 있으시면 이메일 주세요.

 아, 수요와 공급의 개념을 잘 알고 계시는 분이시군요. 이제 당신이 해야 할 일은 약간의 수요를 창출하는 것이겠군요. 그런다면 은행으로 가는 내내 웃으실 수 있을 거예요!

✉ 당신의 밴을 두 번의 야크 여행 기회와 교환하고 싶어요.

좋습니다. 좀더 자세한 이메일을 보내주세요.

 저는 남자 친구와 그의 노래하는 산타를 그렸어요. 그 그림의 원본 두 장을 교환하고 싶어요……. 셔우드 플레이스 거리 표지판…… 그리고 내 앞에 놓여 있는 세븐업 병…… 치즈 케이크도 만들어드릴게요……. 하하…….
웨스트버지니아의 재키와 스티븐(우리는 시골뜨기가 '아닙니다!')^^ 행운을 빌어요.

 치즈 케이크. 매번 그게 저를 압박하네요. 당신이 시골뜨기가 아니라니, 유감인데요. 시골풍의 치즈 케이크는 내가 제일 좋아하는 것인데요!

이외에도 100통 넘는 메일이 더 있었다.

온화한 한겨울. 밴쿠버에는 열흘 동안 비가 내렸고, 모든 게 온통 완전히 젖어 있었다. 약간 별종이랄 수 있는 친구들과 집에서 시간을 죽이기 시작한 어느 날, 정말로 숨이 턱 막힐 정도로 좋은 제안이 내 메일함에 도착해 있었다. 그것은 완벽했다.

"아버지, 와서 이것 좀 봐요!" 내가 말했다.

"뭔데 그러니?" 아버지가 다른 방에서 소리쳤다.

"바로 이거예요."

"바로 그거라니, 뭐가?"

"내 다음 거래 말이에요."

"잘되었구나! 그게 뭐니?"

"종이 한 장요."

"뭐라고?"

"종이 한 장요."

"그래, 네 말은 알아들었다. 근데 무슨 의미인지 알 수가 없구나."

"토론토로 차를 몰고 가서 그 큐브밴을 종이 한 장과 맞바꿀 생각이에요."

"종이 한 장이라니? 무슨 말이니?"

"이쪽으로 와보세요, 보여드릴게요!"

"너, 지금 장난치는 거 아니니?"

"맞아요." 내가 말했다.

"독자들이 책장을 넘겨 다음 장을 읽도록 작가들이 이전 장의 맨 마지막에 뭔가를 적어 넣듯이 말이지?"

"네." 내가 말했다.

잠깐의 시간이 흘렀다.

"그런 일이라면 난 별로인데." 아버지가 말했다.

밖에서 발자국 소리가 들렸다. 아버지가 방으로 들어섰다. "그래, 네가 댄 브라운이라도 된다는 거니? 네가 이겼다. 뭔데 그러니?"

항상 원하는 것을 얻을 수는 없다

때때로 인생에서 진짜로 원하는 것을 하기 전까지 터무니없는 모든 일들을 참아 넘겨야만 한다. 좋은 친구들과 미지의 장소를 탐험하거나 당신의 꿈을 이루거나, 혹은 다른 무엇보다도 토론토에 있는 종이 몇 장들에 관한 글을 읽는 것처럼 말이다.

행운(Luck)은 네 개의 철자로 이루어져 있다

흔히 '운이 좋은' 사람들은 일을 시도하고 기회를 포착함으로써 행운을 만들어낸다고들 생각한다. 복권을 사지 않는다면 복권에 당첨될 기회도 없을 것이라는 말에 이견이 있는 사람은 없을 것이다. 어떤 복권이든 말이다.

예전보다는 지금이 낫다

현재보다 더 나았던 때가 있었다고 믿는 그 순간부터, 당신은 충분한 잠재력을 발휘하지 않게 될 것이다. 당신은 현재 이 순간에 있어야 한다. 그렇지 않다면, 당신 자신에게 도달할 방법을 찾는 게 더 나을 것이다.

음반 취입 계약서 한 장

"음반 취입 계약서라고?" 아버지가 물었다.

"네, 이것 좀 보세요." 내가 대답했다.

1. 캐나다 최고의 스튜디오에서 30시간 동안 녹음할 수 있는 권리. 30시간은 앨범 한 장을 제작하기에 충분한 시간임.
2. 믹싱/포스트를 제작할 50시간
3. 전 세계 어디에서든 토론토까지 올 수 있는 왕복 교통비
4. 녹음 기간 동안 토론토에 머물 수 있는 숙박비
5. 앨범이 완성되면 소니-BMG와 XM 라디오에 넘긴다는 조건

나는 아버지를 올려다보았다. 아버지가 미소를 지으며 말했다. "정말 대단하구나. 진심으로 탐내는 사람이 꽤 있겠어. 거래하기 쉽겠는걸."

"이 정도 조건이면 종이 한 장이라도 족하지요." 내가 말했다.

아버지는 다시 다른 방으로 갔다. 독자들의 호기심을 끌 목적으로 앞으로 전개될 내용을 예고하는 작가들의 책에 혹하지 않는 상태로 돌아간 셈이다. 나는 음반 취입 계약서를 제안해온 브렌던에게 전화를 걸었다. 그는 즉각 전화를 받았고 우리는 거래를 하기로 합의했다. 그는 기뻐했다. 나 역시 기뻤다.

그 거래를 위해 나는 큐브밴을 타고 토론토를 향해 또다시 동쪽으로 4800여 킬로미터를 운전해야 했다.

나는 아버지가 있는 방으로 들어가 말했다. "방금 전에 브렌던과 이야기를 나누고 거래를 확정지었어요. 그나저나, 함께 차를 몰고 토론토에 가보실 생각은 없으세요?"

trip to Yahk one cube van one recording contract one year in Phoenix one afternoon with Alice
Phoenix one afternoon with Alice Cooper

열 번째 거래 〉〉〉 음반 취입 계약서 한 장 | **189**

"차로 국토를 횡단해본 적은 한 번도 없는데."

"잘되었네요, 이번 참에 한 번 동참해보시죠?"

"언제 출발할 생각인데? 다음 주 중에?"

나는 아버지를 올려다보며 대답했다. "아니요, 내일 뜨려고요."

"세상에."

'세상에'라는 말속에는 실망의 기색이 묻어 있었다. "세상에 뭐요?" 내가 물었다.

"난 내일 당장 여길 떠날 수 없거든. 할 일이 있어서 말이야."

나는 잠시 생각을 해보았으나, 더 나은 대안을 떠올릴 수가 없었다. 매서운 겨울 추위에 약간의 소음이 있고 속도도 느린 큐브밴으로 5일간 대륙을 가로지르는 것 외에는 달리 생각할 수 있는 게 없었다.

"전 몬트리올에 돌아가 도미니크를 만날 생각이거든요. 거의 한 달이나 집을 비웠으니 말이에요." 내가 말했다.

"음, 선더베이라면 여행의 절반은 함께할 수 있겠구나……."

우리는 아버지가 탈 선더베이행 비행기표를 예약했다. 그곳에서 나는 아버지를 픽업해 남은 여행길을 동행하기로 했다. 나는 브렌던에게 전화를 걸어 그 거래를 위해 일주일 내에 그곳에 가겠노라고 말했다.

다음날 밴쿠버를 떠났다. 휘슬러를 가로질러 북쪽으로 차를 몰아 르와니와 코린나를 만나 제일 처음 거래했던 빨간 클립과 재회했다. 첫 거래 후 6개월 남짓 흐른 시점이었다. 그 빨간 클립을 다시 본다는 게 재미있었다. 나는 클립을 내려다보며 말했다. "와우, 그때의 그 빨간 클립이군요. 여전히 그저 클립일 뿐이지만요."

"네, 그래요. 당연하죠." 코린나가 말했다.

그녀가 나를 올려다보았다. "저기요, 지금 토론토로 가는 중이죠?"

"네, 그래요." 내가 말했다.

"내 남동생에게 물건을 하나 전해주고 싶은데요." 그녀가 기대에 찬 눈빛으로 말했다.

나는 집 밖 눈길 위에 세워둔 큐브밴을 잠시 떠올리다가 코린나를 쳐다보며 말했다. "글쎄요, 짐을 더 실을 공간이 있을지 모르겠네요."

"네, 그러게요!"

나는 웃었다. 사실 큐브밴에는 공간이 충분했다. 그러니 웃길 수밖에. 큐브밴은 항상 공간이 남아돌기 마련이다. 나는 미소를 지으며 말했다. "무엇을 전달해드릴깝쇼?"

그녀는 방에 들어가 상자를 하나 들고 나와 열었다. 그 안에는 나무로 만든 물고기가 들어 있었다. 코린나가 나를 올려다보며 말했다. "뭐, 우리끼리 통하는 농담이라고나 할까요?"

"아, 알겠어요." 내가 말했다.

"네, 그거예요!" 그녀가 말했다.

"아니요, 사실은 국토를 횡단해 나무 물고기를 전달하는 게 처음이 아니라서요."

코린나가 웃었다. "네, 제 말이 그거예요!" 그녀가 말했다.

나는 사명감에 불타는 남성의 모습, 즉 진지한 눈빛을 코린나에게 보여주었다. "사실은 나무로 만든 물고기에 얽힌 사연이 있어요. 그걸 실어 나르는 데는 이래봬도 제가 전문가거든요." 내가 말했다.

"네, 제 말이 그거예요!" 그녀가 말했다.

"몇 년 전에 친구 마티외랑 인도네시아에서 페리를 탄 적이 있어요. 그때 퀘벡에서 만나게 될 여인에게 주려고 페리 선상에서 기념품으로 팔던 나무 물고기를 샀거든요. 그러고 나서 한 달쯤 지나 밴쿠버로 돌아왔고, 남동생이랑 그의 친구 몇 명과 함께 대륙을 가로질러 차를 몰았죠. 그리로 가는 내내 그 나무 물고기는 차의 대시보드 안에 고이 모셔두었고요. 우리는 퀘벡까지 줄곧 차를 몰았고 저는 그 여인이 사는 마을에 들러 그녀에게 나무 물고기를 선물했어요. 며칠만 머물 계획이었지만, 그 후로는 한 번도 그녀를 떠나본 적이 없어요."

"그 여인이 도미니크군요?" 그녀가 말했다.

"네."

"멋지네요. 그럼 당신은 내 동생네서 평생 머무르게 될 수도 있다는 뜻인가요?" 코린나가 말했다.

"더 희한한 일들도 있는 걸요. 하지만 그렇게 된다면 도미니크가 별로 좋아하지 않을 거예요." 내가 말했다.

"당연히 그렇겠죠." 그녀가 말했다.

이틀을 꼬박 달려 서스캐처원 경계에 이르렀다. 커다란 초록색 표지판에 "서스캐처원, 천연의 모습을 간직한 곳"이라고 적혀 있었다. 그 표지판 바로 옆에 커다란 초록색 쓰레기통이 놓여 있었다. 그것은 "천연의

e instant party one famous snowmobile one trip to Yahk one cube van one recording contract on

모습을 간직한 곳"이라는 표현에 붙은 느낌표처럼 보였다. 나는 캐나다의 도시인들 사이에서 종종 농담거리가 되곤 하는 서스캐처원에 관해 생각해보았다. 그들은 서스캐처원이 상대적으로 외지에 속한다거나 환경이 낙후되었다는 이유로 그곳을 농담거리로 삼곤 한다. 두 이유 중 어느 것이 더 서스캐처원을 농담거리로 전락시켰는지 모르겠지만, 느낌표 역할을 하고 있는 대형 쓰레기통 옆에 서 있는 그 여행자 안내판은 그 의문을 해결하는 데 별 도움이 될 것 같지 않았다.

나는 밤늦도록 차를 몰았다. 새벽이 밝아올 때까지 운전을 하고 싶었다. 특별히 납득할 만한 이유가 있었던 게 아니라, 그게 남자답게 여겨졌기 때문이다. 대중가요를 통해 알게 된 게 하나 있다면, 새벽이 밝아올 때까지 꼬박 밤을 지새우는 것만큼 멋진 게 없다는 사실이다. 그에 견줄 만한 건 아무것도 없다.

라디오에서 라이어넬 리치의 "러닝 위드 더 나이트(Running with the Night)"라는 곡이 흘러나왔다. 나는 밴의 속도를 높이며 깜깜한 도로의 먼 곳을 주시했다. 밴이 앞으로 나아갈수록 미래가 모습을 드러냈다. 나는 토론토에 도착해 브렌던과의 거래를 확실히 매듭짓고 난 이후 내 앞에 펼쳐질 활짝 열린 길을 떠올렸다. 꽤 많은 불확실성이 있었다. 아직 일어나지 않은 수많은 일들이 있었다. 나는 별들을 올려다보면서 우주에 비해 이 세상이 얼마나 작은지 생각했다. 어느 농장을 빠르게 스쳐지나갈 때에는 우리 각자의 세상과 비교해 이 세상이 얼마나 큰지 생각했다. 지구상의 다른 곳에 살고 있는 누군가와는 동시 다발적으로 이야기를 주고받으면서도 막상 이웃조차 모르고 지내는 게 참 놀랍다는 생각도 들었다.

도로가에 눈이 쌓인 반대편 차선으로 트럭 한 대가 휭 하니 지나갔다. 그 모습을 보니, 제품들의 운송은 실존하는 물리적 이동 수단에 한정되어 있는 반면 생각과 아이디어는 거의 마법처럼 허공을 가로질러 마음껏 이동할 수 있다는 생각이 들었다. 그리고 보니 세상이 점점 더 작아진다고 말하는 사람들은 한겨울에 큐브밴을 타고 캐나다를 횡단해본 적이 없을 것이라는 생각이 들었다. 또 실제로 한밤중에 질주를 할 때—그리고 커피 한잔의 여유를 부리며 트럭을 잠시 세워놓고 있을 때—라이어넬 리치의 "러닝 위드 더 나이트"라는 곡이 얼마나 더 멋지게 귓가에 울려 퍼지는지도 생각했다. 트럭 휴게소의 커피만큼 강력한 것은 이 세상에 없다. 절대 없다. 그나마 비슷한 게 있다면, 뉴스실 커피 정도일 것이다.

위니펙에 도착하자 영하 30도의 혹독한 추위와 짙은 안개로 운전이 불가능해졌다. 나는 그곳의 월마트 옆에 밴을 세운 채 큐브밴 뒤에서 히터도 없이 쌀쌀한 밤을 보내고는 카페인의 기운을 털어낸 다음 주유소에서 요깃거리를 사고 불을 쬐었다. 그리고 나서 선더베이에 있는 아버지를 만나기 위해 여덟 시간을 더 운전했다. 아버지와 나는 일전에 도미니크와 내가 포르투갈에서 사귀었던 J.P., 앤디와 며칠을 보낸 뒤, 계속 토론토로 향했다. 그 기간을 통틀어 그때가 가장 훌륭한 휴식 시간이었다.

우리는 슈피리어 호의 북쪽을 따라 얼어붙은 만을 가로질렀다. 얼음 위에서 사람들이 낚시를 하고 있었다. 우리는 길가로 밴을 몰아 주차시키고 둑으로 걸어 내려가 얼음 위에 발을 디뎠다. 우리는 사람들에게 인사를 건넸고 그들은 우리에게 낚싯대를 건네주었다. 나는 고개를 들어 태양을 바라보았다. 얼어붙은 호수 위에 그렇게 서 있자니 기분이 좋아졌다. 세일즈맨으로 자랑할 무언가를 속에 담아두지 못하는 아버지가 그 낚시꾼들에게 빨간 클립 한 개로 집 한 채를 얻으려는 남자에 관해 들어본 적이 있는지 물었다. 나는 너무 쑥스러워서 땅바닥의 흙을 툭툭 차는 동작을 하며 고개를 푹 숙이고는 "아이, 왜 그래요, 아버지" 하는 시늉을 해보였으나, 얼음 위에는 발로 찰 먼지가 한 톨도 없었다. 그런 몸짓은 본래 땅에 흙이 있어야 훨씬 더 그럴듯해 보이는 법이다. 당연히도 그 낚시꾼들은 '빨간 클립의 사나이'에 관해 알고 있었다. 아버지가 나를 가리키며 말했다. "그게 바로 이 사람이에요!" 쑥스러웠다. 묘한 기분이 들었다. 나는 그저 친근하게 한담을 나누며 얼음 위에 서 있고 싶었을 뿐이다. 내 생각에 아버지는 그저 아들 자랑을 하고 싶었던 듯하다. 본래 아들을 자랑스러워하는 아버지들은 그렇다.

우리는 여행 가방에 들어 있던 나무 물고기를 코린나의 남동생 카일에게 전달해주었다. 그는 무슨 말을 해야 할지 난감해하는 모습이었다. 생판 모르는 사람들이 나무 물고기를 손수 들고 와 전해주는 일이 매일 있는 일은 아니었던 듯하다. 그가 손을 내밀며 입을 열었다. "고맙다고 해야 하는 거 맞죠?"

물고기를 전달해주고 나니 기분이 좋아졌다. 나무 물고기 배달 시장은 그리 큰 것 같지 않았지만, 다시 생각해보니 알 수 없는 일이었다. 모든 사람들이 가족들에게 전해줄 나무 물고기를 하나씩 갖고 있을지도 모를 일이지 않은가. 카페인 섭취량을 늘리고 라이어넬 리치의 노래를 들으며 차를 몰아 4800여 킬로미터를 이동하고 나니, 그런 일도 있을 법하다는 생각이 들었다.

토론토에 도착한 우리는 브렌던을 만나기 위해 리코딩 스튜디오 겸 학교로 차를 몰았다. 브렌던은 수업을 듣던 중이었다. 그는 우리를 만나기 위해 밖으로 나왔고 우리는 인사를 나누었다. 나는 밴을 가리키며 말했다. "그러니까 당신의 밴드가 이 밴을 사용할 계획인 거죠?" 그는 그 큐브밴을 흡족하게 쳐다보았다. "네, 우리 밴드의 1차 이동 수단으로 쓸 겁니다. 우리 장비들을 모두 실을 수 있잖아요. 현재는 폴크스바겐 제타를 타고 다니거든요. 저 밴이 있다면 이동하기가 좀더 수월해질 거예요."

"당연히 그럴 겁니다." 나는 그렇게 말하면서 큐브밴의 커다란 범퍼에 올라섰다. 그의 말이 옳다는 것을 입증해 보이고 싶었고 경쾌한 동작으로 재미있는 분위기를 자연스럽게 조성하고자 했던 것이다.

그런 내 모습에 브렌던이 과하지 않게 헛기침을 했다.

나는 범퍼에서 내려왔다.

그 스튜디오의 리코딩 스쿨 학생이었던 브렌던은 특가에 스튜디오 이용 시간을 얻었다. 그는 우리를 데리고 빠르게 스튜디오를 견학시켜주었다. 굉장했다. 거기에는 엄청나게 값비싼 리코딩 장비들이 있었다. 수많은 버튼과 슬라이더바, 반짝이는 조명이 달린 검은 기계, 그리고 작지만 값비싼 스피커들과 방음 시설이 된 방 안을 들여다볼 수 있는 유리창이 있었다. 우리가 예상하는 리코딩 스튜디오와 한 치 다를 바 없는 모습이었다. 벽에

는 황금색 음반들과 그곳에서 녹음 작업을 했던 음악가들의 친필사인이
든 사진이 걸려 있었다. 데이비드 보위, 건스 앤 로지스, 티나 터너, 크리
스티나 아길레라. 어쩌면 내가 크리스티나 아길레라와 음반 취입 계약서
를 거래하게 될지도 모른다고 속으로 생각했다. 혹은 액슬 로즈(건스 앤 로
지스의 보컬 – 옮긴이)가 거래 제안을 해올지도 모를 일이다.

우리는 그 스튜디오의 컴컴한 작업실을 벗어나 다시 밖으로 나왔다.
나는 브렌던 쪽을 바라보았다. "이 거래를 정식으로 인증받고 싶죠?"

"물론이죠, 그런데 무슨 소리예요?" 그가 물었다.

"좋은 생각이 하나 있거든요." 나는 내 생각을 그에게 말해주었다.

나는 큐브밴에 기어를 넣고 소리쳤다. "준비되었죠?"

나는 사이드미러를 흘긋 쳐다보았다. 밴 옆에 서 있던 브렌던이 엄지
손가락을 들어보였다. 브레이크 페달에서 발을 떼자 밴이 서서히 앞으로
움직이기 시작했다. 나는 사이드미러를 들여다보았다. 브렌던이 왼쪽 뒷
바퀴 옆에서 몸을 숙였다. 그는 서서히 다가오는 타이어가 지나갈 그 자

리에 음반 취입 계약서를 펼쳐 들고 있었다. 순간 한줄기 바람이 불면서 종이가 접혔다. 브렌던이 그 종이를 다시 펴기 위해 앞으로 걸어왔다. 타이어가 다가가고 있었다. 나는 급히 브레이크 페달을 밟았다. 브렌던의 손가락이 진흙투성이의 타이어에 뭉개지기 직전이었다. 위험천만의 순간, 바퀴가 그 종이 위로 굴러가기 일보 직전에 그는 바퀴 앞쪽으로 손을 빼냈다. 계약서에 큐브밴의 왼쪽 바큇자국이 찍혔다. 그 바퀴는 3센티미터도 안 되는 간발의 차이로 브렌던의 손가락을 간신히 비켜갔다. 타이어 구르는 속도가 그리 빠르진 않았지만, 자칫 잘못했으면 그의 손에 바큇자국보다 더 큰 흔적을 남길 뻔했다. 분명 그것은 간단히 헛기침을 하고 넘어갈 사안은 아니었다. 나는 큐브밴의 시동을 끄고 차에서 내려 브렌던에게 열쇠를 건네주었다. 그는 나에게 진흙이 묻은 종이 한 장을 넘겨주었다. 우리는 악수를 나누었고 정식 거래를 끝마쳤다. 그는 이제 북미 대륙을 가로지을 수 있는 거대한 트럭의 열쇠를 손에 쥐었고 나는 한 장의 종이를 입수했다. '장래성'을 확보한 것이었다.

우리는 서로에게 작별 인사를 건넸고, 아버지와 나는 렌터카로 걸어갔다. 아버지가 차에 올라 드라이브에 기어를 놓았고 우리는 몬트리올로 향하는 고속도로에 몸을 실었다.

나는 그 음반 취입 계약서를 집어 들었다. 종이 한 장에 불과했지만, 거기에는 훨씬 더 많은 것이 담겨 있었다. 빨간 클립 한 개는 이제 더 이상 더 큰 물건과 관련이 없었고 잠재력과 연관되어 있었다. 내가 손에 들고 있는 그 한 장의 종이는 단순한 종이가 아니라, 기회였고, 누군가에게

문을 열어줄 열쇠였다. 내가 아닌 다른 누군가를 위한 가능성이었던 것이
다. 나의 음악적 소질은 보비 브라운이 부른 "나의 특권(My Prerogative)"
의 키보드 음률에서 시작했다가 멈췄다. 그러므로 그 리코딩 계약은 보비
브라운이 캐나다 출신의 비쩍 마른 백인 꼬마가 최신 리믹스 버전의 키보
드를 다 두드리도록 기다려주지 않는 한 내게는 쓸모없는 것이었다. 아무
도 모를 일이지만 내 생각에 보비 브라운이 날 기다려줄 리가 없었다. 하
지만 다른 누군가에게는 이 종이 한 장의 펀텐셜이 실로 무한할 터였다.
누군가는 음반 회사와 정식 계약을 맺고, 공연을 다니며, 팬들을 얻고, 거
기서 더 크게 성공한다면 로드 매니저도 갖게 될지 모를 일이었다. 로드
매니저들을 거느린다고 상상해보라. 나는 이제 막 북미 대륙을 두 번 횡
단했다. 엄청나게 피곤했다. 한 달 동안 완전히 녹초가 되어버렸다. 이럴
때 로드 매니저가 있다면 환상적일 것이다.

　나는 아버지를 물끄러미 쳐다보았다. 아버지는 핸들을 잡고 도로 앞
먼 곳을 응시하고 있었다. 아버지는 분명 지방 공연을 위한 첫 삽을 뜬 셈
이었다. 어쨌든 아버지는 어느 정도 로드 매니저 역할을 하고 있었던 셈
이다. 아버지는 미소를 짓더니 라디오를 켜고는 그 리듬에 맞춰 휘파람을
불었다. 순간 로드 매니저로서의 그의 역할을 재고해보았다. 아버지는
그다지 매니저답지 않았다. 매니저들은 결코 휘파람을 불지 않는다. 혹
은 독서를 하거나 휘파람을 부는 것 따위는 아예 생각하지도 않는다.

　우리는 몬트리올의 보금자리로 차를 몰았다. 길에서 한 달을 보냈다.
차로 북미 대륙을 두 번이나 횡단하고 야크에서 거래를 성사시킨 이후에

나는 약간 지쳐 있었다. 그렇다고 "오, 슬프도다"라는 말을 할 정도는 아니었다. 그런 일이 힘겨웠던 건 아니다. 다만 체력이 바닥났을 뿐이었다.

나는 나만의 비거 앤드 베터 게임이 나도 모르는 사이 놀이에서 직업으로 변질되었음을 깨달았다. 일주일에 40시간 일하는 정규직이 아니라 매일 24시간씩 일하는 직업으로 바뀌어버렸던 것이다. 길을 걷고 잠을 자는 매순간 나는 집 한 채를 얻을 방법만 궁리하고 있었다. 나의 여가 시간은 어느새 업무 시간이 되어 있었다.

나는 누굴 속이고 있었던 걸까? 그건 직업이 아니라, 강박관념이었다.

웹사이트를 꾸미는 능력이 떨어졌던 탓에, 나는 거래 제안을 좀더 수월하게 받을 수 있도록 '시스템'과 웹사이트를 업데이트하는 데 막대한 시간을 쏟아 부었다. 그 시스템이라는 건 다름 아닌 내 전화번호와 이메일 주소였다. 지난번에 내가 웹사이트의 시작 페이지에 올려놓았던 것 말이다. 거기에는 "거래를 원한다면 적극 알려주세요!"라는 문구도 넣었다. 나는 이메일에 답장을 보내고 웹사이트에 계속 자료를 올리면서 '이거다 싶은' 거래를 찾느라 밤늦도록 잠을 이루지 못하곤 했다. 그 즈음 나는 〈듀크스 오브 해저드(Dukes of Hazzard: 1980년대에 인기리에 방영되었던 TV 시리즈 — 옮긴이)〉에 나왔던 차종인 제너럴 리까지 거래를 성사시킬 수 있을지 확인해본다면 재미있겠다는 생각을 하고 있었다. 그래서 나는 중간 거래 아이템으로 제너럴 리를 원한다고 썼다. 내 아이디어는 점점 더 황당무계해졌으나 마음속으로 스스로를 설득해가며 커피로 밤을 지새우는 지경에 이르렀다. 결국은 잠에서 깬 도미니크가 나에게 다가와서는 어깨에 손을 얹고 "당신 정말이지 잠 좀 자야 돼"라고 말하게 되었다.

나도 알고 있었다.

하지만 그 생각에서 좀처럼 벗어날 수가 없었다.

나는 그 일을 실현시키고 싶었다.

그게 가능한 일이라는 걸 잘 알고 있었기 때문이다.

비록 너무 많은 커피를 마셨고 잠도 제대로 자지 못했으며 정신도 몽롱했지만, 나는 최대한 빨리 제너럴 리를 낚아채는 것이야말로 빨간 클립 한 개로 집 한 채를 얻을 수 있는 최상의 방법이라고 믿고 있었다.

이런 시기를 제외하고는, 나는 대개 거래를 성사시키기 위해 최선의 선택을 하고 있다고 자부했다. 하지만 일순간에 모든 게 꼬여버려 더 이상 앞으로 나아가지 못하고, 결국 집 한 채를 얻으려던 계획이 실패할까봐 계속 신경이 곤두섰다. 전 세계 수백만 명의 사람들에게 빨간 클립 한 개로 물물교환을 계속하여 집 한 채를 얻을 계획이라고 말하는 것과, 그저 친구들과 술잔을 부딪치면서 그런 얘기를 하는 것은 차원이 다르다.

나는 맨 정신으로 그런 말을 했던 것이다.

나는 빨간 클립 한 개를 집 한 채로 바꾸지 '못한' 남자가 되기 싫었다. 빨간 클립 한 개를 집 한 채로 바꾸지 못한 남자가 된다는 건, 사람들이 보통 스스로에게서 발견하는 딜레마 따위와는 차원이 다를 것이다. 나는 정치가가 아니었다. 나는 호언장담한 것은 지키는 사람이다. 그외에 다른 선택의 여지는 없다. 나는 얼간이가 되기 싫었다. 하지만 추측컨대 내가 그 일을 훌륭히 해내지 못한다면 나는 언제든 정치가가 될 수도 있을 것이다. 이내 거래를 하자는 제안들이 밀려들어왔다.

✉ 주제: 나는 그것을 원합니다, 나는 그것을 원합니다, 나는 그것을 원합니다, 나는 그것을 원합니다, 나는 그것을 원합니다, 나는 그것을 원합니다, 나는 그것을 원합니다, 나는 그것을 원합니다, 나는 그것을 원합니다…….

카일 씨, 당신이 그 계약서를 자세히 뜯어본다면, 거기 제 이름이 도배되어 있는 것을 알게 될 겁니다!! ……음악과 관련 있는 한 그것은 내 인생이며 그것이 없다면 나는 서서히 쓰러져 죽게 될 겁니다. 나는 지금 혹독한 추위의 영국 북동부에 앉아, 내가 제안할 수 있는 게 무엇일지, 그리고 당신이 기꺼이 거래를 해줄 게 무엇인지 필사적으로 생각해내려 애쓰고 있어요. 내게 제너럴 리가 있습니다!! 안타깝게도 15센티미터밖에 안 되고 플라스틱으로 만든 것이긴 하지만요! 그리고 일을 부리는 아이가 둘 있는데 일을 꽤나 열심히 한답니다! 하지만 아동의 노동은 불법이죠!!! 나에게는 기타와 목소리, 꿈과 야망이 있지만, 그것들을 당신의 것과 맞바꿀 수도 없는 노릇이잖습니까!! 직장 동료가 조언해준 최고의 제안은 내가 나체로 집 청소를 해주는 겁니다!! 이런 식이죠. 세계 어딘가에는 돈이 엄청나게 많아 자신의 집을 나체로 청소해주는 사람을 두는 것과 같은 엉뚱한 상상을 실천에 옮기는 사람도 있습니다!! 당신은 웃음을 터뜨리며 "말도 안 돼!"라고 말할지도 모르겠지만, 내 말을 믿으세요. 별의별 사람들이 다 있으니까요!! 무엇이든 두 달간 청소해드리겠습니다. 처마의 홈통이든, 정원이든, 먼지를 제거하는 것이든, 진공청소기를 돌리는 것이든 원하는 건 뭐든 해드릴게요. 추가로, 내가 그 음반 취입 계약서로 수백만 달러를 벌게 되면 제너럴 리 진품을 사드릴게요!!! 어때요, 거래할 의향 없으세요? 이 메일은 내가 지금껏 써온 메일 중 가장 이상한 메일입니다. 헛된 것이 되지 않게 해주세요!

미소를 띠우며 XXXX가

그 이메일 주소를 보니 @new.labour.org.uk로 끝나는 것이었다. 영국의 노동당 쪽에서 보내온 메일인 셈이었다. ××××는 정치가였다! 혹은 최소한 정치와 관계된 사람이었다! 내가 이 메일을 내 사이트에 올린다면 어떤 혼란이 야기될지 뻔히 상상이 갔다. 그 사람은 공개적으로 창피를 당할 것이다. 한동안은 더 이상 일도 계속할 수 없을 것이다. 매스미디어들이 흥미 위주로 그 메일을 다룰지도 몰랐다. 그렇게 된다면 ××××의 인생이 온통 엉망진창이 되어버릴 수도 있을 것이다. 그는 그간 쌓아온 사회적 지위를 잃고 옷마저 벗게 될지도 모른다. 그 메일을 사이트에 올려 무슨 일이 벌어질지 보고 싶은 마음도 살짝 들었다. 하지만 다른 한편으로 나는 ××××라는 사람이 나처럼 야밤에 깨어 있는지 확인해보고 싶은 마음이 생겼다. 나는 이렇게 답장을 날렸다.

회신: 나는 그것을 원합니다, 나는 그것을 원합니다, 나는 그것을 원합니다, 나는 그것을 원합니다, 나는 그것을 원합니다, 나는 그것을 원합니다, 나는 그것을 원합니다, 나는 그것을 원합니다, 나는 그것을 원합니다…….
친애하는 XXXX 씨
당신의 메일을 내 웹사이트에 소개할까 합니다. 당신이 노동당 관계자라는 사실도 알릴 생각이구요.
카일

나는 보내기 버튼을 눌렀다. 10분 후 전화벨이 울렸다. 영국 북동부 특유의 억양으로 몹시 흥분한 듯한 목소리가 들려왔다. "저……, 여보세요, 카일 씨인가요?"

"네. 그런데 누구시죠?" 내가 말했다.

"저는 ××××라고 합니다. 방금 내게 이메일을 보내셨죠? 부탁인데 그 이메일을 공개하지 말아주세요. 제가 너무 곤란해지거든요. 이 일이 갈 데까지 가버릴까 봐 걱정이네요. 다른 사람들에게 내가 노동당 관계자라고 절대 말하지 말아주세요. 안 그러면 제 인생이 끝장나버립니다."

"걱정 마세요. 그저 당신이 지금 깨어 있는지 확인해보고 싶었을 뿐이니까요. 당신의 이름을 공개하지도 않을 거고, 제 블로그에 당신의 제안을 올리지도 않겠습니다, 약속드릴게요." 내가 말했다.

이것으로 그 일은 끝났다. 그 뒤로 ××××에게서는 아무 소식을 듣지 못했다. ××××는 음반 취입 계약서를 진심으로 원했던 것으로는 보이지 않았다. 나는 정치인들과는 거리를 두어야겠다고 생각했다.

정치적이지 않은 제안들이 쇄도했다.

✉ 카일에게

저는 펠라힌 라디오 방송국과 머그웜프 밴드에 소속된 크리텐든 4세라고 해요. 일전에 저는 당신에게 야크 여행권과 무대에 오를 수 있는 기회를 맞바꾸자고 제안한 적 있어요. 현재 저는 그 음반 취입 계약서와 바꿀 만한 훨씬 더 좋은 것을 가지고 있어요. 우리 밴드의 기타리스트인 케빈 햄린은 오리건주 코발리스에서 전문 문신 예술가로 활동하고 있답니다. 그는 내가 개인적으로 가장 좋아하는 문신 예술가지요. 그는 당신이나 다른 사람의 전신에 원하는 문신을 완벽히 새겨드릴 생각이 있습니다. 일종의 문신 상품권을 거래하려는 거죠. 이것은 가격이 2만 달러 내지 3만 3500달러에 달합니다. 이것을 거래하고 싶어 하는 이유가 궁금하신가요? 우리 앨범을 녹음해야 하거든요. :) 그의 작품을 모아놓은 사이트 주소를 링크해놓을게요. http://fellaheenradionetwork.com/?p=570. 거래를 승낙한다면 온몸에 예술 작품을 얻게 될 겁니다. 개인적인 생각입니다만, 전신 문신 상품권이라면 훨씬 더 큰 무언가와 교환할 수 있을 거예요. :) 어떻게 생각하세요? 메일을 읽어주셔서 감사합니다, 카일 씨. 즐거운 날들 보내시길 바랍니다.
크리텐든 4세

우리 어머니는 지금까지의 모든 거래 물품 중 당신의 제안이 최고라고 생각하세요. 어머니가 특별히 문신을 좋아하는 건 아니지만, 문신 상품권이야말로 현재까지 받은 제안 중 가장 좋다고 확신하신답니다. 저도 어머니와 같은 생각이고요. 이 제안을 능가할 만한 건 아마도 없을 거예요.

✉ 카일에게
제안을 하나 할게요. 피닉스 시내 중심가에서 일 년간 무료로 살 수 있는 권리(그 아파트에는 웬만한 가구들은 모두 갖춰져 있답니다)를 거래하고 싶습니다. 물론 북미의 모든 대규모 공항에서 피닉스까지 오는 2인용 왕복 항공권도 포함됩니다. 피닉스의 시내 중심가에서 살 수 있는 기회입니다. 조금만 걸어 나가면 루스벨트 아트 디스트릭트, 예술관 및 오락시설들, 운동 경기장들, ASU 다운타운 캠퍼스 등이 있습니다. 침실 하나, 욕실 하나, 3미터에 가까운 높은 천장과 오크 마룻바닥, 벽난로가 있는 거실, 분리되어 있는 식당, 새롭게 단장한 부엌, 세탁실이 갖추어진 복층으로, 전형적인 방갈로 스타일의 집입니다. 66평방미터고요. 새로운 임대인에게 AZ 다이아몬드백스 게임의 3열 좌석 티켓 네 장도 덤으로 드릴게요. 거래만 해주신다면 당신이 있는 곳까지 제가 비행기를 타고 이동하겠습니다.
조디 그넌트

와우 조디. 무료로 임대를 해주기에 일 년은 꽤 긴 기간입니다! 확신하건대, 당신이 내놓은 제안을 진심으로 좋아할 사람이 있겠는데요. 피닉스에 사는 사람이나 피닉스로 이사 가고 싶어 하는 사람들이 있을 겁니다. 야구표까지 얹어주신다니 금상첨화네요.

✉ 카일 씨
저는 로스앤젤레스에 살고 있는 싱어송라이터입니다. 그 음반 취입 계약서를 정말로 갖고 싶습니다. 그 대신 저는 제 직업을 내놓겠습니다. 저는 렉서스에서 카피라이터로 일하고 있습니다. 저는 지금 렉서스를 위해 흥미진진하고 자극적인 광고(그 카피는 TV, 인쇄물, 라디오에 모두 나갈 겁니다)를 쓸 기회를 제안하는 것입니다. 그야말로 평생에 한 번 있을까 말까 한 기회인 셈이죠. 더불어 제 직업에 부수적으로 뒤따르는 것이 있으니, 이런 것들입니다. 밤샘도 불사하고 주말까지 포기하는 장시간의 근무, 마인드의 전환, 셀 수 없이 많은 회의, 커피를 마시며 나누는 신과의 대화, 무료 사무용품, 수많은 반대 의견들, 창 밖으로 엘세군도의 아름다운 전경이 펼쳐지는 사무실 등이 있지요. 급히 결정하지 않아도 됩니다. 시간을 갖고 곰곰이 생각해보세요. 모든 일에 행운이 가득하시길.
조시

와우 조시. 당신은 정말 뭔가를 팔 줄 아는 분이군요! 광고업계를 계속 지키셔야 마땅하겠는걸요! 당신이 하고 있는 일을 하고자 엄청나게 많은 사람들이 그 좁은 문을 열심히 두드리고 있을 게 분명해요. 그러니 제안들을 모아놓은 곳에 이것도 추가하렵니다.

✉ **카일 씨**
안녕하세요! 저는 네브래스카주에 살아요. 당신의 음반 취입 계약서와 맞바꿀 만한 이색적인 제안이 하나 있습니다……. 저는 공장에서 일하고 있는데, 그곳에서 저는 매우 다양한 감자칩들을 만들고 있어요. 저는 2년간 매달 우리가 생산하는 감자칩 한 봉지 또는 (당신이 선택하는) 다른 스낵들을 사 보내드릴 수 있어요. 그럼, 이만.
제시카

노래와 과자를 바꾸자고요? 제안이 마음에 드네요. 바라건대 매달 과자를 배달받고자 하는 누군가가 어딘가에 있기를!

✉ **카일에게**
저는 멕시코의 에밀리오입니다. 제 생각에는요, 해변에 위치한 바를 운영할 기회를 준다면 자신의 집을 내놓을 사람들이 꽤 있을 것 같아요. 주류 판매 허가를 받은 해변의 클럽하우스인데요, 그곳에는 숙소로 사용할 수 있는 방도 두 개 갖춰져 있어요(그중 하나는 바다가 보여요!). 힘들게 일하지 않고도 일 년 안에 새 집을 마련할 만한 돈을 벌 수 있을 겁니다! 제가 제안하려는 게 바로 이거예요. 아카풀코베이에서 19킬로미터 떨어진 아름다운 마을에 위치한 460평방미터짜리 예쁜 클럽하우스를 임대해드릴게요. 멕시코시티에서 (가장 가까운 해변까지는) 차로 겨우 세 시간 반, 비행기로는 30분 거리에 있답니다. 멕시코시티는 서핑과 파워카이트로 각광받는 태평양 해안과 바로 인접해 있잖아요. 우리는 두세 시즌 동안 그곳에서 카이트 대여소를 운영하다가, 최근에 레스토랑 겸 바로 새로 수리했어요. 업소 운영에 필요한 서류는 모두 갖추어져 있어요. 우리는 10년 정도 그런 일을 해왔지만, 지금은 무언가 새로운 일을 찾고 있거든요. 어느 정도 휴식을 취하는 게 좋겠다고 생각한 겁니다. 우리는 음악인은 아니지만 수많은 쇼들을 꽤 성공적으로 무대에 올린 적이 있어요. 우린 새로운 걸 시도해볼 준비가 되어 있어요. 그중 재미있겠다고 생각한 것이 바로 훌륭한 음반을 만들어내는 작업입니다. 제 제안을 정리하면 다음과 같습니다.

● 해변의 클럽 하우스, 업소용 가구와 음식과 기구(냉장고, 냉동고, 스토브, 오븐, 생맥주 기계, 머그컵, 생맥주 컵, 접시, 믹서, 그릴, 네온사인 등등)를 14개월간 '임대'(멕시코의 법률 용어로는 코모다토라고 해요)해드립니다. 우리가 파악한 바로는, 우기는 비수기라서 12개월 내내 일하지 않아요. 조금 한가한 때는 자잘한 것들을 수리하거나 계획을 짜는 게 최상이더라고요.

● 우리 클럽하우스의 이름은 버마 카페인데 이미 사람들 사이에서 유명합니다. 계약 기간 동안 그 이름을 그대로 사용하셔도 됩니다.

● 계약 기간 동안 법률상의 문제를 해결해주고, 공급업체들과 선을 이어주며, 홍보와 조언도 제공해드리겠습니다.

● 계약 기간 동안 가구가 완비된 두 개의 침실(텔레비전, 에어컨, DVD, 욕실, 화장실 완비)을 숙소로 사용하세요.

● 버마 카페의 이름과 로고가 새겨진 홍보용 집기들을 검은색과 빨간색으로 각각 100개씩 드립니다.

● 코로나의 홍보용 플라스틱 머그잔 50개(스폰서십을 요청하면 더 많이 받을 수 있음).
● 코로나의 홍보용 열쇠고리 60개(이것도 요청하면 더 많이 가져다 쓸 수 있음).
참고로, 계약 내역에는 관리비(수도세 등)와 운영비는 포함되지 않습니다. 망설이지 말고 택하세요! 해변의 바를 운영해보세요!
에밀리오

 와우, 지금까지 받았던 것들과는 완전히 차원이 다른 제안이네요. 대단한 기회군요! 이 제안에 군침을 흘리는 사람이 있을 것 같네요.

✉ **카일에게**
제 이름은 재클린이고 앨버타주 에드먼턴에서 어린 시절을 보냈지요. 저번에 630 CHED에서 당신의 이야기를 듣고 완전히 심취했더랍니다. 저는 1983년에 에드먼턴을 떠나 아버지와 밴쿠버로 이사를 갔고, 거기서 쿠키 비즈니스를 시작했어요. 물론 23년이 지난 지금도 그 일에서 손을 떼지 못하고 있지요. 저는 1995년부터 2004년까지 밴쿠버, 토론토, 피닉스에 살다가 2004년 4월에 에드먼턴으로 다시 돌아왔어요. 그리고 도우 투 도우라는 자선단체를 만들었습니다. 학교, 축구클럽, 하키팀, 체조팀 등등을 후원하고 있죠. 제 제안은 이것입니다. 저한테 4.25캐럿짜리 다이아몬드가 박힌 반지가 있어요. 링은 14캐럿 금으로 되어 있고요. 지금 팔면 얼마나 될지는 모르지만, 1989년도에 견적을 내보니 4500달러가 넘더라고요. 그러니 현재 그 값어치가 얼마일까요?????? 제 친구 중에 하루도 안 걸려 그것을 감정해줄 사람도 있습니다. 이 제안이 마음에 들지 않는다면 쿠키 반죽은 어떤지요? 저는 당신이 맛볼 수 있게 약간의 쿠키를 구워드릴 의향도 있습니다. 냠냠! 밴쿠버를 떠나오기는 했지만, 저는 당신이 잉글리시 베이 배터에 관해 들어본 적이 있을 거라고 종종 생각했어요. 이것은 우리 가업입니다. 우리는 민 쿠키를 만들어요. 맛을 보면 최고라는 생각이 들 거예요! 집 한 채를 짓는 데 얼마나 많은 쿠키가 필요할지 정확히는 모르지만, 함께 알아보면 어때요!
재클린 – 잉글리시 베이 배터/도우 투 도우

쿠키와 다이아몬드라고요? 엄청나게 많은 잉글리시 베이 쿠키보다 더 나은 게 뭐가 있을지 생각도 나지 않네요. 저는 밴쿠버에서 자랐기 때문에 잉글리시 베이 쿠키로 거의 끼니를 때우다시피 했어요. 음, 쿠키나 다이아몬드나 금을 다시 거래하기 위해 우리가 무엇을 할 수 있을지 한 번 생각해봅시다. 재거래를 위해 우리가 어떤 멋진 걸 계획할 수 있을지 아이디어가 있다면, 알려주세요.

무척 훌륭한 제안들이었지만 무언가가 빠져 있었다. 거래 의사를 좀 더 확실히 하기 위해 직접 전화를 거는 적극적인 사람들도 많았다. 모든 사람들이 확신에 찬 제안을 했다. 그러나 그 모든 제안들이 적합한 것인지 확신이 서지 않았다. 내가 세워놓은 장벽은 무척 높았다. 내가 거래에 관해 조금이라도 회의적이거나 불확실한 기색을 내비치면, 사람들은 종종 좀더 강하게 밀어붙이거나 더 대단한 제안을 들이댔다. 물론 나는 빨간 클립 한 개로 집 한 채를 얻으려는 중이라 어느 정도는 영민하고 전략적인 선택을 해야 했다. 게다가 옳다는 느낌도 들어야 했다. 물론 '그럴듯한' 제안은 있었지만, 그건 내가 원하는 '제안'은 아니었다. 내가 관심을 가진 건 제안의 이면에 있는 사람이었다. 그들이 그 음반 취입 계약서를 어떻게 이용할 것인가? 제안이 아무리 대단해도 옳다는 느낌이 들지 않으면 그런 거래를 하는 게 왠지 꺼림칙했다.

나는 결정을 내릴 수가 없었다. 내게는 지표가 필요했다.

그때 휴대폰이 울렸다. "여보세요?"

"여보세요, 카일 씨죠?" 수화기 저편에서 목소리가 들렸다.

"네, 맞아요." 내가 대답했다.

"안녕하세요, 카일 씨, 저는 조디 그넌트라고 해요. 일 년간 피닉스의 집을 무료로 임대해주겠다고 했던 사람입니다."

"안녕하세요! 평안하시죠?"

"네, 잘 지내요, 당신은요?"

"아주 잘 지내고 있답니다."

"그냥 제 제안을 살펴보았는지 확인하고 싶어서 전화드렸어요. 당신의 프로젝트는 너무 멋져서, 저도 일조하고 싶거든요. 저는 피닉스 출신의 싱어송라이터예요. 그 음반 취입 계약서는 제게 굉장한 의미가 있어요. 지금까지 작업해온 곡들을 녹음하고 싶거든요."

조디에게는 무언가 특별한 게 있었다. 그녀는 피닉스에 있는 자신의 집에서 일 년간 무료로 살 수 있는 권리를 제안했었다. 일 년간이라. 대단한 제안이었다. 하지만 거기에는 더 많은 것이 담겨 있었다. 바로 조디의 진심이었다. 그녀라면 분명 자신의 꿈을 위해 그 음반 취입 계약서를 제대로 써먹을 수 있을 것이다. 그녀는 분명 꿈의 문을 열 것이다.

나는 잠시 침묵했다.

조디가 말을 이었다. "음반 취입 계약서는 제게 굉장한 기회가 될 거예요. 오랫동안 원했던 일이거든요. 어때요, 제 소원을 들어주시겠어요?"

나는 미소를 지으며 말했다. "제가 뭐라고 말하길 바라세요?"

대화를 나누는 비용이 저렴해지고 장거리 통화 요금도 급감하고 있다

오늘날 우리가 입 밖에 내는 말은, 부모님 시대에 옆 마을에 전화를 거는 데 드는 비용보다 더 저렴한 비용으로 지구 끝까지 퍼질 수 있다. 요즘은 말이 보다 저렴한 가격에 더 멀리까지 전달되며 그 어느 때보다 많은 사람들이 그 말을 들을 수 있다. 덕분에 그 어느 때보다 많은 사람들이 자신의 이야기를 하고 있다. 하지만 똑같은 원리가 우리 '행동'에도 적용된다. 우리의 행동은 더 저렴한 비용에 더 멀리까지 전해지며, 그 어느 때보다 더 많은 사람들에게 영향을 미친다. 우리에게는 선택권이 주어져 있고, 우리는 무슨 말이나 행동이든 할 수 있다. 우리는 이렇게 멋진 기회를 지금 당장 활용할 수 있다. 정말이다.

어떤 사람들은 피클을 좋아하지 않지만 어떤 사람들은 좋아한다

고등학교 때 나는 극단 대신 밴드를 선택했다. 거기서 나는 트럼펫을 연주했다. 하지만 나는 연습을 좋아하지 않았다. 나는 트럼펫에 열정을 느끼지 못했다. 곧 트럼펫이 부담스러워졌다. 내 트럼펫 실력은 형편없었다. 내게 트럼펫은 곤혹스러운 것, 즉 피클이었다. 그리고 나는 피클을 좋아하지 않는다.

브렌던과 거래한 음반 취입 계약서는 사적으로는 쓸모가 없었다. 내게 그것은 아무 가치가 없었다. 마치 곤혹스러운 어떤 것, 즉 피클처럼 말이다. 하지만 나는 어딘가에 음악을 만들어내려는 열정을 지닌 누군가가 반드시 있으리라는 사실을 알고 있었다. 나와는 다른 취향을 지닌 사람, 즉 피클을 좋아하는 사람이 어딘가에는 반드시 있게 마련이다.

피닉스의 일 년 무료 임대권

one year in Phoenix

one red paperclip → one fish pen → one doorknob

one instant party ← one red generator ← one camping stove

one famous snowmobile → one trip to Yahk → one cube van

one year in Phoenix ← one recording contract

좋습니다, 나는 그렇게 말했다.

조디와 나는 다음 주에 피닉스에서 거래를 하기로 했다.

그녀는 무척 기뻐했다. 마침 그녀가 항공사에서 일하고 있던 터라 그녀는 내게 피닉스행 공짜 항공편까지 마련해주었다. 나는 피닉스에서 일년간 거주할 수 있는 주택 임대권과 음반 취입 계약서를 거래하게 된 경위를 블로그에 올렸다.

그리고 그때부터 일이 급속도로 진행되었다.

곳곳의 웹사이트에서 그 거래 사실을 알렸다. 인터넷상에서 일련의 연쇄반응이 일어났다. 수많은 사람들이 드나드는 인기 있는 블로그나 웹사이트에 빨간 클립 한 개에 관한 이야기가 올라가면, 다른 사람들이 그 글을 퍼서 여기저기 날랐다. 그리하여 내 이야기가 실린 사이트가 눈덩이처럼 불어났다. 수십만 명의 사람들이 oneredpaperclip.com을 방문했다. 이메일이 쇄도했고, 전화도 미친 듯 울려댔다. 나는 이메일을 확인해보았다. 일 년간 피닉스에서 살 수 있는 권리를 차지하기 위한 수십 개의 제안들 사이에 AP 기자의 인터뷰 요청이 있었다. 나는 전화를 걸어 지금까지 있었던 모든 이야기들을 들려주었다. 전화기를 내려놓은 직후 전화벨이 다시 울렸다. 〈굿모닝 아메리카〉의 프로듀서였다. 그는 내게 뉴욕의 ABC 방송국에 와서 내 사연을 들려달라고 했다. 다음날 아침, 자동차 한 대가 우리 아파트 앞에 도착했다. 그날 저녁 나는 타임스 스퀘어에 자리한 호텔의 50층 객실에서 잠이 들었다.

일은 그렇게 순식간에 진행되었다.

그 다음날은 부활절 주일이었다. 나는 아주 이른 아침에 잠에서 깨어나 ABC의 타임스 스퀘어 스튜디오로 급히 달려갔다. 나는 뉴스실에서 커피를 한 잔 마셨다. 지난날 서스캐처원의 어디에선가 라이어넬 리치의 노래를 들으며 몽환적인 상태에 빠져 있을 당시 마셨던 커피보다 그 커피가 더 강력했다. 물론 이견의 여지는 있지만 내 생각엔 그렇다. 그러고 나서 나는 〈굿모닝 아메리카〉 스튜디오에 와 있던 빌 위어 맞은편 의자로 안내되었다. 타임스 스퀘어가 내려다보이는 가운데, 나는 그에게 빨간 클립 한 개에 얽힌 지금까지의 모든 이야기들을 들려주었다. 그런 뒤 집 한 채를 얻을 때까지 이 일을 계속 밀고 나갈 계획이라고 털어놓았다. 그날도 리키의 셔츠를 입고 있었다. 카메라가 몇 백만 명의 사람들에게 그 인터뷰를 있는 그대로 전달하고 있었다. 생방송으로 말이다.

그날 밤 ABC는 〈월드 뉴스 투나이트〉에서 빨간 클립 한 개에 관한 일부 내용을 내보냈다. 그 다음날 나는 훨씬 더 광범위한 평일 시청자들에게 그 이야기를 재탕하기 위해 〈굿모닝 아메리카〉에 다시 초대되었다. 나는 또 한 번 그 호텔의 50층에서 잠을 잤다. 월요일 아침, 나는 다이앤 소여, 로빈 로버츠, 마이크 바즈, 찰리 깁슨의 맞은편에 앉았다.

우리는 빨간 클립 한 개로 집 한 채를 얻으려는 내 계획에 관해 이야기를 나누었다. 그러고 나서 AP에 빨간 클립 한 개에 관한 기사가 실렸다. 바로 그날 말이다.

전 세계 수백, 수천 개의 신문과 웹사이트, TV 쇼들이 그 기사를 내보냈다. 내가 잘 몰랐다면 바로 이때가 빨간 클립 한 개가 대중의 '폭발적인

관심을 얻게 된' 정확한 시점이라고 말했을 것이다. 하지만 나는 상황을 좀더 잘 알고 있었다. 나에게는 휴대폰이 있었다. 그것은 쉴 틈 없이 울려 댔다. 좀더 정확히 말하면, 이때가 바로 빨간 클립 한 개가 자신의 존재를 전역에 알린 정확한 시점이었다. 사람들은 안부를 묻거나, 〈굿모닝 아메리카〉에서 나를 보았다고 말하거나, 많은 사람들이 전화로 귀찮게 하지는 않는지 확인하려고 전화를 걸었다. 물론 그중에는 거래를 제안하려는 전화들도 있었지만, 나는 호텔 메모지에 통화 내용을 마구 휘갈겨 쓰는 것 외에는 아무것도 할 수 없었다. 말 그대로 호떡집에 불이 난 셈이었다. 나는 사람들이 좀더 쉽게 거래를 제안하도록 돕기 위해 내 웹사이트에 전화번호를 올려놓았었다. 그런데 그건 완벽한 자폭장치였던 셈이다. 하지만 집 한 채를 얻을 때까지 물물교환을 계속하기 위해서는 어쩔 수 없었다. 한 시간당 4만 명 정도의 사람들이 그 웹사이트를 방문하고 있었다. 피닉스에서의 일 년 무료 임대권을 얻으려는 수많은 제안들이 쇄도하고 있었다. 한창 소란이 일어나는 가운데 나는 로비로 달려 내려가 〈굿모닝 아메리카〉가 제공해준 자동차에 올라탔다. 타임스 스퀘어에서 라가디아 공항까지 가는 동안 다섯 군데의 라디오 방송국과 인터뷰를 했다. 세 곳이 미국이었고, 한 곳은 호주, 한 곳은 아일랜드였다. 나는 차에서 내려 몬트리올행 비행기에 올라탄 뒤 휴대폰을 껐다.

한 시간 후 착륙했다. 비행기에서 내려 휴대폰을 켜자 음성 메시지가 꽉 차 있었다. 세관을 통과하는 내내 휴대폰이 울려댔다. 아파트에 도착하자, 캐나다의 국영 뉴스가 현관에서 날 기다리고 있었다.

우리는 집 안으로 들어가 인터뷰를 했다. 행복한 중압감이 느껴졌다. 다음으로 얻고자 하는 거래 물품들에 관해 방송으로 내보낼 만한 것은 무엇이든 말해달라고 했다. 인터뷰가 진행되는 내내 집 전화와 휴대폰이 계속해서 울려댔다. 전화벨 소리에 아파트가 마치 마구간이 된 듯했다.

도미니크와 마티외, 마리 클로드는 최선을 다해 온종일 전화를 받았다. 도미니크가 지친 얼굴로 테이블 위에 종이 뭉치를 내려놓았다. 전화 메시지들이었다. 나는 주머니에서 메모지 뭉치를 꺼내 그 종이 더미에 올려놓았다. 수백 명의 사람들에게 전화를 해주어야 할 판이었다. 그 일은 그 정도로 순식간에 커졌다. 거래를 제안하거나 인터뷰를 요청하거나 그저 한담을 나누고자 했던 사람들에게 전화를 걸어야 했다. 그런데 전화가 걸려오는 기세가 심상치 않아 메시지를 남긴 모든 사람들에게 일일이 전화를 하는 게 불가능할 정도였다.

그 후로도 전화는 계속 울려댔다.

과도한 홍보가 효과를 발휘했다. 찝찝한 제안들이 들어오기 시작했던

one instant party one famous snowmobile one trip to Yahk one cube van one recording contract

것이다. 아니, 찜찜하다기보다는, 재미있긴 하지만 도덕적으로 왠지 꺼림칙한 제안들이었다. 부동산업자들과 온라인 카지노업체들이 나를 홍보에 이용할 속셈으로 전화를 걸어왔다. "카일 씨, 이베이에서 거래했던 빨간 클립 얘기가 굉장하더군요. 우리 회사로 전화 한 통만 걸어주세요. 당신에게 집을 한 채 드리기로 했거든요. 당신은 그저 우리 티셔츠를 입은 모습을 당신의 웹사이트에 올려주기만 하면 됩니다."

이런 사람들은 내 취지를 전혀 이해하지 못하고 있었다. 나는 빨간 클립 한 개나 집 한 채에 관심이 있었던 게 아니라 사람에 관심이 있었다.

함께 이루어가기.

게다가 나는 이베이를 통해 물건을 거래한 적이 단 한 번도 없었다.

나는 내 취지에서 벗어나는 이유를 들이대며 거래를 제안해오는 사람들을 골라낼 수 있었다. 그들은 인사도 제대로 하지 않고 늘 거래 품목을 들이대곤 했다. 그런 것들은 속임수 같은 냄새를 풀풀 풍겼다. 내 일상과 다소 동떨어졌다는 느낌이 아닌, 그저 속임수 말이다. 결국 그것들은 내가 계획했던 것과는 정반대였다. 나는 그들이 말했던 것처럼 '공짜로' 집 한 채를 얻기 위해 모든 것을 내팽개쳐버릴 수는 없었다. 거짓 제안들을 추려내기 위해 나는 모든 사람들에게 똑같은 질문을 던졌다. "피닉스에서 일 년간 살고 싶은 이유가 뭐죠?"

그들은 종종 이렇게 대답하곤 했다. "일 년간 살고 싶은 게 아닙니다. 그저 당신에게 집 한 채를 제안하고 싶은 거죠."

"그러면 일 년간의 무료 임대권으로는 무엇을 할 생각이죠?"

one red paperclip or

in Phoenix one afternoon with Alice Cooper

"사실 그것에 관해 진지하게 생각해본 적이 없습니다. 다만 그 제안이 우리에게 괜찮은 홍보 수단이 되리라고 생각했을 뿐이에요."

그런 사람들에게는 이렇게 대답해주었다. "제안은 감사합니다만, 저는 일 년 무료 임대권을 실제로 이용할 사람과 거래하고 싶습니다."

이 말로 그 사람과의 협상은 끝냈다.

나는 까다로운 요구 조건을 내세우던 사람이 얼마나 쉽게 자기 철학에 어긋나는 라이프 스타일에 빠져들 수 있는지 생각해보았다. 그렇게 되는 순간 그토록 까다로웠던 조건들은 너무도 쉽게 평균 이하가 되어버릴 수 있다. 그것도 영원히. 나는 신중에 신중을 기해야 했다. 투시팝 사탕과 달마티안을 가진 친절한 소방관들을 다시는 만날 수 없을 테니 말이다.

그날 밤 나는 도무지 잠을 이룰 수가 없었다. 다음날 오전 6시에서 정오 사이에 나는 최소한 30통의 전화 인터뷰를 하느라 피닉스행 비행기를 타야 할 시각이 촉박했다. 나는 짐을 싸고 재빨리 택시를 불러야 했다. 그렇게 하지 않으면 비행기를 놓칠 판이었다. 그때까지 AP에 실린 빨간 클립 한 개에 관한 기사들이 전 세계 수백 개의 신문에도 소개되었다. 수도꼭지에서 물방울이 떨어지는 것처럼 전화벨이 계속해서 울려댔다. 말의 기세로 밀려드는 물방울 같았다. 늦은 밤 사이에 잠깐 잠잠했던 전화벨이 다시 울려 퍼지고 있었다.

나는 배낭에 옷가지를 쑤셔 넣으며 전화를 한 통 받았다. 스테파니라는 여성에게서 걸려온 전화였다. 그녀가 말했다. "제 딸 재클린과 저는 몬트리올에 살고 있는데요, 몇 달간 당신이 물물교환을 해오는 과정을 지

one doorknob one camping stove one red generator one instant party one famous snowmobile one

켜보았어요. 우리는 그 프로젝트를 너무나도 아끼는 팬인데요, 당신의 빨간 클립 한 개와 걸스카우트 쿠키를 맞바꿀 생각이 없나 해서요.”

다른 때였다면 이것은 최고의 제안이었을 것이다. 걸스카우트 쿠키는 최고니 말이다. 하지만 비행기를 타야 할 시각이 촉박해서 서둘러 택시를 찾아야 했다. 최대한 서둘러야 했다.

“진심으로 그렇게 하고 싶지만, 지금은 공항으로 가야 하거든요.”

“정말이에요? 우리는 공항 근처에 살아요. 지금 시내에 나왔다가 집에 들어가는 길이에요. 태워다 드릴까요?”

“태워주신다면야 저야 더할 나위 없이 좋지요!” 내가 말했다.

스테파니와 재클린이 우리 아파트 근처로 왔고 우리는 거래를 했다. 그리고 나서 그들은 나를 공항에 내려주었다. 모든 택시들이 걸스카우트 쿠키를 제공한다면 얼마나 좋을까. 그리고 쾌활한 여성과 그 딸이 택시를 몬다면 정말 좋을 것이다. 또한 텔레파시도 통했으면 좋겠다. 피닉스에 가기 위해서는 필라델피아 공항에서 두 시간 동안 기다렸다가 다른 비행기로 갈아타야 했다. 첫 비행기에서 내려 쿠키 상자를 열고 쿠키 하나를 입에 물며 전화기를 켰다. 전원을 켜자마자 전화기가 울렸다. 나는 입 안에 쿠키가 가득 든 상태로 전화를 받았다. “여부세여?”

“여뷔세요, 코일 씨인가요?” 꽤 경쾌한 음성의 호주 남자가 말했다.

“넵, 맞아요.” 나는 공중전화 옆의 구석지고 조용한 곳으로 들어가 작은 목소리로 대답하고는 입 안에 남아 있는 쿠키를 모두 삼켰다.

“좋은 아침이에요! 호주 멜버른의 라디오 방송국입니다. 잘 지내시죠?"

나는 공중전화 액정에 비친 디지털시계를 쳐다보았다. 오후 3시 47분이었다. 나는 목을 가다듬으며 말했다. "잘 지내고 있어요. 좋은 아침입니다!"

"저기요, 당신의 빨간 클립 프로젝트에 관해 들었습니다. 우리 방송에서 잠시만 이야기를 나눌 수 있을까요?"

"물론입니다. 하지만 한 시간 내에 비행기를 타야 해요. 방송이 언제죠?"

휴대폰에서 통화 중 대기 신호가 들려왔다. 다른 전화가 온 것이다.

"5분 안에 하려는데, 괜찮을까요?" 그가 말했다.

"물론이죠! 미안하지만 다른 번호로 다시 전화해줄 수 있어요?"

"전화번호가 몇 번인데요?"

휴대폰에서 다시 신호가 들려왔다. 나는 공중전화를 올려다보았다.

"다시 전화주실 번호는요……." 나는 그에게 그 공중전화 번호를 불러주었다.

"국가 번호가 1번 맞죠?"

휴대폰이 또 신호를 보내왔다. "넵, 국가 번호 1번입니다."

"알겠어요, 그러면 1-2-1-5-0-3~ 번이네요."

"네, 맞아요." 나는 그의 말을 도중에 잘랐다.

"좋아요, 곧 이야기를 나누기로 하죠, 음—"

나는 통화 버튼을 눌러 대기 중인 전화를 받았다. "여보세요?"

"안녕하세요, 카일 씨 맞죠?" 대학생 또래의 여자 음성이 들렸다.

"넵, 맞아요."

"빨간 클립의 사나이 맞죠?"

"네, 그래요."

"와우, 제 이름은 젠이에요! 당신과 통화를 하다니 믿기질 않아요!"

휴대폰에서 또 통화 중 대기음이 들렸다. "음, 실제 상황 맞습니다."

사실이었다. 나는 젠과 통화 중이었다. 말한 그대로다.

"당신이 웹사이트에 전화번호를 올려놓았잖아요. 많은 사람들이 전화로 엉뚱한 질문 같은 거 하지 않나요?"

나는 헛기침하며 말했다. "때때로 그렇긴 해요. 하지만 별로 귀찮지는 않아요. 정말로요." 휴대폰에서 다시 신호가 왔다.

"피닉스 건은 교환하셨나요? 아, 말도 안 돼, 내가 당신과 통화를 하고 있다니, 이 사실이 믿기질 않아요!"

"저기요, 말을 끊고 싶지는 않은데요, 전화가 와서요……."

"어머, 죄송해요. 좋은 하루 보내세요!"

"당신도요." 나는 새로 온 전화를 받았다. "여보세요?"

"안녕하세요, 카일 씨, 밴쿠버 〈록 101〉의 딘과 해치라고 해요."

"안녕하세요, 저 당신들 알아요! 밴쿠버에서 컸거든요!"

"잘되었네요! 빨간 클립과 관련해 당신과 이야기를 나누고 싶은데, 지금 당장 시간을 내줄 수 있으신가요?"

"물론입니다, 하지만 4분 내에 호주의 라디오 방송국과 인터뷰를 하

one trip to Yahk one cube van one recording contract one year in Phoenix one afternoon with A

기로 했는데요."

잠시 침묵이 흘렀다.

"3분이면 후딱 해치울 수 있어요." 해치가 말했다.

"딱 좋긴 한데, 다른 번호로 다시 걸어주실 수 있을까요? 제 휴대폰 수신 상태가 좀 불량해서요."

"물론이죠, 현재 어디 계시죠? 몬트리올인가요?"

"필라델피아 공항입니다."

"필라델피아 공항에 다른 전화가 있나요?"

"공중전화요." 내가 말했다.

"그게 제대로 될까요?"

"네, 그럴 겁니다."

"좋아요, 번호가 어떻게 됩니까?"

나는 또 다른 공중전화를 올려다보고 그 번호를 그에게 알려주었다.

"됐습니다. 곧바로 다시 전화드리죠."

"좋아요."

두 번째 공중전화가 곧바로 울렸다.

"안녕하세요." 내가 말했다.

"준비되셨죠?" 딘과 해치가 말했다.

"넵."

그레이엄 해치는 목소리를 방송용으로 바꿔 말했다. "자, 이곳에 빨간 클럽의 사나이 카일 맥도널드를 모셨습니다, 그리고—"

인터뷰 도중에 피닉스의 라디오 방송국에서 문자 메시지가 들어왔다. 나는 한 번도 경험해본 적 없는 일을 하고 있었다. 나는 인터뷰를 하면서 동시에 문자 메시지를 보내 세 번째 공중전화 번호를 일러주며 나에게 전화를 해달라고 했다.

〈록 101〉 인터뷰가 끝난 뒤에도 딘과 해치는 전화를 끊을 기세가 아니었다. "인터뷰에 응해줘서 너무 감사해요, 카일 씨. 정말 감사합니다."

1번 전화가 울렸다.

"아니요, 뭘요."

"이봐요, 조만간 밴쿠버에 들르실 계획이 있나요?"

1번 공중전화가 또다시 울렸다.

"음, 한 달 정도 있다가 그럴지도 모르지만, 확실한 건 아니에요."

"그러면 올 때 꼭 알려주세요!"

1번 공중전화가 다시 울렸다.

"그럴게요!" 내가 말했다.

"좋은 하루 보내요." 그들이 말했다.

나는 2번 전화를 끊고 1번 전화를 받았다. "여보세요?"

"좋은 아침입니다! 호주 멜버른입니다. 요즘 어떻게 지내세요?"

"너무 잘 지내고 있어요! 정말 좋은 아침입니다!"

휴대폰에서 말 울음소리가 나기 시작했다.

"어디에 있나요? 마구간이에요?"

"아니요, 제 휴대폰 벨소리예요. 잠시만 기다려주세요." 나는 휴대폰의 거부 버튼을 눌렀다. 휴대폰이 잠잠해졌다.

"실례했습니다. 이제 다시 시작하죠." 내가 말했다.

"좋습니다! 그럼 지금부터 빨간 클립 모험담을 들어보도록 하죠!"

그 DJ들이 청취자들에게 내 프로젝트에 관해 간략하게 설명하는 동안, 내 휴대폰이 또 울렸다. 그러고 나서 3번 공중전화가 울렸다. 나는 창문을 내다보았다. 비행기 한 대가 활주로를 달리고 있었다. 바퀴가 지면에서 떨어지면서 비행기가 대기 중으로 날아올랐다.

다른 창을 통해 그 비행기가 멀리 사라지는 모습을 지켜보았다. 순간 잠에서 깨어나 주위를 둘러보았다. 나는 비행기에 앉아 있었다. 창가 자리였다. 어깨에 축축한 느낌이 들어 고개를 숙여 확인해보았다. 침을 흘리며 잠이 들어버렸던 것이다. 나는 비행기를 탄 이후에 완전히 녹초가 되어버렸다. 걸스카우트 초콜릿 쿠키 반 통을 비우고 나면 누구라도 별수 없이 그렇게 될 것이다. 일주일간 제대로 잠을 자지 못했다는 사실도 역시 별로 위안이 되지 않았다. 나는 비행기를 갈아타는 두 시간 동안 몇 건의 인터뷰를 했다. 중요한 몇 개의 인터뷰. 하지만 훨씬 더 중요한 몇 개는 놓쳐버렸다. 그곳에는 나 혼자 감당하기에는 너무 많은 공중전화들이 있었다. 아버지가 그런 혼란의 와중에 전화를 걸었다. 아버지는 틀림없이 내 목소리에서 당혹감을 감지했을 것이다. 아버지는 피닉스에 잠시 들러 도와주겠다며 좀더 서둘러 서던캘리포니아행 출장을 떠나겠다고 우겼다. 나는 기쁜 마음으로 그 제안을 받아들였다.

비행기가 피닉스에 도착했다. 한밤중이었다. 운전기사 한 명이 내 이

one instant party one famous snowmobile one trip to Yahk one cube van one recording contract

름이 적힌 종이 한 장을 들고 마중 나와 있었다. 영화에서 그러하듯이 말이다. 그는 나를 어느 건물로 안내해주었다. 그 안으로 들어가기 전에 나는 또 다른 두 건의 전화 인터뷰를 했다. 둘 다 일본에서 온 전화였다. 나는 건물 안으로 들어가 영국의 〈굿모닝 TV〉와 인터뷰를 했다. 인터뷰를 끝내자 쾌활한 스태프들이 말을 걸어왔다. "찬란한 하루 보내세요!"

시계를 쳐다보았다. 새벽 1시 30분이었다.

태양은 어딘가에서 항상 떠오르게 마련이다.

나는 최대한 쾌활한 목소리로 가장 찬란한 날을 보내겠노라 약속하고는 마이크를 벗은 뒤, 한숨을 내쉬었다. 나는 지쳐 있었다.

조디와 그녀의 남자 친구 스콧이 스튜디오에 도착했다. 스콧이 나를 흘끔 쳐다보더니 말했다. "힘든 하루죠?"

"네." 내가 말했다.

우리는 지프 체로키에 올라타고 그들의 집으로 갔다. 마치 수년간 조디와 스콧을 알고 지낸 것처럼 느껴졌다.

우리 모두는 잠을 좀 자야 한다는 데 의견을 모았다. 조디가 몇 개의 지역 TV 방송과 약속을 잡아놓았던 터라, 우리는 겨우 한 시간 남짓 잠을 자다 침대 밖으로 빠져나와야 했다. 하지만 잠을 자는 것보다는 이번 일에 관해 이야기하는 게 훨씬 더 재미있었다. 이번 거래에 관해 이야기하는 것은 정말이지 잠보다 훨씬 더 나은 일이었다.

"너무 흥분돼요." 조디가 말했다.

"저도 그래요." 내가 말했다.

Phoenix one afternoon with Alice Cooper

우리는 바보처럼 미소 지었다.

조디와 스콧에게는 나름의 계획이 있었다. 조디는 항공사에서 시간제로 근무하고 있었지만, 음악에 전념하고자 했다. 스콧은 파트타임으로 가구를 제작하고 있었지만, 고객 맞춤형 가구 사업에 뛰어들기 위해 직장을 그만두고 싶어 했다. 그들에게는 그런 계획들이 있었고, 그것을 실현시키기 위해 변화를 꾀하고 있었다.

"그러면, 어떤 음악을 다시 하고 싶으세요?" 내가 조디에게 물었다.

"보헤미안 긱 소울이라는 음악이지요."

나는 웃었다. 조디도 웃었다. 나는 그 음악에 대해 전혀 몰랐지만, 이름은 멋지게 들렸다.

우리는 피닉스의 아침 프로그램 두 개에 출연하여 커피를 잔뜩 마신 채 인터뷰를 했다. 나는 누구든 적당한 제안을 해온다면 일 년간의 무료 임대권을 얻게 될 거라고 공표했고 조디는 앨리스 쿠퍼 소유의 레스토랑인 앨리스 쿠퍼스 타운에서 열릴 파티에 합류하라며 사람들을 초대했다. 우리가 서부에 있었기에, 거래에 가장 적당한 시간은 정오라고 생각했다. 그래서 우리는 임대할 집으로 갔고 조디는 그곳을 두루 보여주었다. 정말로 멋졌다. 재활용 컴퓨터 부품으로 만든 벽에는 예술 작품이 걸려 있었다.

"어머니가 만든 거예요." 조디가 말했다. "어머니는 폐품으로 예술품을 만들어요. 무에서 유를 창조하기를 좋아하거든요."

나는 특정 패턴을 이룬, 뒤쪽이 편평한 컴퓨터 케이블로 만든 조각을 가리켰다. "이거 정말 훌륭한데요."

조디는 미소를 지으며 말했다. "사람들은 그걸 바이트 미(byte me)라고 불러요." 그녀가 웃었다. 나도 웃었다.

우리는 밖으로 나가 현관 앞에 섰다. 나는 얼굴을 찡그리며 하늘을 올려다보았다. 태양이 높이 떠 있었다. 정오였다. 나는 진흙이 묻어 있는 음반 취입 계약서를 조디에게 건넸다. 그녀는 그 집의 열쇠를 건네주었다. 우리는 악수를 나누었다. 조디의 남동생 숀과 채드가 사진을 찍어주었다. 그것으로 거래가 성사되었다.

나는 현관 앞 계단에 앉아 태양을 정면으로 쳐다보았다. 내 창백한 하얀 팔다리에서 반사되는 빛에 장님까지도 눈을 찡그릴 정도였다. 근시인 사람들도 그 반사된 빛을 '선명히' 묘사할 수 있었을 것이다. 햇볕이 무척 따스했다. 이제야 많은 사람들이 애리조나로 이사를 오려고 하는 이유를 이해할 수 있을 듯했다. 태양을 싫어할 사람이 누가 있으랴? 나는 조디, 스콧, 숀, 채드를 쳐다보았다. 그들은 나무 그늘 아래 서 있었다.

스콧이 나를 보고 미소 지으며 말했다. "당신이 이 마을 사람이 아니란 걸 누구든 한눈에 알 수 있겠는 걸요. 햇볕에 나와 있는 유일한 사람일 테니 말이에요."

나는 웃으며 따스한 콘크리트에 몸을 눕히고, 일 년에 한 번씩 UV 세례를 받으며 선탠을 즐기는 내 피부를 상상해보았다.

그때 말 울음소리가 허공을 찔렀다. 나는 휴대폰을 열고 번호를 확인해보았다. 61번으로 시작되는 번호였다. 호주에서 걸려온 전화였다. 나는

통화 버튼을 누르고 "안녕하세요!"라고 말했다. 호주 전역에 방송되는 라디오 방송국의 DJ였다. 그는 몇 가지 질문을 던지다가 조디에 관한 대화로 주제를 옮겼다. "조디는 어떤 장르의 음악을 하나요?" DJ가 물었다.

나는 보헤미안 긱 소울에 관해 설명하려다 순간 그만두었다. 나는 조디를 바라보며 미소를 지었다. "직접 물어보시죠!" 나는 휴대폰을 조디에게 건네주면서 말했다. "호주 전역에 당신 목소리가 나가게 생겼네요."

그녀의 눈이 커다래졌다. 그녀가 수화기에 대고 인사를 했다. 15초후, 그녀는 "빨간 클립"이라는 곡명의 급조된 노래를 부르기 시작했다. 믿기질 않았다. 그녀에게는 최초의 국제 콘서트였다.

우리는 조디의 지프 체로키에 올라타고 그들의 보금자리로 다시 차를 몰았다. 그 차에는 에어컨이 없었고 창문도 내려가지 않았다. 그곳은 피닉스였다. 나는 어서 차에서 내려 태양 아래 서고 싶었다.

잠시 뒤 아버지가 조디의 집에 도착했다. 아버지는 몸이 벌겋게 그을려 화상의 조짐을 보이는, 창백하고 망가진 내 몰골을 슬쩍 보더니 약간 뒤로 주춤거리며 말했다. "힘든 하루였나 보구나?"

"힘든 한 주였죠. 여기까지 와줘서 고마워요." 내가 말했다.

"아니 뭘, 도움을 줄 수 있어 기쁠 따름이야."

나는 이온 음료를 벌컥벌컥 들이켰다. 그 음료의 이름은 당시에는 인상적이었지만 쉽게 잊혔다. 아버지와 나는 다른 위성 TV와 인터뷰를 했다. 터커 칼슨과의 인터뷰였다. 터커는 소위 비판가로 통하는 인물이다. 그는 매일 밤 기막히고 공격적인 언사로 사람들의 원성을 사고 있는데, 그가 한 말은 사람들 사이에 저절로 화제가 될 만큼 '논쟁의 소지'가 있었으며, 그 덕에 그는 잘릴 일도 없었다.

최근에 그는 캐나다를 한바탕 들썩이게 했다. 그가 "캐나다인들은 우리가 추수감사절에 가끔 만나 머리를 쓰다듬어주는 지진아 사촌처럼 보인다"고 말했던 것이다. 사실 나는 최소한 부분적으로는 그의 말에 동의한다. 캐나다인들은 칠면조 고기를 좋아하므로, 추수감사절 저녁 식사 자리에 나타날 확률이 높다. 다만, 내게 '지진아' 사촌이 있어도 그 아이의 머리를 쓰다듬을 것 같지는 않다. 나는 그 아이도 동등한 인격체로 대할 것이다. 하지만 이건 단지 내 입장일 뿐이다. 나는 내 일자리를 지키기 위해 기막히고 공격적인 언사로 사회적 논란을 일으킬 필요가 없지 않은가.

일주일 전, 터커는 트레이드마크인 나비넥타이를 매지 않겠다고 선언했다. 그래서 나는 일부러 번쩍이는 나비넥타이를 챙겨갔다. 아버지에게 당당히 말했듯이, 그저 터커의 "꿈이 살아 숨 쉬도록"하기 위해서였다. 나는 카메라 앞에 놓인 의자에 앉아 그 쇼의 내용을 들었다.

다음 프로인 〈시추에이션〉에서 시청자 여러분은 빨간 클립 한 개로 집 한 채를 얻기 위해 세일즈맨이 되어야 합니다. 여러분은 지금 그런 일을 하고 있는 남자와 곧 만나게 될 겁니다. 곧 믿기 힘든 스토리가 전개됩니다. 채널을 고정하세요.

광고가 나가는 동안, 나는 가슴에 꽂혀 있는 마이크와 투명한 이어폰을 통해 그와 이야기를 나누었다. 그는 내게 인사를 건네고는 미국에 이주할 생각을 해본 적이 있는지 물었다. 나는 그렇다고 대답했지만, 사실은 내 가족과 가까이 사는 게 더 좋았다. 나는 다수의 캐나다인들이 인생의 어느 시점, 특히 겨울철이 되면 남쪽으로 이주할 생각을 한다고 믿는다. 밴쿠버에 살던 어린 시절에, 나는 늘 북미 지도를 쳐다보면서 궁금증을 느끼곤 했다. 남쪽으로 두 시간 동안 차를 몰고 시애틀로 내려가서 합법적으로 직장을 구할 수는 없는데, 동쪽으로 6일이나 차를 몰아야 하는 북대서양의 뉴펀들랜드 섬에서는 아무 제한 없이 자연스레 정착할 수 있는 이유가 궁금했던 것이다. 지리학적으로 다소 우스운 상황이다. 하지만 그건 나 혼자만의 생각일 뿐이다. 나는 지도에 관심이 많으니 말이다.

터커는 존 캔디, 마틴 쇼트, 마이크 마이어스와 같은 캐나다 코미디언들의 열혈 팬이라고 이어폰을 통해 말했다. 나는 미소를 지으며 혹시 워킹 비자를 얻도록 도와줄 수 있느냐고 물었다. 그는 웃으며 내게 재미있는 사람이라고 말하고는 재빨리 주제를 바꿨다. 그는 어서 나와 이야기를 나누고 싶다고 했다. 나도 똑같이 말했다.

전 미국인이 나를 알게 되기 직전이었다. 나는 깊은 숨을 들이쉬었고 내 머리 모양을 생각했다. 지저분하진 않을까, 잘 정돈되어 있겠지 등등.

칼슨: 자, 이제 시작합니다. 다음 초대 손님은 역사상 가장 기지가 넘치는 사람으로 기록될지 모르는 인물입니다. 카일 맥도널드 씨는 지난 7월 빨간 클립 한 개로 새 집을 한 채 장만하겠다는 목표를 세웠습니다. 그 클립을 펜과 교환하는 것을 시작으로, 그는 자신의 목표를 향해 다가가고 있습니다. 자, 이 물물교환 게임이 어떻게 전개되고 있을까요? 그에게 직접 들어보도록 하겠습니다. 오늘 밤 카일 맥도널드 씨를 이 자리에 초대했습니다. 카일, 멋져 보이는군요.

그가 내 나비넥타이나 머리 모양에 관심이 있는지 궁금했다. 어쩌면 그도 나와 마찬가지로 모니터가 없는 스튜디오 안에 있어서 나를 실제로 보지 못할지도 모를 일이었다. 한 가지 분명한 사실은 내 나비넥타이가 썩 괜찮았다는 점이다.

맥도널드: 감사합니다. 이것 좀 봐주세요.

나는 나비넥타이를 플러그에 꽂았다. 나비넥타이가 반짝이기 시작했다. 내 모습은 어릿광대나 진배없었다. 나는 카메라를 들여다보며 말했다. "……우리 모두를 위해 횃불을 켠 셈이지요, 칼슨 씨."

칼슨: 확실히 다르군요! 카일 씨 억양만 듣고도 캐나다인이라는 걸 한

방에 알겠네요. 제가 하고픈 말은, 광고가 나가는 동안 말했듯이, 미국에 온 걸 환영해요. 우리는 두 팔 벌려 당신을 환영합니다. 우리에게는 진심으로 당신 같은 사람이 필요합니다.

맥도널드: 감사합니다.

칼슨: 진심입니다.

터커와 나는 몇 분간 이야기를 나누었다. 그는 매우 열정적이었고 분위기를 띄울 줄 아는 사람이었다. 그는 진정 빨간 클립의 팬이었다. 다음 몇 분간 나는 빨간 클립 한 개로 어떻게 피닉스에서의 일 년 무료 임대권까지 손에 넣었는지에 관해 들려주었다.

칼슨: 그럼, 그 여정은 어디서 끝이 나죠? 최종적으로 원하는 게 뭡니까? 미국을 지배하는 건가요? 당신의 최종 목표를 알고 싶군요.

맥도널드: 아직 비밀이라 이 자리에서 말하긴 좀 그렇습니다. 다만 세계 정복 같은 거라고만 해두죠. 하지만 제 첫 번째 목표는 클립 한 개로 집 한 채를 손에 넣는 것입니다.

칼슨: 집 한 채를 얻고 나서도 이 일을 계속 해나갈 생각입니까?

맥도널드: 글쎄요, 좀 전에 말했듯이 아직은 비밀입니다. 진짜로 말 못해요. 하지만 만약 나중에 다시 불러주신다면, 내가 말했던 것처럼, 세계 정복이 목표가 될지도 모르죠. 하지만 현재로선 집이 최우선입니다.

칼슨: 당신이라면 꼭 이루어낼 수 있을 겁니다. 미국에 계신 캐나다인, 카일 씨니까요. 그나저나 미국에서 지내보니 어떤가요, 즐겁습니까?

맥도널드: 너무 좋아요. 햇볕도 쨍쨍하고 따뜻하니까요. 개 썰매도 없고 말이죠.

칼슨: 그게 아메리칸드림이죠. 맥도널드 씨는 클립 한 개에서 시작해 집 한 채를 향해 나아가고 있습니다. 캐나다에서 말입니다. 카일 씨, 이렇게 나와줘서 정말 감사합니다.

맥도널드: 네, 즐거운 시간 되세요.

칼슨: 감사합니다.

그 인터뷰는 즐거웠다. 마치 간소한 야외 파티에 다녀온 듯했다. 번쩍이는 나비넥타이를 매긴 했지만 말이다. 나는 의자에 깊숙이 앉아 묻는 말에 척척 대답했으며, '또라이'처럼 보였다. 물론 터커 칼슨은 그렇게 보이지 않았다. 그는 잘나가는 뉴스 앵커다.

나비넥타이를 풀고, 아버지와 나는 앨리스 쿠퍼스 타운으로 발길을 돌렸다. 조디의 친구들과 가족들을 비롯해 수많은 사람들이 그곳에 있었다. 사람들은 내가 블로그에 올렸던 초대장을 읽었고, 그날 아침에 TV에서 나와 조디를 보았다. 조디의 지인들이 그녀가 앨범을 찍게 되었다는 소식에 기뻐하는 모습을 보니 뿌듯했다. 그녀의 꿈이 실현되는 순간이었다. 그녀의 음악 인생에 한 획을 그은 셈이었다. 리스크가 당연히 있겠지

one trip to Yakh one cube van one recording contract one year in Phoenix one afternoon with A

만, 꿈을 좇기 위해서는 피할 수 없는 리스크였다. 아버지와 나는 수많은 사람들과 악수를 나누었다. 누가 누군지 모를 지경으로 멍했으나, 재미 있었다. 그런 멍한 상태는 조디의 집에 돌아왔을 때에도 계속되었다. 나 는 잠을 이루려고 애썼다. 하지만 불가능했다. 너무 피곤했다. 그리고 에 너지 음료에 너무 취해 있었다.

다음날 조디와 아버지와 함께 공항에 갔다. 조디는 작곡가들의 컨벤 션에 참석하기 위해, 아버지와 나는 또 다른 비즈니스를 위해 로스앤젤레 스로 가는 길이었다. 로스앤젤레스에 도착해 모두 함께 저녁 식사를 한 후, 조디는 컨벤션에 참석했고 아버지와 나는 호텔을 찾아보았다. 나는 10일 만에 처음으로 깊은 잠에 빠져들었다.

다음날 저녁, 아버지와 나는 할리우드에 위치한 하얏트 호텔 11층에 앉아 있었다. 일몰이 그야말로 장관이라는 바로 그 하얏트였다. 록 스타 들이 텔레비전을 창밖으로 던지고 복도에서 오토바이를 탔던 바로 그 호텔이었다. 록 스타의 파라다이스. 나는 아버지를 쳐다보았다. 아버지 는 침대에 앉아 기지개를 켜면서 만족스러운 듯이 소담스런 하품을 했다. 차기 로드 매니저로는 치명적인 모습이었다. 로드 매니저들은 절대로 하 품으로 스타일을 구기지 않는다. 절대로.

나는 지난 며칠간 거래를 제안해온 사람들에게서 십여 통의 전화를 받았다. 하지만 그때마다 그 내용을 종이쪽지에 휘갈겨놓아 알아보기 힘 들었다. 그래서 나는 전화를 걸어오는 모든 사람들에게 이메일을 다시 보 내달라고 부탁했다. 그리고 나서 수많은 이메일들을 추려내기 위해 수백

통의 이메일을 낱낱이 살펴보는 더딘 작업을 시작했다. 일이 산더미였
다. 그렇게 이메일을 정리하고 있는데 휴대폰이 울렸다. 나는 전화를 받
았다.

"여보세요?"

"안녕하세요, 카일 씨인가요?" 여자였다.

"넵."

"제 이름은 레슬리예요. 전에 피닉스에서 보았던."

지난 며칠 동안 수면 부족 상태로 수백 명의 사람들을 만났다. 레슬리
라는 이름이 떠오르지 않았다. 하지만 그녀가 누군지 전혀 기억나지 않는
다고 말하기가 무척 곤란했다. 교묘히 시간을 번다면 기억이 날지도 모르
겠다는 생각이 들었다.

"안녕하세요, 어떻게 지내요?" 내가 말했다.

"잘 지내요, 일은 잘돼가고 있나요?" 그녀가 물었다.

"바쁘긴 한데, 무척 재미있어요."

나는 마음속의 명함첩을 황급히 넘겨보았다. 레슬리라. 레슬리……
도통 기억이 나질 않았다.

레슬리(이게 그녀의 실제 이름이라면)가 말했다. "할 말이 있어요. 그 집의 일
년 임대권과 교환할 제안을 하나 하고 싶어요."

"당신이요?" 내가 말했다.

"네, 그래요."

"제안하려는 게 뭐죠?"

"우리 사장님과의 오후요."

"당신 사장님이요?"

"네, 우리 사장님과 오후를 함께 보낼 기회를 드리려고요."

난관에 봉착했다. 레슬리는 괜찮은 사람인 듯했지만, 그녀의 사장과 오후를 함께 보낼 기회는 집 한 채를 손에 넣겠다는 내 계획에 한 치의 도움도 되지 않았다. 그런 기회는 일 년간의 무료 임대권과 맞바꿀 가치가 없었다. 나는 그녀가 알아서 물러서도록 완곡히 대처해야 했다.

"당신 사장님과 오후를 함께 보낼 수 있는 기회와 일 년간의 무료 임대권을 바꾸는 건 그리 공평해 보이지 않는데요."

"저를 기억 못하는군요, 그렇죠?" 그녀가 말했다.

"까놓고 말해서, 사실은 기억이 안 나요."

"저는 앨리스 쿠퍼스 타운에서 일하고 있어요. 조디의 친구고요. 현재 저는 조디가 임대권을 넘긴 그 집을 반으로 나눠 살고 있죠. 지난밤에 앨리스 쿠퍼의 약조를 받아냈어요."

그제야 생각이 났다. 레슬리. 조디의 친구. 앨리스 쿠퍼스 타운에서 일하는 여성. 앨리스 쿠퍼식으로 아이섀도를 바르고 있던 그녀. 그래 이제 기억이 났다. 레슬리라. 잠깐. 앨리스 쿠퍼스 타운에서 일한다고?!

"잠깐, 그러니까 당신의 사장이란 사람이……" 내가 말했다.

침묵이 감돌았다.

"네, 우리 사장님은 앨리스 쿠퍼예요." 레슬리가 말했다.

원한다면 해낼 수 있다

오해는 하지 말기 바란다. 당신과 내가 장대높이뛰기로 올림픽에서 금메달을 딸 일은 없을 것이다. 우리가 아무리 원하더라도 말이다. 하지만 그 일은 가능하다. 열다섯 살 때 나는 특별 활동으로 장대높이뛰기 반에 들어가 운동을 했다. 재미는 있었지만, 나는 장대높이뛰기를 완벽히 해내는 데 시간을 많이 할애하지는 않았다. 내가 장대높이뛰기에 대해 보다 강렬한 열정이 있었다면 좀더 열심히 매진했을 것이고, 언젠가는 최고 기록을 경신했을 것이다. 하지만 누군가는 장대높이뛰기로 올림픽에서 금메달을 따고 싶어 한다. 그리고 그는 그 일을 해낼 것이다.

시도조차 하지 않는다면 결코 알 수 없을 것이다

내가 한 번도 장대높이뛰기를 시도해보지 않았다면, 한 번도 지역 체전에 장대높이뛰기 선수로 출전도 해보지 못한 채 10학년을 그냥 보냈을 것이다. 나는 장대높이뛰기를 해보지 않는 것보다는 해보는 게 낫다고 생각한다. 만약 내가 장대높이뛰기를 한 번도 해보지 않았다면, 내가 장대로 바를 뛰어넘을 수 있다는 사실을 결코 몰랐을 것이다. 그랬다면 내가 장대높이뛰기를 할 수 있는지 없는지를 궁금해하면서 남은 인생을 보냈을지도 모른다. 비록 올림픽에서 금메달을 따낸 장대높이뛰기 선수는 아니지만, 나는 누구의 눈이든 똑바로 쳐다보면서 내가 장대높이뛰기를 할 수 있다고 말할 것이다. 이렇듯 자신이 무언가를 할 수 있다는 사실을 안다면, 당신은 믿을 수 없을 만큼 엄청난 마음의 평화를 얻을 수 있다. 비록 절망에 빠져 있을지라도 말이다. 내 말을 믿어라.

직접 대면해야 자기 자신이 되기가 더 쉬워진다

내가 지금 당신 곁에 있다면, 아마도 당신이 무슨 말을 할지 듣고 싶었을 것이다. 이메일, 전화, 영상, 메시지 등으로도 상호 작용할 수 있지만, 그런 것들이 진정 당신일 수는 없다. 그건 악수가 아니니까 말이다. 게다가 모든 사람들이 전화를 받지는 않는다. 혹은 전화 메시지를 확인하지는 않는다. 또는 전화를 갖고 있지는 않다. 아니, 모든 사람들이 전화를 원하지는 않는다.

앨리스 쿠퍼와의 오후

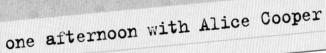

one afternoon with Alice Cooper

one red paperclip

one fish pen

one doorknob

one instant party

one red generator

one camping stove

one famous snowmobile

one trip to Yahk

one cube van

one afternoon
with Alice Cooper

one year in Phoenix

one recording contract

one instant party one famous snowmobile one trip to Yahk one cube van one recording contract

나는 그 자리에서 곧바로 레슬리의 제안을 수락했다. 나는 록의 전설이라 불리는 인물과 오후를 보낼 기회를 단 한 번도 가져본 적이 없었다. 흔한 기회가 아니라는 생각이 들었다. 나는 잠시 생각해보았다. 내가 집 한 채를 손에 쥘 계획이라면, 앨리스 쿠퍼와 오후를 보낼 수 있는 기회를 다시 누군가와 거래해야 했다. 록의 전설과 오후를 보낼 기회는 정말로 흔치 않은 거라는 확신이 들었다.

"그러니까 앨리스도 알고 있는 거죠?" 내가 물었다.

"꼭 그렇진 않지만, 제 생각에 그는 제게 호의를 베풀 거예요."

"그럼, 아직 동의한 건 아닌가요?"

"해줄 거예요." 그녀가 말했다.

"와우." 내가 말했다.

"그럼, 거래가 성사된 건가요?" 그녀가 물었다.

그것은 레슬리에게 꽤 유리한 거래였다. 그녀가 해야 할 일은 자신의 사장과 이야기를 나누는 것뿐이었다! 하지만 그녀는 반드시 이사를 해야 했다. 나는 잠시 생각한 뒤, 음흉한 웃음을 지으며 말했다. "그래요. 단, 당신은 이사를 해야 해요."

"무슨 뜻이에요? 이사를 한다니요?"

장난기가 묻어나는 목소리로 나는 이렇게 말했다. "일 년간의 무료 임대권은 그 집의 나머지 반에 해당하는 것이니까요. 이 거래를 공식화하려면 당신은 이사를 해야만 해요."

"음, 예에······." 레슬리가 말했다.

그 대답은 마치 내가 그녀를 '기억해냈을' 때 했던 대답과 무척 흡사했다. 아무튼 그녀의 대답은 최소한 예스였다. 나는 진심으로 그녀가 모든 살림살이를 옮기는 모습을 보고 싶었다. 그 집의 다른 쪽은 그녀가 원래 살던 쪽과는 정반대의 구조일 테니, 모든 게 완전히 반대쪽에 위치해 있을 것이다. 그녀가 와인 잔을 집어 들려다 커피 잔을 집어 든다면 얼마나 재미있겠는가? 그보다 더 웃길 수 있을까.

"이 거래를 성사시키려면 악수를 해야 하는데, 저는 지금 480킬로미터 떨어진 곳에 있거든요. 제가 이용할 몬트리올행 비행편이 피닉스를 경유하니까, 그때 잠시 들러서 공식적으로 거래를 하죠."

나는 작별 인사를 하고 전화를 끊었다. 레슬리의 전화를 받기 전부터 보이지 않던 아버지가 전화를 끊을 때쯤 어느새 방에 들어와 있었다. 아버지가 물었다. "누구랑 통화한 거니?"

"피닉스의 앨리스 쿠퍼스 타운에서 조디의 친구인 레슬리를 만났던 거 기억해요?"

아버지는 전혀 모르겠다는 표정으로 말했다. "음, 전혀 기억이 나질 않는구나."

"그래요. 어쨌든, 그녀가 일 년간의 임대권을 거래하자는 제안을 해왔어요." 내가 말했다.

"잘되었구나, 뭐랑 바꾸자는데?" 아버지가 물었다.

"자기 사장과의 미팅이요."

"그녀의 사장과?" 아버지는 당황한 기색이 역력했다.

"네." 내가 말했다.

"제안이 별로 좋아 보이진 않는데, 안 그러니?"

"그녀의 사장이 누구인지 아세요? 한 번 맞춰보세요."

"누군데?" 아버지는 맞추려는 생각이 아예 없어 보였다.

"앨리스 쿠퍼더라고요." 내가 말했다.

아버지는 미소 짓다가 큰 소리로 웃었다. "세상에, 정말이니?"

"넵."

"그래서 교환할 생각이니?"

"방금 전에 전화상으로 이미 교환하기로 했어요. 밖에 나가 자축 파티든 뭐든 해야 할 것 같지 않아요?"

"그래, 물론 그래야지."

짜릿했다. 나는 그 거래를 자축하는 의미에서 TV를 창밖으로 던지고 복도에서 오토바이를 몰아대고 싶었다. 나는 아버지를 쳐다보고 눈썹을 씰룩거리면서 말했다. "햄버거 어때요?"

"치킨버거로 하자꾸나." 아버지가 말했다.

"저랑 똑같은 생각을 하셨네요. 마침 그 말을 하려던 참이었거든요."

우리는 제일 가까운 햄버거 가게를 찾아 밖으로 나왔다. 치킨버거 값은 내가 지불했다. 양파 튀김까지 시켰다.

다음날 아침, 나는 여전히 미소가 가시지 않은 얼굴로 잠에서 깨어났다. 이 거래는 전혀 기대하지 않았던 굉장한 진전이었다. 분명 앨리스 쿠퍼의 엄청난 팬들이 놀라운 제안을 해올 것이다. 그리고 무엇보다 좋은

one trip to Yahk one cube van one recording contract one year in Phoenix one afternoon with A

점은, 그 아이템이 특정 지역에 국한되어 있지 않다는 사실이었다. 앨리스 쿠퍼는 어느 곳에서든 오후를 보낼 수 있을 테니 말이다. 레슬리의 말에 따르면 이 기회를 손에 쥐는 누군가는 앨리스와 다양한 일들을 할 수 있을 터였다. 함께 쇼핑을 가거나, 식사를 즐기거나, 심지어는 앨리스가 진행하는 라디오 쇼에 함께 출연하거나, 같이 골프를 치게 될지도 모를 일이었다. 앨리스 쿠퍼는 해줄 수 있는 게 무척 많았다. 그는 맥가이버 칼과 다름없는 존재였다. 그 펀텐셜은 헤아릴 수 없을 정도로 무한했다.

우선 레슬리는 이 거래의 제안자로서 일 년간의 무료 임대권을 확보하게 되었고, 나는 록계의 전설적인 인물과 오후를 함께 보낼 기회를 얻게 되었다. 하지만 앨리스는 정말이지 아무것도 얻는 게 없었다. 그저 자신의 직원을 기쁘게 해줄 수 있다는 만족감 정도가 다였다. 시인하고 싶지는 않지만, 앨리스 쿠퍼는 사실 이 게임에서 그저 인질에 지나지 않았다. 대신 진짜 멋진 인질인 셈이었다.

다음날, 나는 일본의 방송국 프로듀서에게서 전화 한 통을 받았다. 그는 내가 하고 있는 일들에 관해 들었다면서 며칠간 도쿄에 머물면서 〈미러클 익스피어리언스 언빌리버블(Miracle Experience Unbelievable!)〉이라는 TV 쇼에 출연해 그간의 모든 이야기를 들려줄 수 있는지 물었다. 그 쇼의 이름만으로도 수락할 이유가 충분했다. 며칠 뒤 도미니크와 나는 도쿄의 TV 스튜디오에 앉아 있었다. 배우들이 그간의 일들을 재연해냈다. 그러고 나서 우리가 무대 뒤에서 걸어 나왔다. 모든 것이 놀라웠다. 우리에게는 일본으로의 여행이 그랬고, 방청객들에게는 우리가 실제로 그 무대 위에 있다는 점이 그랬다. 나는 주변에서 하는 말을 한마디도 이해할 수 없었다. 무대는 노란색과 보라색으로 꾸며져 있었다. 굉장히 멋졌다. 프라임타임에 방송되는 한 시간짜리 프로그램에 출연하기 위해 일본으로 가는 서프라이즈 여행이라. 이보다 더 멋진 일이 있을까?

그 쇼에서, 진행자가 일본의 전래 동화인 〈와라시베 초자〉에 관해 들려주었다. 한 올의 지푸라기로 시작해 다섯 번의 물물교환을 거쳐 초가를 얻게 된 소년의 이야기였다. 외경심이 들었다.

일본에서의 마지막 날, 레슬리가 나에게 이메일을 한 통 보냈다. 그 안에는 믿기지 않는 소식이 적혀 있었다. 앨리스 쿠퍼가 현재 투어를 하고 있는데, 노스다코타주의 파고에서 열리는 그의 콘서트에 나를 초대했다는 것이었다! 흥분이 되면서도 걱정스러웠다. 앨리스 쿠퍼와 함께 오후 시간을 보낸다면 결국 내가 앨리스 쿠퍼와 오후를 보낼 기회를 써버리는 건 아닐지 걱정스러웠다. 물론 그 경험은 대단할 테지만, 현재 내게 필요한 건 집 한 채였다. 나는 파고에서 앨리스 쿠퍼와 보내는 나의 '오후'가 그저 '홍보성' 오후임을 확인했다. 여전히 내게는 다른 사람과 교환할 수 있는 앨리스 쿠퍼와의 미팅이 남아 있는 셈이었다.

앨리스 쿠퍼는 언론 인터뷰에서 이렇게 말했다. "카일은 팡파르를 울리며 돌아다니는 도널드 트럼프다. 그가 집을 한 채 얻고자 이 일에 나를 끌어들이다니. 하지만 나는 거절할 수 없는 입장이다. 나와 함께 하루를 보낼 사람은 누구든 내 유명세로 곤욕을 치를 준비를 하는 게 좋다!"

나는 레슬리와의 거래를 위해 몬트리올로 향하는 비행기에 올랐다.

나는 도중에 피닉스에 들러 레슬리를 만나 악수를 나누고 거래를 공식화했다. 그리고 나서 그녀에게 그 집의 열쇠를 건네주었고 그녀는 나에게 앨리스 쿠퍼의 마스크를 건네주었다. 나는 그 마스크를 썼고 우리는 악수를 나누었다. 조디가 우리 모습을 사진에 담았다.

나는 조디와 스콧의 집에 머물렀다. 조디는 며칠간 휴가를 냈다. 그녀가 항공사에 근무하던 터라 나는 파고행 비행기표를 무료로 얻었다.

우리는 파고의 한 호텔에 도착해 크리스틴을 만났다. 앨리스가 진행하는 〈나이트 위드 앨리스 쿠퍼(Nights with Alice Cooper)〉의 프로듀서였다.

우리는 앨리스의 로드 매니저인 토비, 브라이언, 그리고 앨리스의 딸 캘리코를 만나기 위해 호텔 로비로 갔다. 그들은 멋졌다. 하지만 그때까지도 내가 앨리스를 진짜로 만난다는 게 실감이 나지 않았다. 긴장되었다. 어쨌든 앨리스 쿠퍼를 만날 기회가 매일 오는 건 아니니 말이다. 나는 라디오로 그의 음악을 듣곤 했다. 나는 그가 '음악 무대가 아닌 곳'에 출연하는 것을 딱 두 번 보았다. 〈로브 라이브(Rove Live)〉라는 호주의 TV 쇼에서 한 번, 〈웨인스 월드(Wayne's World)〉에 카메오로 출연해 "영광입니다"라는 대사를 했을 때 또 한 번. 그는 그 두 번 모두 정말로 멋져 보이긴 했지만, 그게 그저 연기는 아니었을까? 나는 그 남자에게 겁을 먹을 수도 있었다. 어쨌든 그는 앨리스 쿠퍼가 아니던가. 나는 손가락을 겹쳐 행운을 빌면서 그가 오늘만큼은 목에 뱀을 두르고 나오지 않기를 바랐다. 또는 주머니에 죽은 닭들이 들어 있지 않기를 바랐다.

그가 걸어 나왔다. 그는 모두가 예상하는 그대로의 모습이었다. 검은 바지에 검은 재킷, 그리고 길게 늘어뜨린 검은 머리카락.

앨리스 쿠퍼였다.

그날은 뱀이 없었다.

그는 우리에게 걸어와 인사를 했고, 조디와 나는 그와 악수를 나누었다. 앨리스와 나는 자리에 앉아 사적인 잡담을 약간 나누었다.

앨리스 쿠퍼와 나.

호텔 로비에서.

파고에 있는.

옛날처럼.

앨리스는 마을 명칭과 동일한 이름을 가졌다는 이유만으로 노스다코타주 앨리스에 막 초대를 받은 터였다. 그는 우리 모두에게 그곳에 함께 가자고 했다. 우리는 기다란 리무진인 포드 익스커션에 올라타고 노스다코타주의 팬케이크처럼 평평한 풍경이 빠르게 스쳐 지나가는 것을 쳐다보았다. 공기는 잿빛이었고, 땅은 갈색과 푸른색이 뒤섞여 있었다. 간간이 나무와 전깃줄, 소가 보였다.

그레이터 앨리스의 끝자락에 이르러 우리는 주간(州間) 고속도로 쪽으로 차를 몰았다. 차 한 대가 그 고가도로의 맨 위에서 기다리고 있었다. 조디가 웃으며 말했다. "경찰이 호위를 나온 모양이네요."

크리스틴이 말했다. "네, 맞아요."

우리는 방향을 틀어 앨리스로 향하는 다리를 가로질렀다. '경찰 호위대'가 움직였다. 경찰차 지붕에 빨강과 파랑 불빛이 들어왔다. 경찰 호위대. 이것이 바로 노스다코타의 시골에서 록 스타가 받는 대우다.

그 도로변에는 "앨리스, 앨리스에 온 것을 환영합니다!"라고 적힌 표지판들이 있었다. 앨리스는 미소 지으며 그 모습에 기뻐했다. 곧이어 앨리스 시내에 도착했다. 수많은 팬들이 리무진에 환호하며 도시 중심부로 몰려들었다. 사방이 사람들로 가득했다. 수천 명의 사람들. 폭도들을 방불케 하는 모습이었다. 리무진이 멈추자 사람들이 차창을 들여다보면서 소리쳤다. "사랑해요, 앨리스!"

경호원 몇몇이 그 인파를 뒤로 물리자 리무진이 플라스틱 방호벽이 쳐진 곳으로 들어갔다. 몇 분 뒤 그 경호원들이 엄지손가락을 들어보였다. 앨리스의 매니저들과 로드 매니저들이 먼저 차에서 내렸다. 환호 소리가 커졌다. 곧이어 앨리스가 혼자서 리무진에서 내려 군중들에게 손을 흔들어주었다. 환호 소리가 하늘을 찔렀다.

앨리스는 앨리스에 있었다.

앨리스는 그 인파를 헤치고 길을 내가면서 술집과 정면으로 마주한 마을 광장에 설치된 무대 위로 올라갔다. 그는 마이크 앞에 섰다. "여러분, 오늘 술 좀 드셨나 봅니다."

사람들이 한층 더 와일드해졌다.

앨리스는 연설을 했다. 그는 자신을 초대해줘서 감사하다며 노스다코타주 앨리스 시민들에게 고마움을 표했다. 그리고 약간의 농담을 했으며 그날 밤 자신의 콘서트에 사람들을 초대했다. 짧은 연설을 듣기 위해 나이를 불문하고 몰려든 수천 명의 팬을 보고 있으니, 앨리스 쿠퍼의 인기와 영향력을 느낄 수 있었다. 연설을 마치면서 앨리스는 손가락으로 군중을 가리켰다. "이 정도까진 기대하지 않았는데, 감사합니다!"

군중들에게서 어마어마한 환호 소리가 일었다. 인상적이었다. 인구수 5만 6000명의 타운치고는 그리 나쁘지 않은 반응이었다.

앨리스는 리무진으로 다시 걸어가면서 사인을 해주었고 사진을 찍도록 포즈를 취해주었다. 사람들이 바닥에 무릎을 꿇으며 말했다. "미천한 우리들의 영광입니다! 미천한 우리들의 영광입니다!" 앨리스는 여기저기 쳐다보며 미소를 지었다.

리무진에 오른 후 앨리스에게 물었다. "이런 일이 종종 있나요?"

"글쎄요, 사실은 그렇게 많진 않아요. 하루에 겨우 열 번 정도죠. 매일요. 1992년부터 주욱." 그는 어깨를 으쓱하며 미소를 지었다. 리무진이 멀어져갈 때, 한 남자가 차를 끝까지 쫓아와서는 땅에 무릎을 꿇으며 "미천한 저의 영광입니다!"라고 외쳤다.

앨리스는 우리를 보며 함박웃음을 지어 보이고는 진하게 코팅된 차창

e role one house in Kipling one red paperclip one fish pen one doorknob one camping stove one

을 통해 땅에 엎드린 그 남자를 돌아보며 해학적인 목소리로 크게 말했다. "아닙니다. 당신은 미천한 사람이 아니에요."

파고로 돌아가는 차 안에서 화제가 골프로 넘어갔다. 앨리스 쿠퍼는 끝내주는 골퍼다. 그는 핸디가 4라고 했다. 솔직히 털어놓으면, 나는 그게 무슨 의미인지 전혀 모른다. 하지만 누구든 어떤 사실을 말하면서 눈썹을 추켜올리면 나는 그걸 대단한 것으로 받아들인다. 나는 79세인 내 할아버지가 최근 나이만큼의 타수를 쳤다고 앨리스에게 말했다. 앨리스는 나를 쳐다보더니 인정한다는 의미로 얼굴을 찡그리고는 가볍게 고개를 끄덕였다. "대단하군요."

사실 "나이만큼 친다"는 게 인상적인지는 알 길이 없었으나, 앨리스가 눈썹을 추켜올린 걸로 봐서는 분명 인상적일 거라는 확신이 들었다.

다시 호텔에 도착한 우리는 로드 매니저들과 밴드를 거느리고 중국 레스토랑에 들어갔다. 조디와 나는 앨리스와 그의 매니저인 셉 고든과 함께 테이블 끝에 앉았다. 밴드와 로드 매니저들도 기다란 테이블에 함께 앉았다. 중국 음식점에 그렇게 많은 로드 매니저들이 있는 모습은 단 한 번도 본 적이 없었다. 식사를 하는 동안 최소 열 명 정도의 사람들이 앨리스에게 사인과 사진을 부탁했다. 그는 그 모든 요구에 순순히 응해주었으며 모두와 즐겨 이야기를 나누었다. 나는 앨리스에게 이런 식으로 접근해오는 사람들에게 익숙하냐고 물어보았다.

그가 대답했다. "네, 40년간 그런 일을 겪다 보면, 누구나 익숙해지죠. 하지만 그거 알아요? 오늘 우리가 앨리스에 도착했을 때 마을 입구에

one instant party one famous snowmobile one trip to Yahk one cube van one recording contract

설치된 표지판과 도처에 깔려 있는 사람들의 모습에 저도 기분이 들떴어요. 나는 연예계 생활을 시작할 때부터 지금까지 줄곧 무대 인생과 제 실제 삶에 거리를 두어왔죠. 그래서 때때로 내가 앨리스 쿠퍼라는 사실을 잊곤 합니다. 때론 저 자신을 거의 흔들어 깨우다시피 해야 하죠. 그러고는 '아, 맞다, 내가 앨리스 쿠퍼지!' 하고 깨닫는다니까요."

그는 다른 사람들과 마찬가지로 평범했다. 다만 모든 사람들이 알고 있는 평범한 사람인 셈이었다. 그런 일은 세간에 살아 있는 전설로 통할 때나 가능한 일일 것이다.

나는 앨리스가 거의 30년간 술을 마신 적이 없고, 아들이 다니는 학교의 학부모회 회원이며, 스마트 자동차를 몬다는 사실을 알았다. 그가 말했다. "연료 4리터당 112킬로미터나 가거든요. 한 시간에 120킬로미터를 달리죠. 그게 좋아요."

나는 앨리스 쿠퍼의 그런 모습이 좋았다. 역대 가장 '공격적인' 쇼크 로커이자, 골프 코스에서 학부모 모임까지 초소형 자동차를 타고 다니는 남자. 그 사람의 대중적인 이미지는, 살아 있는 닭을 괴롭히는 모습이지만 그는 훨씬 더 건설적으로 살고 있었다. 그러니 더욱 놀라울 수밖에.

앨리스와 나는 샐러드 바로 걸어갔다. 그가 상추를 담는데 좀더 나이가 들어 보이는 사람이 그에게 다가왔고 그 둘은 잡담을 나누기 시작했다. 나는 베이컨에 구미가 당겨 테이블로 다시 걸어갔다. 1분 뒤, 앨리스는 테이블로 돌아와 물었다. "나와 이야기하던 사람 봤죠?"

"네."

"그가 몇 살이나 먹었을지 한 번 맞춰보세요."

나는 물과 함께 베이컨 조각을 꿀꺽 삼키고는 말했다. "잘 모르겠는 데요, 한 75세 정도 되었나요?"

앨리스는 나를 쳐다보더니 미소를 띠었다. "쉰아홉 살이에요."

"쉰아홉 살이요? 세상에."

앨리스의 주름이 깊어졌다. 그가 말했다. "저는 쉰여덟 살입니다. 갑자기 제가 무지하게 젊다는 생각이 드는군요."

그는 꽤 만족스러운 모습이었다. 자신이 젊어 보인다는 확신에 찬 중년 여성들 정도의 만족감이었다. 하지만 앨리스에게는 그것이 자랑이나 젊음 이상일 것이라고 생각한다. 그와 연배가 비슷한 다른 로커들을 생각해보면, 그가 멀쩡히 살아 있다는 건 기적이다. 어쩌면 그는 매일 이 사실을 기적이라 생각할지도 모른다. 그가 말했다. "나는 술을 마실 때 한 번도 숙취를 겪지 않았죠. 나는 매일 아침 침대를 빠져나와 하루를 시작하기 전에 맥주병을 따곤 했죠. 숙취를 겪을 정도로 맑은 정신이었던 때가 거의 없었어요. 그러니 수년간 숙취를 겪을 일이 없었던 거죠."

그의 딸 캘리코가 그의 옆자리에 앉아 있었다. 그녀는 앨리스의 말을 듣고는 고개를 살래살래 저었다. 그런 이야기는 난생 처음 듣는 듯했다.

앨리스가 입 안 가득 양배추를 물고 말했다. "나는 그저 심한 중독 성향을 지니고 있을 뿐이에요."

나는 가볍게 고개를 끄덕였다. 정말이지 할 말이 별로 없었다. 자신에 대해 그토록 솔직히 털어놓을 수 있다니. 그에게는 변명이라곤 일체 없었다. 그는 모든 것을 완벽히 드러내놓고 있었다. 앨리스는 다이어트 코크를 한 모금 들이키고는 말했다. "중독을 애써 자제하는 건 옳은 방법이 아니라고 생각해요. 당신은 당신의 성향을 바꿀 수 없어요. 다만 당신이 할 수 있는 건 그런 중독성을 좀더 나은 것에 집중하는 거지요. 내가 지금 몰두하고 있는 것은 내 가족과 공연, 다이어트 코크, 골프입니다."

그는 무대 위에서의 성향과 무대 밖에서의 인생을 구별하는 것에 관해 말했다. 그것은 그가 살아남기 위한 삶의 방식이었다. "무대 밖에 있을 때 나는 그저 빈스라는 보통 사람에 지나지 않아요. 내가 늘 록 스타인 앨리스 쿠퍼가 되려고 했다면, 이미 이 세상 사람이 아닐 겁니다."

그는 왜 다수의 유명 록 스타들이 단명했는지에 관해 자신의 생각을 털어놓았다. 그는 입 안에 양배추를 좀더 넣고는 말했다. "그들은 늘 록 스타로 살아가려고 애썼죠. 그게 그들을 죽음으로 몰아간 거죠."

그는 지미 헨드릭스, 키스 문, 짐 모리슨이 매 순간 록 스타로 살아가기 위해 치열하게 노력하는 모습, 그리고 그들의 육체와 마음이 그 광기를 따라잡지 못했던 모습을 곁에서 지켜보았다. 앨리스는 그러한 주제로 《앨리스 쿠퍼, 골프 몬스터(Alice Cooper, Golf Monster)》라는 책을 집필 중이라고 했다. 그는 무대 위의 앨리스 쿠퍼, 즉 광분한 인간이라면 골프 클럽조차 무기가 될 거라고 했다. 하지만 무대 밖의 앨리스 쿠퍼, 빈스는 골프를 평화로운 오락거리, 열정, 그리고 구세주로 보고 있었다.

앨리스 쿠퍼의 이야기를 듣는 것은 무척 재미있었다. 하루빨리 그의 책을 읽고 싶었다. 우리는 식사를 마치고 행운의 쿠키를 열어보았다. 내

점괘는 정확히 기억나지 않는다. 아마도 "당신은 중국 요리를 사랑합니다"라고 적혀 있었을 것이다. 하지만 앨리스의 점괘는 기억한다. 그는 돋보기를 걸치고는 자기 앞에 있는 작은 종잇조각을 들고 이렇게 말했다. "노력 없이는 어떠한 성공도 거둘 수 없다."

그는 돋보기 너머로 우리를 쳐다보며 미소를 지었다.

나는 앨리스 쿠퍼 자체가 그 행운의 표상이라고 확신했다.

앨리스 쿠퍼는 막강한 열다섯 명의 스태프를 거느리고 그 레스토랑에서 나와 길을 걸었다. 오토바이에 타고 있던 한 아이가 손을 흔들었다. "안녕하세요, 앨리스 씨." 앨리스는 미소를 지으며 손을 흔들어주었다.

우리는 길을 건너갔다. 걸어가던 커플이 우리를 지나치며 말했다. "안녕하세요, 앨리스 씨!" 앨리스는 미소를 지으며 인사를 건넸다.

우리가 호텔에 다다랐을 즈음, 파고 아레나에서 코미디 공연을 보고 나오던 엄청난 인파와 마주쳤다. 그들은 우리와 호텔 사이에 인간 장벽을 이룬 채 우리를 향해 걸어오고 있었다. 그 상황이 위험하다고 생각한 앨리스의 측근들은 앨리스가 사람들 눈에 띄지 않도록 그의 주위를 동그랗게 감쌌다. 몇몇 사람들이 치밀한 대형을 이룬 우리에게 관심을 보였다. 그 공연장에 걸린 "앨리스 쿠퍼"라는 현수막과 호텔 앞에 세워둔 대형 투어버스, 그리고 검은 의상과 긴 머리를 한 채 길 맞은편에 모여 있는 한 무리의 매니저 등을 눈치 챘다면 좀더 많은 이들이 관심을 보일 게 뻔했다. 하지만 다행히도 우리는 무사히 호텔로 돌아왔다. 만약 앨리스 쿠퍼가 발각되었다면, 엄청난 광란이 일어났을 것이다. 그가 누구인지는 '모든 사람'이 알고 있었다. 본래 앨리스는 사람들을 좋아했으므로 그가 모두를 만나고 싶어 할지도 모른다는 생각이 들었다. 하지만 그는 자기 방에 돌아가 다른 사람들처럼 〈제리 스프링거〉를 시청하고 싶어 했다.

우리는 안전하게 호텔에 도착했다. 엘리베이터가 13층에 섰다. 조디, 크리스틴, 앨리스와 나는 엘리베이터에서 내렸다. 우리는 앨리스에게 저녁 인사를 했다. 그는 왼쪽으로, 우리는 오른쪽으로 갔다.

다음날 아침, 우리는 파고의 록 방송국 DJ인 티-본과 함께 스튜디오에 앉아 있었다. 앨리스가 〈나이트 위드 앨리스 쿠퍼〉를 녹음하는 사이 그 스튜디오에는 기자들과 카메라들이 꽉 들어찼다. 나는 특별 초대 손님이었다. 나는 "클로짓 클래식(Closet Classic)"으로 로니 제임스 디오의 "레인보우 인 더 다크(Rainbow in the Dark)"를 신청했다. 꽤 적절한 곡이라는 생각이 들었다. 내 신청곡이 끝나기가 무섭게 앨리스는 로니 제임스 디오가 정원의 조각상으로부터 공격을 받았다는 기괴한 사건에 관해 들려주었다. 로니가 캘리포니아에 있는 집 근처 언덕에 묵직한 정원용 조각상을 놓아두었는데, 그 조각상이 갑자기 쓰러지면서 그 둘은 언덕 아래로 굴러 떨어졌다고 한다. 그때 그의 엄지손가락이 바위와 조각상 사이에 끼어버렸고, 디오는 결국 그 손가락 끝을 잃고 말았다.

입이 떡 벌어질 이야기였다. 분명 그것은 내가 그 주에 들었던, 정원에서 벌어진 최고로 희한한 사고였다.

조디와 크리스틴이 그 스튜디오에서 앨리스와 나랑 합류했고, 우리는 라디오 드라마를 꾸며보았다. 그 드라마에서 앨리스는 뜨겁게 달구어진

one trip to Yahk one cube van one recording contract one year in Phoenix one afternoon with A

빨간 클립에 항복을 하고 말았다. 라디오 드라마를 녹화하는 작업은 재미있었다. 앨리스는 '자기 자신'을 연기할 때 마치 만화 캐릭터 같았다.

앨리스와 나는 앞으로 어떤 거래 제안들이 들어올지 이야기를 나누었다. 우리는 남아도는 고급 맨션 한 채를 갖고 있는 유럽의 억만장자가 앨리스 쿠퍼와의 미팅과 집 한 채를 교환하자고 제안해올 거라는 데 합의를 보았다. 단, 내가 그 거래에 빨간 스피도를 덤으로 얹어준다는 조건하에 말이다. 그래서 앨리스는 그 제안자가 이탈리아의 억만장자일 거라고 예상했다. 그가 여세를 몰아 한 가지 제안을 해왔다. "카일 씨, 내게 한 가지만 약속해주겠소?"

"물론이죠, 뭔데요?" 내가 물었다.

"무엇이든 상관없지만, 키스와 주말을 보낼 기회 같은 것들과 맞바꾸진 말아줘요."

"그런 일은 하지 않을게요." 내가 약속했다.

라디오 녹화를 마치고 앨리스와 나는 그 라디오 방송국을 둘러보았다. 우리는 약속을 했고, 그 약속을 지키기로 했다. 앨리스가 미소 지었다. "있죠, 많은 사람들이 내가 무대 위에서 하는 짓거리들을 이해하지 못해요. 그들은 '받아들이지' 못하죠. 프랭크 재파가 일전에 그러더군요. '받아들이거나, 아니면 마는 거'라고요."

나는 고개를 끄덕였다. '받아들이거나, 아니면 마는 거다.' 이 말이 마음에 들었다.

우리는 트럭을 타고 파고 웰컴 센터로 갔다. 그곳에 가는 길에 앨리스

one instant party one famous snowmobile one trip to Yahk one cube van one recording contract

는 그라우초 막스와 같은 좀더 나이 많은 할리우드 스타들과 어울렸던 1960년대와 1970년대에 관해 들려주었다. 그가 처음 연예계에 발을 들여놓았을 때 사람들은 그가 무대 위에서 벌이는 이상한 행위들에 겁을 먹곤 했다고 한다. "우리가 들어서면 5분 내에 방이 텅 비곤 했죠. 그만큼 우리가 해괴했다는 말이죠. 하지만 연륜이 있는 영화 스타들은 그것을 '받아'들였어요. 우리 행실이 그들에게 보드빌(노래, 춤, 촌극 등을 엮은 오락 연예—옮긴이)을 연상시켰던 거죠."

나는 앨리스가 어느 시대든 성공을 거두었을 거라는 생각이 들었다. 그는 기발한 사람이었고 천성적으로 항상 깨어 있었다. 그가 파고 웰컴 센터의 로비 안으로 걸어 들어가자 군중들이 손을 흔들어댔고, 그는 훌륭한 즉흥 연설을 한 뒤 굳지 않은 시멘트 위에 손을 올려놓았다. 이제 그는 파고 명예의 거리의 일부가 되었다.

우리는 호텔로 다시 돌아왔다. 앨리스는 한 시간 동안 눈을 붙였다. 그것은 쇼를 진행하기 전에 의례적으로 하는 일이었다. 나는 공 CD들을 구하러 근처의 월마트로 렌터카를 몰았다. 한 주간 찍었던 사진들을 조디와 크리스틴과 교환해야 했다. 차 안 스피커에서 티-본의 록 방송이 흘러나왔다. 그날 오후, DJ들은 앨리스와 나에 관해 이야기했다. 그들은 내가 해왔던 거래들에 큰 관심을 보였고 앨리스 쿠퍼의 콘서트에 흥분을 감추지 못했다. 텔레비전의 저녁 뉴스 진행자가 이렇게 방송했다. "오늘 아침 우리는 티-본과 함께 그 스튜디오에 있었습니다. 우리는 앨리스 쿠퍼와 카일 맥도널드의 행적을 일일이 취재했습니다. 그 내용은 오늘 저녁 6시

Phoenix one afternoon with Alice Cooper

9분에 11번 채널에서 방송될 예정입니다."

10분도 아니고, 9분이라니. 시각이 너무 구체적이라 놀라지 않을 수 없었다. 그래서 살짝 겁이 나기도 했다. 그때 거대한 급수탑이 보였다. 위쪽에 무게가 집중된 하늘빛의 거대한 급수탑이었다. '파고'라는 글자가 다른 쪽 면에서 빛나고 있었다. 나는 산 부근에서 자랐기 때문에 항상 고층 급수탑에 경탄을 금치 못한다. 그것을 몇 분간 응시하면 왠지 마음이 안정되는 것 같다. 나는 감탄의 눈으로 잠깐 그것을 쳐다보다가 월마트 근처의 좌판에서 신용카드로 공 CD를 산 뒤 서둘러 호텔로 돌아왔다.

나는 시간에 맞춰 11번 채널을 틀었고 앨리스와 나의 뉴스를 녹화했다. 훌륭한 보도였다. 그 진행자는 마지막에 영화 〈파고〉에서 그랬듯이 "오, 야"라고 말하기까지 했다.

나는 공연장으로 내려가 셉을 만났다. 우리는 사운드보드 주위를 서성이면서 워밍업을 하던 '바이킹 메탈' 밴드 빈딕투스의 모습에 감탄했다. 그들이 몸 푸는 모습을 지켜본 후 우리는 앨리스의 대기실을 방문해 공연 계획을 점검했다. 앨리스는 시선을 쿵후 영화에 고정시킨 채 아주 초연하게 앉아 있었다. 그가 위를 올려다보며 말했다. "나는 진짜 진짜 나쁜 것들만 좋아해요. 최악의 행위일수록 더 마음에 들어요."

분명 그에게는 그런 것들이 마음의 평화를 줄 것이다.

우리는 계획을 짠 뒤 합의했다는 뜻으로 서로에게 고개를 끄덕였다. 앨리스는 쿵후 영화로 다시 시선을 돌렸다. 셉과 나는 공연을 구경하기 위해 공연장 안으로 들어갔다. 몇 분 뒤, 앨리스 쿠퍼가 등장해 무대를 광

one red paperclip one fish pen one doorknob one camping stove one red generator one instant
ne famous snowmobile one trip to Yahk one cube van one recording contract one year in Phoenix
one afternoon with Alice Cooper one KISS snow glob

256 | 빨간 클립 한 개

분의 도가니로 몰아넣었다. 그는 완벽한 무대 장악력을 보여주었다. 그
는 지휘봉을 휘둘러 모든 사람들이 일제히 음악을 연주하게 했다. 열심
히. 무섭기까지 했다. 아니, 진심으로 말이다. 며칠 전 행운의 쿠키에 즐
거워하고, 저예산 쿵후 영화를 보던 사람이라고는 믿겨지질 않았다. 충
격이었다. 그는 완전히 다른 사람으로 변해 있었다. 그는 히트곡과 신곡
을 불렀고, 단두대로 자신의 머리를 자르게 했다. 대부분 20대인 그의 밴
드는 거칠게 질주하는 록의 장벽으로 그를 받쳐주었다.

콘서트가 막바지에 이르자, 셉이 내 쪽을 보았고 우리는 함께 무대 뒤
로 갔다. "언더 마이 휠스(Under My Wheels)"라는 곡이 끝나자 티-본이 무
대 위에 등장했다. 그는 관객들에게 '빨간 클립 한 개로 인터넷상에서 물
물교환을 하고 있는 남자'를 알고 있는지 물었다.

관객들 사이에 약간의 환호가 일었다. 티-본은 그 환호 소리에 만족
하지 않고 마이크에 대고 소리쳤다. "오늘 밤 여러분을 위해 특별한 시간
을 준비했습니다. 그러니 '더 크게 소리쳐주세요, 어서요!'" 그렇게 말하
면서 그는 손을 컵 모양으로 만들어 자기 쪽으로 끌어당겼다. "소리를 지
르세요"라는 의미로 말이다.

관객들이 그의 뜻대로 소리를 더욱 높였다.

나는 무대 위에 올라가 내 머리 위로 250센티미터의 빨간 클립을 수
평으로 들어올린 채 앨리스 옆에 섰다. 관객들 사이에 웃음, 의아함, 환호
가 교차하는 가운데 밴드가 힘차게 록을 연주했다. 앨리스가 그 빨간 클
립을 함께 들기 위해 허공에 손을 뻗었다. 우리는 그것을 머리 위로 들어

올리고는 리듬에 맞춰 위아래로 움직였다.

'나는 앨리스 쿠퍼와 무대 위에 있다.'

앨리스.

쿠퍼와.

무대 위에.

나는 꿈이 아닌지 내 볼을 꼬집어보고 싶었지만, 내 두 손은 그 거대한 빨간 클립을 들고 있었다. 나는 그 클립을 앨리스에게 넘겨주었다. 그는 그것을 몇 분간 머리 위에 들고 있다가 자기 쪽으로 가져가며 마이크에 대고 말했다. "감사합니다, 카일 씨, 이걸 공짜로 받을 수는 없어요."

나는 주머니에서 오른손을 빼고 "나에게요?"라는 제스처를 취했다.

앨리스는 "네"라고 말하고는 내 뒤를 가리켰다. 주위를 둘러보니 캘리코가 머리 위로 거대한 빨간 풍선을 들고 있었다. 나는 그 큰 풍선을 받아들어 머리 위로 들어올렸다. 훌륭한 거래였다. 거대한 빨간 클립과 거대한 풍선을 맞바꾼 셈이니 말이다. 나는 수천만 명의 관객을 바라보며

기쁨의 미소를 지었다. 심벌즈가 울렸고 리듬이 빨라졌다. 스포트라이트
와 열정적인 분위기로 인해 순간적으로 앞이 보이지 않았다. 나도 모르는
사이 앨리스는 긴 칼을 뽑아들고는 내 등 뒤로 다가왔다. 그는 그 칼로 풍
선을 찔렀다. 풍선이 터져버렸다. 그 안에는 피가 가득 차 있었고, 그 바
람에 앞에 있던 관객석 몇 열이 피로 물들었다. 나는 풍선 터지는 소리에
어리벙벙해져 피가 뚝뚝 떨어지는 팔로 머리를 감쌌다. 주위를 둘러보니
플라스틱 컨테이너에서 쏟아지는 피로 사방에서 소동이 일었다. 나는 맹
렬히 쏟아지는 핏줄기에 온통 뒤덮인 채 무대 반대쪽으로 뛰어 내려갔다.

공연은 11시까지 계속되었다.

관객들은 더 거칠어졌다.

앨리스가 그 거대한 빨간 클립을 머리 위로 들어올리더니 얼굴을 한

번 찡그리고는 관객들에게 내던졌다. 그의 거친 팬들은 마치 그것이 닭이라도 되는 양 조각조각 찢었다.

그것이 그 공연의 피날레를 장식했다.

나는 피범벅이 된 채 무대 뒤에 있었다. 거대한 빨간 클립 조각을 든 남자가 까만 펠트 펜을 가지고 나에게 다가왔다. "사인 좀 해주실래요?"

나는 미소 지었다. "물론이죠." 나는 빨간 클립 조각에 사인을 해서 그 남자에게 돌려주었다.

그는 나에게 감사 인사를 하고는 손에 피가 묻은 채로 호기심 어린 눈으로 나를 쳐다보았다. "이게 무슨 피일까요?"

나는 얼굴에 미소를 띠며 말했다. "물론 닭의 피겠죠."

일주일 후, 나는 몬트리올로 돌아와 앨리스 쿠퍼와의 미팅을 원한다는 제안들을 열심히 읽어보았다. 너무 많은 제안들이 들어와 있어서, 그 모두를 사이트에 올리거나 그 하나하나에 내 의견을 덧붙일 수 없을 지경이었다. 나는 어떻게든 사이트에 모든 제안을 올려놓고 싶었다. 내가 받아들이는 제안을 보고 다른 사람들도 그에 걸맞은 제안을 하도록 말이다.

✉ **카일 씨**

앨리스 쿠퍼와 오후를 함께 보낼 기회와 교환하고 싶은 게 있어요. 우리 아버지는 열렬한 록 팬이에요(보브 앤드 톱의 열혈 팬이죠……. 그 덕에 이 일을 알게되었지요). 아버지의 날, 아버지에게 선물로 주고 싶어요. 앨리스 쿠퍼와 함께 지낼수 있는 기회를 제게 주신다면, 쌩쌩 잘 달리는 1988년형 회색 포드 선더버드를 드릴게요. 비록 연료 계기판(저는 마일리지로 대략 감을 잡는답니다)은 망가졌고 스웨이 바는 연결되지 않으며 어딘가에 기름이 새는 구멍이 있기는 하지만 말입니다. 선더버드와 함께 200달러에 달하는 투퍼웨어(저는 투퍼웨어 컨설턴트입니다)와 집에서 만든 달콤한 쿠키들, 그리고 당신이나 당신이 사랑하는 사람의 이름으로 야생동물보호협회에 50달러를 기부할 용의가 있습니다. 제 제안을 잘 생각해보세요. 아버지에게 앨리스 쿠퍼와 만나볼, 평생에 한 번뿐인 선물을 드리고 싶어요.
레이철

✉ 우리에게 손질이 잘된 1974년형 펌프차가 있으니 앨리스 쿠퍼 건과 맞바꿉시다. 젖은 티셔츠 콘테스트나 맥주 마시기 대회에 딱이랍니다. 습관적으로 음주 운전을 일삼는 이에게도 특히 유용하다오. 경찰이 펌프차를 길가에 불러 세우는 일은 없으니 말입니다. 우리 제안을 숙고해주신다면 감사하겠소.

✉ 카일 씨
앨리스 쿠퍼와의 미팅에 대해 몇 가지 제안이 있어요. 저는 롤렉스 시계 정품을 가지고 있어요. 1980년형으로 스테인리스 재질로 만든 정교한 모델이에요. 아니면 토미 투톤의 "제니(Jenny)"라는 곡으로 꽤 유명해진 전화번호, 514-867-XXXX를 드릴 수도 있어요……. 어쨌든 저는 그 번호를 소유하고 있고, 제니와 이야기를 나누고 싶어 하는 전국의 모든 사람들에게서 전화 세례를 받고 있지요. 관심이 있다면 알려주세요. 잘 지내요.
알렉스

✉ 안녕하세요. 버닝맨 축제 때 일주일간 제 RV(레크리에이션용 차량)를 대여해드릴게요. 에어컨, 샤워 시설, 화장실, 부엌이 갖춰져 있는 9미터짜리 RV입니다. 바람에 흩날리는 플라야 모래와 열기 속에서 일주일을 보내기에 안성맞춤이죠. 타월과 의료용품 등 캠핑에 필요한 모든 것들도 갖추고 있어요. 여기 샌프란시스코에서 이 차를 몰고 가서, 샤워 시설과 플라야 여행에 쓸 골프 카트도 보여드릴게요. 나는 BMIR 라디오 방송국에서 일해요. 그러니 원한다면 내가 저녁 9시부터 10시까지 진행하는 〈섹시 선번 에로틱 음악 쇼〉에 출연

할 수도 있을 겁니다. 약간의 술도 덤으로 드리고 당신의 잡동사니들도 운반해 드리죠. 메일을 읽어주어 감사합니다.

선번 세라

✉ 남부에서 가장 한가롭고 인정 많은 마을인 메리디안 미시시피에 있는 우리 뒷마당에서 6개월간 캠핑할 권리를 제안하고 싶어요. 우리는 내일 이사를 갈 거고 그 집은 현재 내놓은 상태랍니다. 우리는 어여쁜 우리 집 뒷마당에서 6개월간 지낼 권리를 제안하고 싶어요. 그래야 전 세계 모든 사람들이 우리 집을 내놓은 걸 알게 될 테니까요! 그나저나 그 집을 아주 타당한 가격인 9만 9000달러에 내놓았답니다. 캠핑 기간이 끝나기 전에 그 집이 팔릴 경우, 캠핑을 하던 사람은 그레이하운드 트랜스포트 여행의 모든 경비까지 받게 될 겁니다! 캠핑은 엄청 재미있잖아요, 뭘 더 원해요?

이외에도 수십 통이 더 있지만 이탈리아의 억만장자에게서 온 메일은 없었다. 그렇더라도 나는 결정을 내리고 싶었다. 분명 그 펌프차가 가장 돋보였지만, 그 글은 내 블로그에 익명으로 올라가 있어서 나로서는 그 사람과 접촉할 방도가 없었다. 다음으로 남부의 가장 한가롭고 인정 많은 마을에서 캠핑을 하게 해주겠다는 제안이 있었다. 이러니 어떤 결정을 내릴 수 있겠는가? 하지만 처음부터 줄곧 그랬듯이, 내가 관심을 가진 건 물품 자체가 아니라 사람이었다.

나는 앨리스 쿠퍼의 팬과 거래를 하고 싶었다. 앨리스 쿠퍼와의 미팅에 필적하는 거래 제안으로 내가 쉽게 결정을 내릴 수 있도록 내 프로젝트에 진심으로 참여하고 싶다는 순수한 의도를 지닌 누군가가 뿅 하고 나타나면 얼마나 좋을까.

전화벨이 울렸다.

전화를 받았다. 켄터키주의 마크 허먼이었다. 그는 일전에 기타 같은 것을 제안해왔었지만, 정확히 무엇이었는지는 기억나지 않는다. 우리는 잠시 이야기를 나누었다. 그는 정말 좋은 사람인 듯했다. 게다가 그는 앨리스 쿠퍼를 진심으로 만나고 싶어 하는 정통 록 팬이었다. 그는 거래할 수 있는 기타들과 드럼들, 그리고 각종 기념품들을 가지고 있었다. 그러나 나는 앨리스 쿠퍼와의 미팅을 그런 물건과 바꿀 생각은 없었다. 나는 그때까지 그 거래들에 수많은 시간과 노력을 들였다. 나는 좀더 앞으로 나아가고 싶었다. 물론 앨리스 쿠퍼와의 미팅이 어느 정도의 가치를 지니는지는 거래 상대가 얼마나 열정적인 팬이냐에 따라 달라진다. 전 세계 사람들이 매일 나를 지켜보고 있었다. 모든 사람들이 부유한 누군가가 집한 채를 선뜻 제안하기를 바랐고 그런 일을 기대하기도 했다. 모두가 그 빨간 스피도, 즉 이탈리아의 억만장자 복장을 한 누군가가 나서주기를 바랐다. 사람들은 나를 지켜보며 말 그대로 내가 집 한 채를 손에 넣기를 고대하고 있었다. 나는 그들을 좌절시킬 수 없었다. 마크는 그 상황을 이해했다. 대화가 어색해진 순간, 그는 자신이 얼마나 야심 찬 콘서트 사진작가인지 설명해주었다. 그가 앨리스 쿠퍼를 만나 사진 찍을 기회를 갖는다면 그 업계에 '입문할' 방법을 찾게 될지도 몰랐다. 이 거래는 그에게 완벽한 변화를 불러일으킬 수 있었다.

완벽한 변화.

내 머릿속에서 전구가 꺼지더니 굉장히 좋은 생각이 떠올랐다. 완벽

one trip to Yahk one cube van one recording contract one year in Phoenix one afternoon with A

한 변화를 이루어낼 만큼 좋은.

나는 미소를 지으며 말했다. "이봐요, 내 말이 미친 소리처럼 들릴지는 모르겠지만, 혹시 스노 글로브(둥근 유리구를 흔들면 눈가루가 흩날리는 장난감—옮긴이)를 갖고 있나요?"

"흔들면 눈이 내리는 것처럼 보이는 것 말이에요?" 그가 말했다.

"네." 내가 대답했다.

"물론, 스노 글로브는 몇 개 있어요." 그가 말했다.

"정말요?"

"네, 우리 어머니가 〈오페라의 유령〉 스노 글로브를 갖고 있고요, 저도 다른 걸 몇 개 가지고 있답니다."

"얼마나 가지고 있죠?"

"대여섯 개는 될 겁니다." 그는 재빠르게 대답했다. 그런 질문은 흔히 하는 게 아니다. '스노 글로브를 몇 개나 가지고 있느냐니.'

"앨리스 쿠퍼와의 미팅을 당신이 가지고 있는 스노 글로브 하나와 바꾸실래요?"

"네." 그가 대답했다.

나는 몸을 앞으로 숙이며 말했다. "당신이 가지고 있는 스노 글로브 중 가장 좋은 게 뭐죠?"

"가장 좋은 스노 글로브요?" 그가 물었다.

"네, 가장 아끼는 스노 글로브 말입니다." 내가 말했다.

"글쎄요, 굳이 물어보신다면, 제가 가장 아끼는 스노 글로브는……."

one instant party one famous snowmobile one trip to Yahk one cube van one recording contract

당신은 어떤 그림을 그리고 있는가?

사람들은 늘 이렇게 말하곤 한다. "나는 예술가가 아닙니다. 저는 그림을 그릴 줄 몰라요." 하지만 대부분의 예술가들은 그림을 그리는 게 아니다. 그들은 '그림을 아로새긴다.' 종종 사람의 마음속에 말이다. 앨리스 쿠퍼에 관해 생각해보자. 그는 40년 이상이나 사람들의 마음속에 그림을 아로새겼다. 그러나 예술가들만이 사람의 마음속에 그림을 아로새기는 건 아니다. 모든 사람들이 그림을 아로새긴다. 비즈니스에는 '거래의 예술'이라는 말이 있는데, 나는 이 말을 회의 테이블에 막 사인을 끝낸 계약서를 올려두고 하이파이브를 날리는 사람들과 연관짓는다. 비즈니스도 하나의 예술이며, 당신이 비즈니스에 접근하는 방식은 다른 사람들의 마음속에 그림 하나를 아로새긴다. 거리 예술가나 조각가들이 그러하듯이 말이다. 우리 각각은 나름의 스타일을 지니고 있다. 공격적인 방식, 수동적인 방식, 내밀한 방식, 현명한 방식, 창의적인 방식 등. 이 모두가 주어진 상황을 바꾸어놓는다. 당신의 접근방식과 당신이 아로새길 그림은 다른 사람들이 당신에게 접근하는 방식에 영향을 미치고, 이는 다시 당신이 다음으로 무엇을 할지에 영향을 미친다. 물론 단두대 같은 잔인한 것을 즐기는 사람들과 함께 공연을 준비하고 환호하는 수천 명의 팬들 앞에서 로큰롤을 부르는 것은, 이견의 여지는 있지만, 미술 시간에 원근법과 명암에 관해 배우거나 손에 서류 가방을 들고 양복을 차려입는 것보다 좀더 재미있다. 하지만 다시 생각해보면, 그 모든 건 인식하기 나름이다. 그리고 명암을 어떻게 찍느냐의 문제일지도 모른다.

우리가 지금 당연하게 여기는 모든 것들도 한때는
그저 하나의 아이디어에 불과했다

한 번 생각해보라. 전기, 컴퓨터, 바퀴, 집. 이 모든 것. 언어, 단어, 책. 책에 어떤 '느낌'을 담기 위해 이야기와 다소 관련이 있어 보이면서도 사실은 주의를 빗나가게 하는 섹션을 따로 두는 것도 마찬가지다(여기에는 때로 혼란을, 때로 싸구려 웃음을 주기 위한 미묘한 문장들이 실린다). 일찍이 이 모든 것들은 아이디어에 지나지 않았다. 당신이 무언가를 상상할 수 있다면, 그것은 현실이 될 수 있다. 무엇을 상상하고 있는가? 어떻게 실현시킬 것인가?

키스 스노 글로브 한 개

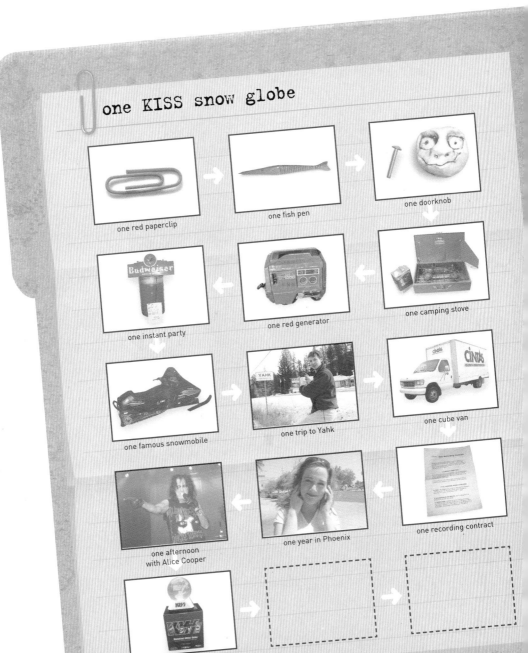

one KISS snow globe

one red paperclip → one fish pen → one doorknob

one instant party ← one red generator ← one camping stove

one famous snowmobile → one trip to Yahk → one cube van

one afternoon with Alice Cooper ← one year in Phoenix ← one recording contract

one KISS snow globe →

그것은 그저 평범하고 낡은, 록그룹 키스의 스노 글로브가 아니었다. 결코 그렇지 않다. 그것은 '속도 변경' 다이얼이 달린 반짝이는 전기 스노 글로브였다.

'속도 변경 다이얼'이 달렸다니.

당시의 흥분은 형언이 불가능할 정도였다.

일주일 뒤, 나는 켄터키주 빌라 힐스에 위치한 마크의 집 현관에 서 있었다. 나는 아버지와 에비앙, 블레이고(테이블 샥스를 개발해낸 열정적인 과학자 겸 기술자)와 함께 그곳에 갔다. 우리는 시카고에서 박람회를 마치고, 인디애나폴리스를 향해 남쪽으로 세 시간 동안 차를 몰았다. 그리고 그곳에서 하룻밤 묵은 뒤 신시내티 남쪽에 있는 마크의 집을 향해 두 시간가량 운전했다. 마크는 우리를 집 안으로 맞아주었다. 다소 긴장한 모습이었다.

그와 나는 지난 한두 주 동안 전화로 몇 번 이야기를 나누었지만, 아버지와 에비앙, 그리고 블레이고는 그와 한 번도 통화를 해본 적이 없었다. 분명 전화로 이야기를 나누는 것보다는 네 명의 실제 인물들을 집 안에 들이는 것이 약간 더 위압감을 줄 것이다. 그러니 그가 긴장할 만도 했다. 하지만 마크는 방범을 위해 개를 키우고 있었다. 베어라는 이름의 개였다.

베어는 사실 작고 하얀 강아지였지만, 그 이름 때문에 우리는 약간 주춤했다. 나는 "곰이 지키는 집"이라고 적힌 앞마당의 표지판이 참으로 유머러스하면서도 효과적이라고 생각했다. 베어의 실체를 안다면 말이다.

마크는 강아지의 이름에 담긴 사연을 말해주었다. "이 강아지가 처음

one trip to Yahk one cube van one recording contract one year in Phoenix one afternoon with A

이 집에 왔을 때, 콜라 광고에 나오는 북극곰과 꽤 닮아보였어요. 그래서 베어라는 이름을 붙여주었죠." 쉽게 납득이 갔다.

나는 손을 뻗어 강아지의 머리를 조심스레 쓰다듬었다. 강아지는 곧바로 긴장을 풀고는 곁눈으로 슬쩍 나를 보더니 내 손가락을 핥았다. 베어라는 이름은 단지 눈가림일 뿐이었다. 베어는 '인형' 같았다.

마크의 집은 중세풍의 박물관 같았다. 포푸리 향기가 실내에 가득했다. 거실의 카펫은 일정한 방향으로 가지런히 빗질이 되어 있었다. 자그마한 흰색 도자기로 된 곰 모양의 강아지들이 곳곳에 장식되어 있었다. 그중 하나는 뒷다리를 공중에 들고 커피 테이블의 다리에 소변을 보고 있는 모습이었다. 그 집 안의 모든 것이 흥미로웠다. 전화로 그와 대화를 나누면서 나는 그를 털털하다고 생각했다. 카펫을 가지런히 빗질하거나 변기에 푹신한 분홍색 커버를 씌워 화장실을 분홍빛으로 꾸며놓고는 그 안에 버들가지 바구니까지 준비해 포푸리를 넣어두리라고는 생각도 못했다. 그것도 하드록 팬이 말이다. 걱정이 되었다. 나는 주위를 둘러보면서 긴장된 목소리로 물었다. "그러니까, 이게 당신 집이에요?"

마크는 재미있다는 듯 말했다. "아, 이곳이요? 여기는 내 부모님 집이에요. 저는 그저 식구들 대신 집을 지키고 있을 뿐이고요. 저는 아파트에 따로 살아요. 제 집은 마치 키스의 소장품을 진열해놓은 박물관 같지요."

나는 그게 사실이기를 바랐다.

마크는 페이스 페인트를 하고 있지 않았지만 나는 그가 페이스 페인트를 하고 다닐지도 모른다고 생각했다. 그는 키스의 팬인 듯했다. 짧은

one instant party one famous snowmobile one trip to Yahk one cube van one recording contract

구레나룻, 멋지게 손질한 머리 등이 그런 분위기를 풍겼다. 그는 음악을 즐겨 듣는 남자 같았다. 분명 포푸리나 챙길 남자는 아니었다. 하지만 다시 생각해보니, 아무도 모를 일이었다.

마크는 전직 DJ 겸 라디오 프로듀서였다. 그는 콘서트 사진을 찍어 록 잡지에 싣는 일을 하고 싶어 했다. 앨리스 쿠퍼와의 미팅은 그러한 일이 실현되도록 도와줄 것이다.

우리는 스티로폼이 가득 든 박스에서 키스 스노 글로브를 꺼내 플러그를 꽂았다. 마크가 스위치를 켜자 곧바로 빛을 발했다. 내가 속도 변경 다이얼을 돌리자 반짝이는 조각들이 소용돌이치기 시작했다. 최고였다. 나는 속도 변경 다이얼을 가리키며 물었다. "속도를 바꿔봐도 되나요?"

마크가 고개를 끄덕였다.

나는 그 다이얼을 돌렸다. 모터가 좀더 빠르게 돌아가기 시작했다. 반짝이는 조각들이 토네이도처럼 소용돌이쳤다. 조명 빛도 바뀌었다.

속도 변경 다이얼은 내가 상상했던 것보다 더 굉장했다.

우리는 그 스노 글로브에서 눈을 뗄 수가 없었다.

나는 블레이고 쪽을 쳐다보면서 물었다. "어떻게 생각해?"

반짝이며 소용돌이치는 구에 시선을 고정한 채로, 블레이고가 미소를 지었다. "좋은데."

우리는 박스에 키스 스노 글로브를 조심스레 포장해 뒷마당으로 나왔다. 마크와 나는 잔디 위에 서서 악수하는 사진을 찍기 위해 포즈를 취했다. 아버지는 카메라의 버튼을 누르고는 마크 쪽을 보며 이렇게 말했다.

"신시내티가 켄터키주에 있는 줄은 몰랐어요."

마크가 말했다. "네, 저는 신시내티 공항에서 일했었는데, 그게 켄터키주에 있거든요. 사람들은 그 공항에 내려서 이렇게 말하곤 하죠. '신시내티는 오하이오주에 있는 줄 알았는데.' 그러면 저는 항상 이렇게 대꾸하곤 했죠. '몰랐어요? 옮겼잖아요.'"

모두 한바탕 웃었다. 우리도 신시내티가 켄터키주로 옮긴 것을 몰랐다. 실제로 도시를 이전하는 건 상상도 못할 엄청난 작업일 것이다.

우리는 웹사이트에 올릴 비디오를 찍기 위해 우리의 렌터카 앞으로 나왔다. 마크와 나는 한 번 더 악수를 나누었지만, 이번에는 그가 개구쟁이 같은 미소를 지으며 카메라를 똑바로 쳐다보고 말했다. "이제 그만합시다, 멋진 양반."

훌륭한 거래였다. 앨리스 쿠퍼와의 미팅을 속도 변경 다이얼이 달린 키스 스노 글로브와 교환했다. 나는 옳은 거래를 했다고 확신했다.

다음날, 우리는 인디 500(4킬로미터의 트랙을 시속 350킬로미터 이상의 속도로 200

바퀴 도는 초고속 자동차 경주—옮긴이)을 '준비하기' 위해 인디애나폴리스의 호텔 방으로 돌아왔다. 나는 노트북을 꺼내 블로그 포스트를 작성했다. 남동 생 스콧이 내가 묵고 있는 호텔에 도착했다. 나는 그에게 마크와의 거래 에 관해 이야기해주었다. 그는 알 수 없다는 표정으로 나를 빤히 쳐다보 더니 되물었다. "뭘 했다고?"

"앨리스 쿠퍼와의 미팅을 키스 스노 글로브랑 바꿨다고."

"뭐라고, 뭘 했다고?"

나는 키스 스노 글로브를 공중에 들어올리고는 미소를 지으며 말했 다. "이 키스 스노 글로브로 바꿨다고. 있잖니, 여기에 속도 변경 다이얼 도 달려 있어."

그는 나를 째려보았다. "난 형을 잘 알아. 뭔가 꿍꿍이가 있는 거군."

"너한테만 작은 비밀을 하나 말해줄게."

모든 것을 털어놓자 스콧이 미소를 지으며 말했다. "내가 여기에서 그 말을 듣지 못했다면 필경 나는 '대체 무슨 짓거리를 하고 있는 거야'라 고 생각했을 거야."

나는 잠시 생각에 잠겼다가 말했다. "그래, 그게 바로 핵심이야. 이 거 래에 관해 사람들이 어떻게 생각할지 궁금하거든. 결국엔 모든 게 잘될 거야. 나를 믿어."

"지금이야 믿지. 하지만 방금 전 형이 말해준 걸 모르는 사람들은 형 을 믿지 않을 거야."

"두고 보면 알게 될 거야." 내가 말했다.

동생은 아버지의 컴퓨터를 가져와 마크와의 거래를 알린 내 블로그 포스트를 읽었다. 그는 그 포스트에 달린 댓글들을 가리키며 말했다. "만약 이 일에 관해 책을 한 권 쓸 생각이라면 그리 어렵진 않겠어. 사람들이 기막혀하고 있어. 아예 형 대신 그 사람들이 책을 한 권 쓰고 있네."

나는 컴퓨터로 다가갔다. "어디, 좀 보자."

✉ 내 안의 무언가가 죽어버린 느낌이에요. 나는 지난 몇 달간 계속 지켜보며, 정기적으로 이 웹사이트를 확인하고 있었어요. 나는 당신이 지금까지 해왔던 모든 일에 무척 깊은 감명을 받았어요. 지금 집을 한 채 얻겠다는 겁니까, 아니면 그저 거래 상대에게 터무니없는 행복을 안겨주려고 안달이 났나요? 그것도 아니면 5월에 난데없이 4월의 만우절 농담 따위를 하고 있나요? 당신도 이미 알겠지만, 그 키스 스노 글로브는 이베이에서 50달러도 안 되는 가격에 팔린다고요.
익명

✉ 이건 내가 지금껏 들어본 것 중에 최악의 거래군요. 단연코 최악이에요.
제러드

✉ 살다 살다 이렇게 바보 같은 결정은 처음 보네요. 〈제리 스프링거〉에 나왔던 사람들을 제외한다면 말이죠. 그들은 항상 멍청한 결정을 내리곤 하니까요.
익명

✉ 세상에, 지금 당장 스스로 한 대 쥐어박으시죠. 세게 한 방 제대로 날렸으면 좋겠네요. 내 생각에 당신은 애당초 피닉스에서의 일 년간 무료 임대권(그것은 부동산 쪽으로 진입하는 입구였어요)을 유명 인사와의 미팅 같은 상대적 가치를 지닌 것과 거래하지 말았어야 했어요. 결국 지금 당신이 뭘 갖게 되었는지 한 번 보세요…… 그 말도 안 되는 아이스 글로브(???)인지 뭔지 한 번

one instant party one famous snowmobile one trip to Yahk one cube van one recording contract

보시라고요. 당신의 끝없는 희망과 낙천주의에 재를 뿌릴 의도는 없지만, 우리 집에서 두 블록 떨어진 가게에서는 그런 유리구를 40달러에 팔고 있다고요. 나라면 그런 유리구를 문손잡이와도 바꾸지 않았을 겁니다. 당신의 빨간 클립이 흐느끼는 소리가 여기까지 들려오는 듯하네요. 그저 '세상에'라는 말밖엔 할 말이 없군요. 이렇게 허무할 수가. 빨간 클립에게 정말로 슬픈 날입니다.
익명

✉ 인간이라면 누구나 한 번은 저지르게 마련인 가장 멍청한 실수를 범했다는 생각이 드는군요. 당신은 차라리 불자동차나 TV/음향 시스템 쪽으로 결정을 했어야 합니다. 뭐든 이베이에서 50달러 이상의 가치는 있을 테니 말이죠. 당신은 정말이지 당신을 계속 지켜보던 모든 사람들을 완전히 실망시켰다고요.
익명

✉ 스노 글로브랑 바꿨다고요?! 아이고오!!!!!!! 내가 그 거지 같은 키스 스노 글로브보다 더 나은 걸 제안할 수 있었는데! 앨리스와의 미팅을 손에 쥘 수 있었는데…… 울다 지쳐 홀로 잠들기 위해 구석진 곳으로 가렵니다. 아흑!
동물원소녀

✉ 뭔 짓을 했다고요?
익명

✉ 당신에 대한 신뢰와 당신의 능력에 대한 믿음을 방금 전에 깡그리 잊었습니다. 저는 그 키스 글로브보다 더 값나가는 인형 집을 갖고 있어요. 앨리스와 같이 있는 동안 대체 얼마나 취한 겁니까?
익명

✉ 다른 많은 사람들처럼 저도 이건 실수라고 생각해요. 한 발짝 제대로 뒤로 물러나셨군요. 애당초 앨리스 쿠퍼 건부터가 위험한 짓이었지만, 그건 가능성이라도 있었죠……. 하지만 이제는 스노 글로브라고요??? 몇몇은 여전히 당신

을 믿겠지만, 저는 앨리스 쿠퍼 이후에 확신을 가질 수 없었어요……. 그리고
이번 건으로 당신에 대한 내 믿음이 완벽히 산산조각 나버렸습니다. 다 망쳐놓
았잖아요. 깨져버렸다고요. 완벽히 사라졌어요. 하지만 당신을 위해…… 건식
벽체 한 통과 그 스노 글로브를 바꿔드리죠. 아마 당신이 직접 집 한 채는 지
을 수 있을 겁니다.
익명

나는 스콧을 쳐다보았다. "그래, 네 말이 맞네. 내가 책을 한 권 쓰게
된다면, 이런 댓글들 덕분에 쓸 얘긴 많겠다."

"그것 말고도 댓글이 많이 붙었어. 읽고 싶어?" 동생이 물었다.

나는 의자를 끌어와 다리를 테이블 위에 올렸다. "비슷한 얘기지?"

✉ 미쳤군요……. 아니, 피닉스에서의 일 년간 무료 임대권은 훌륭했어요. 그
거라면 저렴한 집 한 채는 손에 넣었을 텐데요. 앨리스 쿠퍼와의 미팅도, 어딘
가에는 열혈 팬이 있을지도 모르니까요. 하지만 스노 글로브라니??? 정말 미
쳐서 세상을 완전히 외면하려는 거군요. 당신은 지금 모든 걸 날려버렸다고요.
익명

✉ 관심을 좀더 끌어보려고 무모한 짓을 저지르고 말았군.
익명

✉ 15분 정도는 유명세를 떨치겠군요……. 그 초라한 거래 이후 더 이상 당
신 사이트를 지켜보지 않기로 했습니다. 나는 당신이 집 한 채를 얻게 되기를
진심으로 바랐지만, 이제 보니 당신은 그저 사람들의 관심을 끄는 게 목적이었
던 것 같네요. 당신이 나를 재미있게 해줄 무언가를 얻었다면 내 집들 중 한
채를 줄 수도 있었는데……!
익명

✉ 지금까지의 거래 중 최악의 거래군.
익명

✉ 스노 글로브라니! 뭔 소립니까??? 그 거래의 진상을 파악하느라 내 머리가 지끈거리는군요……. 당신의 라디오 인터뷰를 들은 이후 나는 매주 한 번씩 꼬박꼬박 이 사이트를 방문했어요. 당신이 지금의 실수를 만회하려면 상당한 시간이 걸릴 게 뻔하니, 내가 다시 이 사이트에 들르려면 꽤 시간이 흘러야겠군요. 나는 여전히 이 글로브에 관해 우리 모두가 아직 모르는 무언가가 있을지도 모른다고 생각합니다. 어쩌면 이 글로브와 관련한 당신의 결정에 대해 우리 모두가 오해를 하고 있는 건 아닌지 늦기 전에 다시 한 번 확인해봐야겠네요.
마크

✉ 멍청이 같으니라고.
리안

✉ 왜, 도대체 왜 나는 아무거나 제안해볼 생각을 하지 못했단 말인가????? 당신은 내 물건에 관심을 가졌을 텐데! 아아아아아아아!
익명

하지만 모든 댓글이 좌절감을 담고 있진 않았다. 몇몇 사람들은 키스 스노 글로브를 긍정적으로 보았다.

✉ 저도 스노 글로브로 바꾼 건 후퇴라고 생각하지만, 당신이 다른 사람들의 꿈을 실현하는 데 도움을 준 것은 높이 평가합니다. 언젠가 당신이 사막에서 갈증으로 죽어가는 사람에 관해 들려주었듯이 말이죠. 그런 사람들에게 더 소중한 게 무엇이겠습니까??? 100만 달러일까요, 아니면 한 잔의 물일까요? 당신은 앨리스 쿠퍼와의 미팅을 더 나은 제안을 해오는 평범한 팬과 거래할 수도 있었어요. 하지만 그 대신, 당신이 택한 사람은 로큰롤 사진작가가 되고 싶

어 하는 음악 팬이었죠. 그에게는 앨리스와의 미팅이 훨씬 더 의미가 있을 겁니다. 만약 클립 한 개로 집 한 채를 얻는 게 쉽거나 빨리 끝낼 수 있는 일이었다면, 모든 사람들이 이 일에 뛰어들었겠지요. 당신에게는 목적지가 아닌, 그곳에 이르는 여정이 중요합니다. 그 훌륭한 일을 계속해나가시길! 행운을 빕니다.

브리타니

✉ 안녕하세요, 카일 씨!
키스 스노 글로브 건으로 수많은 사람들이 부정적인 의견을 달고 있는 듯하네요. 그런 사람들은 아마 당신이 빨간 클립 한 개로 집 한 채를 얻겠다는 아이디어를 처음 내놓았을 때 당신을 조롱했던 사람들일 겁니다. 나는 '브라보'라고 말해주고 싶네요! 훌륭한 모든 아이디어들은 칭찬을 받아야 하며, 당신은 정말로 훌륭한 아이디어를 가지고 있어요. 꿈의 집을 얻기 위한 모험을 계속 해나가시길 바랍니다. 항상 당신을 응원할게요.

케이프브레턴에서 샘

✉ 카일 씨
제 생각에 당신 '팬들' 대부분이 요점을 놓치고 있는 듯하네요. 이건 단순히 집 한 채를 얻겠다는 게 아니잖아요. 집 한 채를 얻기까지의 여정이 중요한 거지요. 우리는 그저 당신의 여정을 계속 지켜볼 뿐이죠. 저는 훌륭한 여행이 A지점에서 B지점으로 곧장 이어지는 경우를 본 적이 없어요. 당신은 가던 길을 멈추고 장미향을 음미하기도 하고, 전 세계에서 가장 큰 부활절 달걀을 보기도 하겠지요. 종국에는 집 한 채를 얻겠지만, 그 집으로 가는 과정을 즐길 수 없다면, 굳이 길을 떠날 필요가 있을까요? 힘내세요.

제이

✉ 반대하는 사람들 때문에 의기소침해지지 말아요!
익명

✉ '그게 이베이에서 얼마인지'와 그것의 진정한 가치를 동일시하는 건 전혀 옳지 않아요. 물론 우리가 이 거래들 각각의 금전적 가치를 계산한다면, 둘 중 하나는 손해를 보았을 겁니다. 그렇다면 그들은 왜 거래를 했을까요? 당신은 이미 잘 알고 있어요. 돈은 거래 물품들을 판단하는 유일한, 혹은 심지어 최선의 기준이 아니라는 사실을요.
에이브

나는 댓글들을 전부 읽었다. 사람들이 무슨 생각을 하는지 알고 나니 놀라웠다. 인디애나폴리스에서 보낸 주말 내내, 나는 격한 댓글들을 꾸준히 지켜보았고, 800여 킬로미터의 거리를 질주하는 경주용 자동차들을 구경했다. 그리고 다시 몬트리올행 비행기를 타고 집으로 돌아왔다.

집에 돌아와서 내가 "상어에게 뛰어들었다고" 했던 댓글에 답변을 달았다. 나는 내 블로그에 동영상을 올렸다. 나는 일명 '상어'라 불리는 호주의 대표적인 골프 선수 그레그 노먼의 사진도 올렸다. 그가 '상어가 몰려드는' 물로 뛰어드는 장면이었다. 만약 사람들이 내가 상어에게 뛰어들었다고 말한다면, 차라리 내가 정말로 상어에게 뛰어드는 게 나았다. 나는 또한 〈해피 데이스(Happy Days: 1970년대에 미국에서 엄청난 인기를 끌었던 코미디물—옮긴이)〉 한 편도 링크시켰다. 그 에피소드는 가죽 재킷 차림의 폰즈가 상어 한 마리를 뛰어넘어 수상스키를 타는 내용이었다. "상어에게 뛰어들다(jump the shark: 어떤 사람이나 물건이 최상의 상태를 이미 지났음에도 불구하고 다시 그 명성을 얻으려고 터무니없는 생각을 제안하는 경우를 말한다—옮긴이)"라는 관용구가 탄생된 배경도 덧붙여놓았다. 즉 몇몇 사람들이 내가 빨간 클립 한 개로 집한 채를 얻으려는 시도로 세간의 관심을 끌고 싶어 한다고 말했듯이……

one trip to Yahk one cube van one recording contact one year in Phoenix one afternoon with Alice Cooper in Phoenix one afternoon with Ali

열세 번째 거래 >>> 키스 스노 글로브 한 개 | **277**

극작가들이 시리즈를 연장하기 위해 터무니없는 스토리라인을 생각해내는 바로 그 순간에 대해서도 설명해놓았다.

　이런 일들이 벌어지는 동안에도 스노 글로브에 대한 제안들이 속속 도착하기 시작했다.

✉ 나는 당신의 아이디어에 편승하려는 사람입니다. 나는 크리비지(crib bage: 2~4명이 하는 카드 놀이의 일종—옮긴이) 게임에서 10점을 내주고 바나나 하나를 얻었어요. 그러고는 그 바나나를 스크루드라이버와 맞바꾸었고, 그것을 다시 수프 한 캔과 교환했지요. 그리고 그 수프 캔을 믹싱 콘솔에 부착된 전구와 맞바꿨어요. 그 전구는 마이크로폰과 교환했고, 그러고 나서 그것을 더 좋은 마이크(오디오 테크니카 MB4K 미드나이트 블루스 콘덴서 마이크)와 바꿨지요. 나는 이 마이크를 당신의 스노 글로브와 교환하고 싶어요.

✉ 다음 중에서 제안하려 합니다.
사인이 되어 있는, 슈퍼 데이브 오즈번 공연 티켓 한 장.
사용하지 않았으며, 거의 새것과 다름없는 야구장 티켓들: 엑시비션 플레이스에서 열렸던 첫 번째 경기(1977년)와 같은 곳에서 열렸던 마지막 경기(1988년) 티켓.
한정판 콜라캔 수집품(캔은 비어 있음. 전 세계 약 30개국—일본, 뉴질랜드, 스페인—의 콜라캔임. 물론 캐나다의 하키 팀들과 블루 제이스의 1994년도 월드 시리즈 캔도 있음).
혹은 위의 모든 것들.

✉ 안녕하세요, 카일 씨
제 이름은 데이브 르루이고 은퇴한 영화배우입니다. 제가 제안할 것은 금전상으로 큰 가치는 없지만, 나와 거래를 함으로써 당신이 얻는 홍보 효과는 값을 매기지 못할 정도로 클 겁니다! 저는 〈MVP 2(Most Verticle Primate 2)〉, 〈슬랩샷 2(Slapshot 2)〉, 〈에어버드 4(Airbud 4: 7th Inning Fetch)〉를 포함해 히트를

one instant party one famous snowmobile one trip to Yahk one cube van one recording contract

친 수많은 블록버스터에 출연했습니다. 〈MVP 2〉와 〈슬랩샷 2〉의 오리지널 DVD와 당신의 스노 글로브를 맞바꾸고 싶어요. 나는 키스의 엄청난 팬입니다. 내 제안을 잘 생각해보길 바라요. 그 DVD에 사인도 해드릴게요! 내가 누구보다도 열렬한 키스 팬이라는 사실을 입증할 사진도 첨부합니다. 사진 속에서 '싱가포르' 티셔츠를 입고 있는 게 바로 접니다.
데이브 르루

훌륭한 제안들이었지만, 키스 스노 글로브의 신비한 속도 변경 다이얼에 필적할 만한 것들은 아니었다. 나는 블로그에 달린 댓글들을 모조리 읽다가 다음 글을 발견했다.

✉ 안녕하시오, 카일 씨
저는 몬트리올의 쥘이라고 합니다……. 몇 주 전 늦게까지 깨어 있다가 GSN에서 방영된 〈나에게는 비밀이 하나 있다〉라는 제목의 TV 쇼를 보게 되었죠. 그 쇼에 코빈 번슨이 초대되었는데, 그의 비밀은…… 그가 스노 글로브의 열렬한 수집가라는 것이었어요!!!!!!!!!!!!!! 그냥 그렇다는 사실을 알려주어야겠다는 생각에 메일 보내요. 기운 내시고 모든 여정에 행운이 함께하길 바랍니다.
쥘

몬트리올의 쥘이 달아놓은 댓글을 보고, 블로그에 다음과 같은 거래 제안을 올려놓는 게 안전하겠다는 생각이 들었다.

✉ 안녕하세요, 카일 씨
지난달에 KROQ에서 당신의 프로젝트에 관해 들었습니다. 사실 저는 피닉스에서의 일 년간의 무료 임대권이나 앨리스 쿠퍼와의 미팅을 이용할 일이 없어요. 하지만 당신이 그 반짝이는 글로브를 손에 넣었다는 사실을 알고 가던 길을 멈췄지요. 저는 꽤 오랫동안 스노 글로브를 수집해왔고, 당신의 스노 글로브는 내 수집 목록에 절실히 필요합니다. 저는 그 키스 스노 글로브를 진심으로 원할 뿐 아니라, 그것을 필요로 합니다! [참고로, 이런 식으로 말하면 얼간이처럼 들릴지도 모르겠지만, 저는 영화 〈엘에이 로(LA Law)〉와 〈메이저리그〉에 출연했던 영화배우입니다—확신하건대 이 영화들은 '아니 베커(〈엘에이 로〉에서 코빈 번슨이 맡았던 역—옮긴이)와 로저 돈(〈메이저리그〉에서 코빈 번슨이 맡았던 역—옮긴이), 이곳에 잠들다'라는 묘비명과 함께 역사의 뒤안길로 사라질 겁니다.] 저는 제 회사 퍼블릭 미디어 워크스(Public Media Works)에서 최근 영화를 제작하면서 활동 영역을 바꿨지요. 우리는 작년에 〈카풀 가이(Carpool Guy)〉라는 첫 번째 영화를 완성했습니다. 우리 회사는 특히 팬들을 염두에 두고 영화를 만들어요. 이 영화는 드라마 팬을 위해 만들었습니다. 제가 그 스노 글로브와 곧 개봉될 〈도나 온 디맨드(Donna on Demand)〉의 배역을 맞바꾸고 싶습니다. 여기에 덧붙여 전 세계 어디서든 영화 촬영지까지 올 수 있는 왕복 항공 티켓도 드릴 수 있으며 머무는 기간 동안 숙박과 식사 등의 편의도 제공할게요. 당신과 그 영화 출연권을 거래하게 될 사람이 만일 영화 속 그 배역의 캐릭터와 잘 맞지 않을 경우, 그 사람에게 맞춘 새로운 배역을 영화에 넣도록 할게요. 또한 우리가 속한 영화 조합들이 합의한 수당도 줄 예정입니다……. 자, 이렇게 영화 출연권(내년에 개봉될 예정)을 내놓겠습니다. 이것이 당신의 행보에 몇 가지 변화를 불러일으키기를 희망합니다. 집을 향한 전진이든 현재에서의 수평 이동이든 말이죠.

코빈 번슨, 퍼블릭 미디어 워크스 대표

이 글을 올린 뒤 나는 "카일이 보내는 특별한 메시지"라는 제목의 글을 써내려갔다.

여러분, 〈해피 데이스〉에서 상어에 뛰어드는 폰즈의 멋진 모습을 보셨나요? 최고의 장면은 결국 그가 그 곡예를 마치고 해변에 닿는 장면이죠. 폰즈는 굉장히 멋집니다. "상어에게 뛰어들다"라는 말을 탄생시킨 오리지널 〈점프 더 샤크〉를 보지 못했다면, 여기에서 그것을 확인해보세요. [〈점프 더 샤크〉를 클릭하면 화면이 넘어갑니다.] 이제 상황을 180도 돌려놓아야 할 때가 된 듯합니다. 만약 키스 스노 글로브에 대한 현재의 제안들과 거기에 달린 댓글들을 샅샅이 살펴보고 잠시만 생각해본다면, 확신하건대 당신은 내가 다음으로 거래하게 될 사람이 누구인지 금세 파악할 수 있을 겁니다. 사실 나는 약 한 달 전에 하나의 제안으로서 그 아이템을 입수했지만, 당시에는 실질적으로 그 사람을 끌어들일 만한 게 아무것도 없었습니다. 그런 이유로 나는 그 혹은 그녀와 거래를 할 거라고 결코 장담할 수 없었죠(그래요. 그게 누구인지 당신이 알아서 추측해보세요). 나는 절대로 스노 글로브를 찾아 헤맨 적이 없으며, 열흘 전에 마크 허먼이 전화를 걸어왔을 때, 그가 스노 글로브를 가지고 있다는 사실을 알기 전까지는 사실 아무 생각도 못했습니다. 그게 마침 키스 스노 글로브였다는 게 그저 금상첨화였지요. 마크가 전화를 걸어오기 전까지 나는 말 그대로 앨리스 쿠퍼와의 미팅을 누구와 거래하게 될지 전혀 알지 못했습니다. 스노 글로브 건을 통해 나는 '퇴보적' 거래를 하게 될 경우 어떤 일이 일어날지도 알고 싶었습니다. 즉 사람들이 어떻게 반응할지 확인해보고 싶었던 거죠. 사람들의 반응을 보면서 나는 이 프로젝트가 돈이 아니라 사람과 관련된 것임을 이해하지 못하는 사람들이 상당히 많다는 사실을 분명히 알게 되었습니다. 마크 허먼은 나에게 전화를 걸어 앨리스 쿠퍼와의 미팅이 자신에게 왜 그토록 중요한지, 그리고 그것이 자신의 삶을 어떻게 개선시켜줄지를 말해준 '유일한' 사람이었습니다. 그는 자신이 얼마나 열정적인 콘서트 사진작가인지, 그리고 앨리스 쿠퍼와 시간을 보낼 수 있다면 그것이 자기 꿈을 좇는 데 어떤 역할을 할지 설명했죠. 그는 적절한 거래 아이템을 지니고 있었고(이 경우엔 놀랍게도), 적절한 시점에 적당한 장소에 있었기에 행운을 거머쥐었던 겁니다. 그는 그저 소파에 걸터앉아 행운이 오기를 기다리기만 했던 게 아니었어요—그는 전화를 걸었죠. 그는 이 게임에 동참했어요. 물론 '적당한 장소, 적절한 시점, 적절한 거래 물품'이라는 삼박자가 척척 맞아떨어지는 환상적인 경우도 있을 수 있겠지만, 그것이 실현되려면 무언가를 가지고 적절한 장소에 가서 적절한 시점을 기다려야 합니다. 저는 진심으로 저를 깊이 되돌아볼 수 있는 교훈을 얻었습니다. 이러한 교훈이 인생 자체에 대한 훌륭한 상징이라고도 할 수 있을 테지만, 그보다는 이

교훈을 좀더 잘 대변해줄 수 있을 법한 대릴 스트로베리(미국의 농구선수, 1980년 대 뉴욕 메츠에 입단해 1999년까지 뉴욕 양키스에서 뛰었다—옮긴이)에 관련된 일화를 들려드리고자 합니다. 어린 시절 나는 야구 카드를 모았고 〈베킷 먼슬리 (Beckett Monthly)〉를 꼬박꼬박 챙겨 읽었죠. 우리 또래 아이들은 거의 모두 그러곤 했어요. 나는 늘 잡지를 들자마자 곧장 맨 뒤를 펼쳐들고, 내가 가지고 있던 1986년도 대릴 스트로베리 톱스 카드의 현 시가가 얼마인지 확인해보았어요. 제가 그걸 팔았을까요? 절대 아닙니다. 그렇다면 펜과 맞바꾸거나 향후 횡재를 가져다줄 만한 무언가와 바꾸었을까요? 절대 아닙니다—심지어 나는 복권에 당첨되어본 적도 한 번 없습니다. 복권을 사는 건 좋아하지만요. 나는 그저 바위처럼 딱딱한 껌을 씹으며 그 카드의 '가치'였던 5달러로 무엇을 살 수 있을지 상상하곤 했습니다 (완전히 새로운 것)—그래서 그것은 내가 마음속으로 생각하는 것만큼의 가치만을 지녔죠. 나는 그 이후로 그 카드를 완전히 잊고 지냈고, 지금까지도 복권에 당첨되어본 적이 없습니다. 어떤 복권이든 말이죠.

이 프로젝트에 담긴 내 메시지는 이렇습니다. 무엇이든 누군가가 당신에게 주려고 하는 만큼만 가치가 있다는 사실입니다. 한 걸음 더 나아가 그저 책상 위에 놓여 있는 하찮고 조그마한 '빨간 클립 한 개'는 절대 어떤 일도 일으킬 수 없을 것입니다. 그 클립이 댄 글래든, 오일 캔 보이드, 애틀리 해메이커, 랜스 멀리닉스를 포함한 중요한 카드 뭉치를 한데 묶어두는 영광을 얻게 될 경우를 제외한다면 말이죠. 이 프로젝트를 시작한 뒤로 내가 집 한 채도 얻고 사람들도 도울 수 있다는 사실을 깨닫는 데는 그리 오랜 시간이 걸리지 않았습니다. 이것이 바로 제가 하려는 일입니다. 나는 매일 '빨간 클립 한 개'의 추이를 지켜보는 전 세계 사람들의 엄청난 숫자에 깜짝 놀랐습니다. 어딘가에는 내 사이트를 나보다 더 많이 방문하는 사람들이 있을 거라는 생각도 듭니다. 그건 근사한 경험이었지만, 가장 중요한 일은 이 일과 관련된 모든 사람들도 근사했다는 점입니다. 이 일을 시작한 지 얼마 되지 않았을 때 나는 내가 조합한 단어인 펀텐셜을 소개했습니다. ORP(빨간 클립 한 개)는 펀텐셜의 잠재력을 충족시켰고 그 이상을 해냈지만, 아직은 최상으로 실현된 것은 아닙니다. '즉석 파티 세트'를 거래했던 날로 되돌아가, 당시 나는 또 다른 단어 '퓨리어시티'를 만들었죠. 퓨리어시티는 분노/놀람/호기심/

불명확한 자극의 드문 조합이라고 할 수 있는데, 내가 앨리스 쿠퍼와의 미팅을 키스 스노 글로브와 맞바꾸던 시점에 처음으로 이 단어에 필적한 만한 일이 실제로 일어났다고 할 수 있습니다. 그래요. 어쩌면 퓨리어시티의 정의가 최대한 멀리 전파될수록 그게 제 몫을 톡톡히 해내게 될 거라고 생각합니다. 어쨌든 나는 펀텐셜이라는 내 원칙을 준수하는 선에서 신속하게 집 한 채까지 거래하려 합니다. '빨간 클립 한 개'는 여정에 관한 것이며, 빨간 클립 한 개로 집 한 채까지 교환하면서 겪게 될 경험들과 관련이 있는 것이고, 무엇보다도 그 일을 해나가면서 만나게 되는 사람들과 관련된 것입니다. '빨간 클립 한 개'는 예측 가능한 아이디어가 아니며, 지난 10개월간 그렇게 진행되어, 자체적으로 생명력을 지녀왔습니다. 정해진 규칙 따위는 없어요. 나는 글자 그대로 '빨간 클립 한 개' 위에 앉아 비행하고 있는 셈입니다. 이 프로젝트는 100퍼센트 정직하며 실시간으로 벌어지고 있습니다. 나는 방송에서 아무 생각 없이 야크라는 말을 입에 올린 이후 야크로부터 초대를 받았으며, 앨리스 쿠퍼와 함께 무대에 서게 될 줄은 꿈에도 생각해보지 못했습니다. 이런 두 차례의 운수 좋은 뜻밖의 사건에 저는 굉장히 놀랐어요. 나는 다음 아이템이 무엇이 될지 혹은 누가 거래를 제안할지에 대해 말 그대로 전혀 모릅니다. 계획은 일절 없으며, 그것이 바로 나의 유일한 계획입니다. 6월 2일 동부 시각으로 8시 18분에 그 스노 글로브를 누구와 거래할지 발표할 것입니다. 다음 거래 아이템이 무엇이든, 그것을 거래하고 싶다면, 이제 당신이 무엇을 해야 할지 잘 알게 되었을 겁니다. 즐거운 시간 보내길.
카일

이 글에 대한 댓글이 들이닥쳤다.

✉ 영화 출연권을 따세요!
익명

✉ 코빈 번슨은 세상에서 가장 많은 스노 글로브를 소장하고 있어요. 어딘가에는 스노 글로브 광신자가 한 명쯤 있을 거라고 생각했어요. 그 영화 출연권

을 어서 선택해요.
익명

✉ 친구
코빈 번슨이 당신을 곤경에서 구해냈다고 생각합니다(그게 아니라면, 당신은 무엇을 해야 될지 정확히 알고 있었겠지요). 그리고 코빈 씨, 저는 영화 일을 하고 싶어 하는 역량 있는 비디오 예술가랍니다. 당신 스태프들이 나의…… 어…… 전화번호로 전화를 걸게 하세요.^^
애덤

✉ 우리 아버지는 골동품 전문가인데요, 일전에 저에게 누군가에게는 쓰레기일지라도 다른 사람에게는 보물일 수도 있다는 말을 해주었죠. 제 생각에 카일 씨는 우리 아버지보다 그 말을 더 잘 이해하고 있는 것 같아요.
익명

　내가 음반 취입 계약서를 들고 있던 당시에 코빈이 내게 영화 출연권을 제안해왔다. 한 달도 더 지난 일이었다. 그때로 되돌아가, 나는 그의 메일을 읽었지만, 그의 이름에 특별한 관심이 가진 않았다. 사실 처음에 그 메일을 보았을 때는 영화배우가 아니면서 내 관심을 끌어보려고 그냥 영화배우인 척하는 사람이라고 생각했다. 물론 사실을 알고 보니 내 판단이 틀리긴 했지만, 나는 그저 그 사람에 대해, 열렬한 키스 팬이자 시리즈 영화에서 활약했던 세계적인 영화배우 데이브 르루와 물물교환을 하고자 하는 사람이라고만 생각했다.

　그때 나는 몇몇 사람들에게 전화를 걸어 코빈 번슨이 누구인지 물어보았다. 나와는 달리 '모든 사람들이' 코빈 번슨을 알고 있었다. 사람들은 흥분을 감추지 못했다. 그들은 "코빈 번슨에게서 제안을 받았다고?!!!", "〈메이저리그〉와 〈엘에이 로〉에 출연했던 그 남자!" 같은 말들을 했었다.

나는 그때까지 코빈 번슨에 관해 한 번도 들어본 적이 없었기 때문에 별로 흥분될 것도 없었다. 그가 유명한지 아닌지는 중요하지 않았다. 그의 제안 자체가 훌륭했기 때문이다. 초호화 제안이었다.

돈도 주고, 대사가 있으며, 확실한 영화 출연권이었으니 말이다.

그것은 스테로이드를 주입한 음반 취입 계약서처럼 보였다.

나는 코빈에게 전화를 걸었다. 그는 즉시 전화를 받았고 우리는 잠시 이야기를 나누었다. 우리는 내가 그의 제안을 수락하려면 우선은 공정한 거래가 되어야 한다는 데 동의했다. 그의 제안을 기부 같은 식으로 그저 받아들일 수만은 없었다. 코빈과 거래를 하려면 그가 실제로 이용할 만한 것을 찾아야 했다. 상호간 이익이 되는 거래를 해야 했으니 말이다. 그 당시 나는 큐브밴과 음반 취입 계약서 한 장을 막 바꾼 뒤였다.

코빈이 말했다. "지금 그 트럭이면 딱 좋았을 텐데요. 당신이 그 트럭을 수중에 넣었을 때 내가 당신의 거래에 관해 들었더라면 좋았을 걸 그랬어요."

"그 큐브밴 말입니까?" 내가 말했다.

"네, 그걸 뭐라고 부르든, 제 영화사에서 유용하게 쓰였을 텐데 아쉽군요. 당신이 생각하기에 공정한 거래라고 여겨지는 뭔가가 생기면, 바로 알려주세요."

"그럴게요."

one trip to Yahk one cube van one recording contract one year in Phoenix one afternoon with Al

그 정도에서 우리는 이야기를 잠정적으로 중단했다.

큐브밴 다음으로 피닉스에서의 일 년간 무료 임대권이 있었다. 하지만 코빈은 분명 피닉스에 있는 집 반쪽을 임대할 필요가 없었다.

앨리스 쿠퍼와의 미팅 기회를 입수했을 때, 나는 코빈이 이전에 앨리스 쿠퍼를 만난 적이 있다는 사실을 알았고, 그가 원하기만 한다면 그들은 언제든, 얼마든 통화를 할 수 있을 터였다. 그 외에도 나는 그 만남에서 덕을 볼 수 있는 앨리스 쿠퍼의 팬과 거래를 하고 싶었다.

도미니크와 내가 일본에 있을 때, 에비앙이 코빈 번슨에 관한 위키피디아 링크를 보내왔다. 거기에는 '취미'라는 항목 아래에 이렇게 적혀 있었다. "세계에서 가장 많은 스노 글로브를 소장하고 있는 사람 중 하나. 6000개 이상." 나는 약간 낄낄거렸고, 그런 뒤 그 사실을 내 머릿속 한쪽에 밀쳐놓았다. 내 머릿속의 그 부분에는 '구두끈의 마감재로 쓰인 플라스틱을 뭐라고 부르는지 기억하지 못하지만, 〈세인필드〉에 그 구두끈을 교환할 수 있었던 에피소드가 하나 있다'는 따위의 사실이 저장되어 있었다. 그리고 도미니크와 나는 초밥을 먹으러 밖으로 나갔다.

마크가 전화를 걸어오기 전까지 나는 코빈에게 스노 글로브를 구해주게 될 거라곤 꿈에도 생각하지 못했다. 머릿속의 그 전구가 꺼지기 전까지 말이다. 지구상에 있는 개개 인간들에게 키스 스노 글로브는 단지 또 하나의 스노 글로브일 뿐이었다. 하지만 유독 스노 글로브에 열광하는 코빈에게 그것은 꿈의 실현이나 다름없었다. 그것은 그저 스노 글로브 한 개가 아니라, 바로 세상에 하나뿐인 키스 스노 글로브였다. 마크가 키스 스노 글로브를 가지고 있다는 사실을 알았을 때, 나는 코빈이 관심이 있을지 확인해보기 위해 코빈에게 전화를 걸었다. 나는 속도 변경 장치가 달린 글로브의 특징들을 모조리 설명하고는 그 사진을 한 장 보냈다.

코빈은 나에게 다시 전화를 걸어왔다. "그냥 갖고 싶은 정도가 아니라, 그게 꼭 필요합니다!"

"그러면, 우리가 거래를 하는 건가요?" 내가 물었다.

"당연하다마다요." 그가 말했다.

나는 마크와 거래를 하고 난 뒤 일주일 내내 코빈과의 거래를 비밀에 부쳤다. 물론 그 일은 다소 잔혹했지만, 그래도 앨리스 쿠퍼의 콘서트보다 잔인하진 않았다. 심지어 블로그에 달린 광분 어린 댓글들을 보면서도 나는 피 한 방울 흘리지 않았다. 단 한 방울도 말이다.

그 댓글들을 통해 몇몇 사람들이 내 거래를 피상적으로만 지켜보고 있다는 사실을 적나라하게 확인할 수 있었다. 나는 내가 '모든 것을 망쳐버린 것'에 대해 사람들이 그토록 화를 냈다는 점에 놀랐다. 물론 나는 내밀한 다음 거래 정보를 알고 있었고, 모두 잘될 거라는 자신이 있었다. 그 키스 글로브의 값어치에 대해 운운했던 댓글들을 보면서, 나는 모든 것들의 가치가 얼마나 상대적인지 생각하게 되었다. 모든 것은 다른 사람이 무엇을 줄 의향이 있는지에 따라 가치가 달라진다. 그리고 돈으로 거래하지 않는다면, 그 물건에 금전적인 가치를 매길 수 없다.

물론 코빈이 아닌 다른 누군가가 스노 글로브에 매우 집착해서 그 사람의 제안이 코빈의 제안보다 훨씬 좋았다면, 나는 코빈을 제치고 그 사

ovie role one house in Kipling one red paperclip one fish pen one doorknob one camping stove

람과 거래했을 것이다. 물론 그럴 가능성은 거의 희박했지만 말이다. 코빈과 나는 미리 정해져 있거나 어겨서는 안 되는 합의를 본 적이 없었다. 내가 마크와 이야기를 나눈 뒤에도 우리는 그 거래를 매듭짓지 않았었다. 나는 그 키스 스노 글로브에 대한 어떠한 제안도 허투루 보지 않았다. 사실은 코빈의 제안을 능가하는 제안을 해올 사람이 있을지도 궁금했다. 하지만 코빈에게는 그 사실을 말하지 말 것. 우리 사이의 비밀로 묻어두자.

s snowmobile one trip to Yahk one cube van

주위를 살펴보라. 당신이 무엇을 찾게 될지는 절대 모를 일이다

명확한 것만 본다면 다른 것들을 결코 보지 못할 것이다. 그리고 주변에는 더 많은 '다른 것'들이 있다. '다른 것'들 속에는 수없이 많은 것들이 포함된다. 당신은 더 재미있는 것을 발견하게 될 수도 있다. 그 모든 것들이 거기에 있다. 전혀 예상치 못했던 수많은 것들을 거기서 발견하게 될 것이다.

이보 전진을 위한 일보 후퇴

나는 상당히 뛰어난 방향감각을 타고났다. 나는 길을 잃어버리는 경우가 거의 없다. 하지만 내가 가고 싶은 곳에 이를 수 있는 세세한 길까지는 모른다. 대개는 개략적인 아이디어를 지니고 있을 뿐이다. 때때로 나는 고속도로에서 벗어나 낯선 장소에 도착한다. 대개는 그 고속도로가 어느 방향에 있는지 감을 잡을 수 있고, 그 방향으로 계속 나아가다 결국에는 그 고속도로를 찾아 다시 그 위에 오를 것이다. 때로는 길을 잃고 헤매다가 그 고속도로 가까이까지 다가갈지도 모르지만, 문제는 거기서 길이 막혀 다시 고속도로에 오르지 못할 수도 있다. 그 고속도로가 눈에 보이는데도 접근할 방도가 없을지도 모른다. 이때는 다시 왔던 길을 돌아 나와 그 고속도로로 나갈 수 있는 또 다른 방법을 찾아야 한다. 그리고 다시 새 길을 찾아낸다. 당신이 가고 싶은 곳에 시선을 맞추고, 뒤로 물러서는 것을 두려워하지 말며, 앞으로 좀더 나아갈 수 있는 또 다른 길을 찾아라. 그 고속도로에 다시 진입하기 위해 항상 들판을 가로질러 차를 몰 수는 없다. 아무리 간절히 원한다 해도 말이다. 혹은 이전에 그렇게 해본 적이 있다고 해도 마찬가지다. 혹은 다시 그렇게 되더라도 말이다.

영화 출연권

one movie role

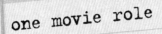

one red paperclip

one fish pen

one doorknob

one instant party

one red generator

one camping stove

one famous snowmobile

one trip to Yahk

one cube van

one afternoon
with Alice Cooper

one year in Phoenix

one recording contract

one KISS snow globe

one movie role

one famous sn

one instant party one famous snowmobile one trip to Yahk one cube van one recording contract

일주일 내내 나는 행운을 바라며 혹시라도 코빈 번슨이 난데없이 죽는 일은 없게 해달라고 간절히 빌었다. 그 전에 코빈 번슨이 죽기를 바란 적이 있었다는 의미가 아니라, 살면서 그 남자를 그렇게나 염려해본 적이 없었다는 말이다. 우리는 한낱 인간에 지나지 않는다. 우리에게는 어떤 일이든 닥칠 수 있다. 제아무리 날고뛰는 코빈 번슨이라도.

우리 비행기가 로스앤젤레스 공항에 착륙했다. 활주로를 벗어나자마자 비행기에 타고 있던 모든 사람들이 미친 듯이 휴대폰을 켜고는 메시지를 확인했다. 나는 도미니크를 쳐다보았고 우리는 한바탕 웃었다. 사람들이 다시 세상과 소통할 수 있는 상태로 복귀하려는 모습이 재미있었다. 마치 1, 2분에 생사가 달린 것처럼 모두들 서둘러 휴대폰을 켜댔다. 나도 다른 사람들에게 뒤지지 않을 만큼 빠른 속도로 휴대폰을 꺼내 전원을 켜고 메시지를 확인했다.

"메시지가 하나도 없네, 휴!" 나는 이렇게 말하며 눈썹을 매만졌다.

우리는 웃었다.

곧바로 휴대폰이 울렸다. 다른 승객들이 내 쪽을 쳐다보며 고개를 가로저었다. 그 모습에 도미니크가 웃음을 터뜨렸다.

"여보세요?" 나는 상냥하게 전화를 받았다.

"안녕하세요, 카일 맥도널드 씨죠?" 여자였다.

"넵." 나는 조용히 말했다.

"제 이름은 수전이에요. 저는 CTV에서 근무해요. 당신 지금 로스앤젤레스에 있지요?"

one red paperclip or

"오, 네에. 방금 도착했어요. 그걸 어떻게 아시죠?" 내가 말했다.

캐나다의 텔레비전 방송국이 내 뒤를 밟고 있는 게 틀림없었다.

"당신이 오늘 오후에 로스앤젤레스에 있을 거라고 블로그에 적어놓 았잖아요." 그녀가 말했다.

"아, 맞아요."

"저기요, 오늘 코빈 번슨과의 거래를 우리가 취재해도 될까요?"

나는 잠시 생각했다. 서던캘리포니아에 있는 메이저급 방송국에 좀더 극적인 취재거리가 없는 게 가당하기나 한 일인가? 레드 카펫, 경찰의 추격신, 소규모의 전투, 이것이 '할리우드'였다. 그것은 분명 10년 만에 가 장 느린 뉴스가 될 것이었다.

"네, 물론이죠. 주소를 알려드리죠." 나는 거래가 이루어질 장소, 즉 밴누이스에 위치한 평범한 창고에 관해 알려주었다. 그곳은 스노 글로브 를 거래하기에 더없이 좋은 장소였다.

우리는 밴누이스에 있는 코빈의 창고 겸 사무실에 도착했다. 마침 음 악 작업을 하느라 로스앤젤레스에 있던 조디 그넌트가 우리와 합류했다. 나는 렌트한 자동차를 몰면서 도미니크에게 물었다. "준비됐지?"

도미니크가 나를 보면서 말했다. "물론이지!" 그녀는 내가 긴장하고 있음을 분명 알아차렸을 터였다. 그녀는 미소를 지었다. "그 굉장한 거래 에 있는 대로 흥분해 있는 사람도 있는걸, 뭐!"

나는 할 말을 잃고 그저 미소를 지어보였다. 키스 스노 글로브를 움켜 쥐고 우리는 안으로 걸어 들어갔다.

거기에 그가 있었다. 코빈은 함박웃음을 짓고 영화 〈메이저리그〉 포스터 아래 앉아 있다가 자리에서 일어났다. "반가워요, 잘 지냈죠?"

나는 그 스노 글로브를 내려놓고 그와 악수를 나누었다. 도미니크와 조디도 그와 악수를 나눴다. 하지만 그들은 포옹도 했다.

코빈의 사무실은 실로 굉장했다. 한쪽 공간에는 영화관이 있었다. 다른 공간에는 회의 테이블이 있었다. 그리고 사방에 스노 글로브가 놓여 있었다.

나는 코빈에게 키스 스노 글로브 상자를 건네주었다. "이게 바로 그 스노 글로브예요."

상자를 본 그가 웃으며 말했다. "좋아요! 이제 내 거래품을 내놓을 차례죠."

나는 그가 책상에서 서류 뭉치를 들고 오는 모습을 지켜보았다. 〈도나 온 디맨드〉의 대본이었다.

"좋아요." 내가 말했다.

"아직 완성본은 아닙니다. 그래도 괜찮다면 좋겠네요. 현재로서는 그게 제가 가지고 있는 전부거든요."

"좋습니다!" 내가 말했다.

우리는 그 거래를 매듭짓는 의미로 악수를 나누었다. 코빈과 나는 〈메이저리그〉 포스터 앞에 서서 도미니크의 카메라를 향해 멋지게 미소 지었다.

공식적으로 거래가 성사되었다. 이제 나는 영화 출연권을 손에 넣었다. 〈새터데이 나이트 라이브(Saturday Night Live)〉의 전직 사회자와의 첫

one trip to Yahk one cube van one recording contract one year in Phoenix one afternoon with A

거래였으니 얼마나 멋졌겠는가. 나는 〈도나 온 디맨드〉의 대본이 아직 완성되지 않았다는 점이 마음에 들었다. 앞으로 벌어질 일이 훨씬 더 많을 테니 말이다. 그 영화 대본은 누군가를 위한 기회였다.

코빈은 상자에서 키스 스노 글로브를 꺼내 뚫어져라 쳐다봤다. 그는 가만히 그것을 응시하더니 "와우"라는 감탄사를 터뜨렸다. 그는 플러그를 꽂고 전원을 켰다. 글로브 안에 있는 것들이 천천히 소용돌이쳤고 조명이 바뀌었다. 나는 그에게 속도 변경 다이얼을 보여주었고 우리는 반짝이는 조각들이 좀더 빠르게 소용돌이치는 모습을 지켜보았다. 코빈은 묵묵히 바라보다가 이렇게 말했다. "마치 크리스마스 아침 같군요. 나는 수년 동안 이런 것들을 수집해왔지만 당신이 귀띔해주기 전까지는, 이런 키스 스노 글로브가 있는 줄도 몰랐어요." 그는 정말로 그 스노 글로브를 보느라 꼼짝도 하지 않았다.

우리는 그를 쳐다보고는 어깨를 으쓱했다. 우리 모두 말이다.

코빈은 좀더 그 스노 글로브를 응시하더니 미소 지으며 말했다. "이

one instant party one famous snowmobile one trip to Yahk one cube van one recording contract

봐요, 내 스노 글로브를 볼래요?"

"그래도 되나요?!" 도미니크가 말했다.

"우리가 왜 이곳까지 따라왔겠어요?" 조디가 말했다.

"저도 마찬가지예요." 내가 말했다.

"저를 따라오세요." 코빈이 말했다.

우리는 주차장을 가로질러 창고로 걸어갔다. 코빈은 창고를 열쇠로 따고는 문을 활짝 열었다. 우리는 안으로 들어갔다. 그 창고는 스노 글로브들로 꽉 차 있었다. 그 방 안에 6000개 이상의 스노 글로브들이 있었다. 우리는 뒤로 한 발 물러섰다. 놀라운 광경이었다. 선반에는 수천 개의 스노 글로브들이 분류되어 있었다. 크리스마스 스노 글로브들. 할로윈 스노 글로브들. 유럽산 스노 글로브들. 스노우 글로브들이 끝없이 펼쳐졌다.

코빈은 자신이 가장 좋아하는 것들을 손으로 가리키면서 그곳을 두루 구경시켜주었다. 그 선반 위에 있는 것들 이외에도, 그는 수백 개의 복제품들로 가득한 커다란 플라스틱 상자들도 가지고 있었다.

n Phoenix one afternoon with Alice Cooper

"저것들은 내가 쇼에 출연해 거래한 것들입니다. 나는 내 것들과 똑같은 것들을 없애려고 애쓰고 있는 중이죠." 그가 말했다.

우리는 글로브 속의 작은 세상에 놀라움을 금치 못하고 입을 벌린 채 몇 분 동안 주변을 서성였다. 나는 초록색 플라스틱 상자들이 천장까지 쌓여 있는 선반을 가리키며 물었다. "저기요, 코빈, 저 커다란 초록색 플라스틱 상자에는 뭐가 들어 있죠?"

그는 미소를 지으며 상자들을 감싸듯 팔을 옆으로 쫙 펼쳤다. "내가 입었던 티셔츠들이에요."

그 상자들의 크기를 재어본 우리는 입이 떡 벌어졌다. 거기에는 수십 개의 상자들이 있었다. 그는 그중 하나를 열었다. 티셔츠로 꽉 차 있었다. 한 개의 상자에 최소한 100벌은 들어 있는 듯했다. 그는 농담을 하고 있는 게 아니었다. 그는 말 그대로 자신이 입었던 티셔츠들을 모두 보관하고 있었다. 커다란 초록색 플라스틱 상자들 안에 말이다.

나는 6000개가 넘는 스노 글로브들과 코빈 번슨이 입었던 티셔츠에 완전히 둘러싸여 머릿속이 새까매졌다. 호흡하는 것을 의식하기 시작하면 들숨, 날숨, 들숨, 날숨 이외에는 다른 어떤 것에도 집중할 수 없게 되는 것과 흡사했다. 그리고 평소 신경을 쓰지 않던 것에 대해 생각하느라 5분을 흘려보냈다는 걸 퍼뜩 깨닫게 된다. 들숨. 날숨. 들숨. 날숨. 나는 그곳에 없었다. 나는 쉽게 흥분하는 유쾌한 사람이다. 내게 슈퍼마켓은 윌리 웡카의 초콜릿 공장처럼 보였다. 이런저런 상표들. 볼거리가 무척 많은 곳. 그리고 지금 나는 윌리 웡카의 은밀한 스노 글로브 소굴에 들어와 있었고 내가 생각할 수 있는 것이라고는 숨 쉬는 것뿐이었다. 그 모든 스노 글로브들을 보고 있자니 평화로운 기분이 들었다. 나는 그 기분이 수많은 스노 글로브에 둘러싸인 아이가 느끼는 천진난만함인지, 아니면 6000개의 스노 글로브와 중년 남자가 입었던 티셔츠들이 모여 있는 방에 있다는 놀라움인지 확신이 서지 않았다.

그저 평화로웠다. 이상야릇한 기분이었다.

들숨. 날숨. 들숨. 날숨.

우리는 밖으로 걸어 나왔다. 나는 코빈 쪽을 바라보며 물었다. "당신 보다 더 많은 스노 글로브를 가지고 있는 사람이 있나요?"

코빈이 말했다. "글쎄요, 누가 최고의 스노 글로브를 소장하고 있는 지에 대해서는 약간 이견이 있어요. 내 것보다 좀더 구하기 어려운 스노 글로브를 가지고 있는 사람이 프랑스에 있긴 하지만, 순수하게 개수만 놓고 본다면, 아마도 내가 세계에서 가장 많은 스노 글로브를 소장하고 있을 겁니다."

나는 '이견의 여지가 있는 전 세계 랭킹'이라는 코빈의 말을 뇌리에 새겼다.

도미니크와 조디, 그리고 나는 코빈에게 계속 연락을 주고받자고 약속하고 작별 인사를 한 뒤 밖으로 나왔다. 온종일 우리를 따라다녔던 CTV 카메라맨들도 카메라의 빨간 불을 껐다.

그날 밤, 나는 뇌리에 새겨두었던 코빈의 말을 되새겨 한 가지 계략을 꾸몄다. 많은 스노 글로브를 확보하는 게 훌륭한 수집가의 지표에 해당한다면, 더 많은 스노 글로브를 확보하게 해주자고 생각했다. 코빈 번슨이 말하길, 누가 가장 많은 스노 글로브를 갖고 있는지에 대해 의견이 분분하다고 했으니 말이다. 코빈은 이미 6000개가 넘는 스노 글로브를 갖고 있으니 그를 약간만 돕는다면 부동의 1위 자리를 굳힐 수 있을 거라는 확신이 들었다. 나는 내 생각을 사람들에게 알리기 위해 블로그에 글을 하나 올렸다. 나는 코빈 번슨이 세계에서 가장 위대한 스노 글로브 수집가가 되도록 도와주고 싶었다. 단연코. 단지 그 논쟁에 종지부를 찍기 위해서라도. 나는 논쟁을 종결시키는 걸 좋아한다.

다음은 그 글의 내용이다. 이 제안은 여전히 유효하다. 진심이다. 자유롭게 동참해주길 바란다!

코빈 번슨의 키스 스노 글로브 군단에 합류하세요!

여러분도 논쟁을 끝내는 걸 좋아하시나요? 코빈 번슨과 거래를 원하세요? 그럴 겁니다?! 좋습니다. 코빈 번슨의 친필 사인이 들어 있는 사진을 원한다면 다음 주소로 스노 글로브를 보내주세요.

코빈 번슨의 키스 스노 글로브 군단 세계 본부
(The Corbin Bernsen KISS Snow Globe Army World Headquarters)
3940 Laurel Canyon Blvd.
Studio City, California
Box 328
91604
USA

코빈이 스노 글로브를 받으면 코빈 번슨의 키스 스노 글로브 군단의 회원증(친필

사인이 된 사진)을 우편으로 보내드릴 겁니다. 더 많은 스노 글로브를 보내준다면 그 대가로 훨씬 더 소장 가치가 뛰어난 사진을 받게 될 겁니다. 스노 글로브는 몇 개를 보내든 상관이 없으며, 그 대가로 받을 수 있는 사진도 무제한입니다. 사진을 입수할 유일한 방법은 위의 주소로 스노 글로브를 보내는 것입니다. 이 제안은 절대 마감 기한이 없습니다! 바로 그렇습니다. 무얼 망설이십니까? 코빈 번슨의 키스 스노 글로브 군단(CBKISSGA)에 합류하시고 친필 사인이 담긴 무료 사진을 받아가세요.

거듭 말하지만, 이 제안은 여전히 유효하다. 오늘 당장이라도 좋다. 마감 기한이 없으니까. 친필 사인이 담긴 그와 나, 그리고 키스 스노 글로브 사진을 얻기 위해 여러분의 스노 글로브를 코빈 번슨에게 보내주시길! 이제 그만 논쟁을 종식시키자!

그날 이런 선행을 하고 나서, 나는 이메일을 확인해보았다. 영화 출연권을 탐내는 제안들이 열광적으로 밀려들고 있었다.

✉ 안녕하세요, 카일 씨
저는 골드티스닷컴(GoldTeeth.com)의 마케팅 부장인데요, 그 영화 출연권을 주신다면 탈부착이 가능한 14캐럿짜리 금니를 여섯 개 세트로 드릴게요. 이 금니를 갖게 되는 사람은 사이즈에 맞게 고객 맞춤 서비스를 받을 수 있을 겁니다. **감사합니다, 스콧**

✉ 안녕하세요, 카일 아저씨!!
아저씨가 하고 있는 일에 연신 감탄을 금치 못하고 있답니다. 저는 열두 살밖에 되지 않았기 때문에 제안할 게 별로 없지만, 제가 그 일을 도울 수 있었으면 좋겠어요(영화 출연권도 얻을 수 있다면요). 제가 갖고 있는 인형을 '몽땅' 내놓을게요. 그게 저에게 얼마나 끔찍한 일인지 아시리라 믿어요. 그리고 제 모든 장난감들은 물론이고 '크리스마스와 생일 선물'로 받았던 것들까지 모두 드릴게요. 제 방 다락에는 인형이 가득해요. 인형과 게임기를 좋아하지 않는 사람이 어디 있겠어요. 아저씨는 내 인형과 장난감들로 영화 출연권보다 더 나은 걸 얻을 수 있을 거예요……. 제가 금니같이 돈 되는 걸 제안하고 있는 건 아니지만 게임기와 인형은 제 인생의 전부니까, 전 제 인생을 걸고 있는 거예요!! 그러니 제 제안을 예쁘게 봐주세요. 이 일에 동참한다는 건 저에게 굉장히 의미 있는 일이 될 거예요!!

✉ 안녕하세요, 카일 씨
제 이름은 가렛 존슨이고 한동안 당신의 활동을 지켜보고 있었어요. 현재 당신은 제가 바꾸고 싶은 것을 확보하셨어요. 당신이 집 한 채를 원한다는 사실은 잘 알고 있지만, 저로서는 그걸 드릴 수 없으니 참 안타깝네요. 대신 저에게는 집을 지을 수 있는 약간의 땅이 있어요. 땅에 대한 자세한 얘기를 꺼내기 전에, 우선 저에 대한 간략한 소개와 그 거래에 관심을 갖게 된 이유를 먼저 말씀드리죠. 저는 32년간 자동차 회사에서 일한 쉰 살의 노인네로 어느덧 은퇴할 시점에 이르렀습니다. 저는 늘 연기에 관심이 있었지만, 그것은 이루지 못한 꿈으로만 남아 있었죠. 고등학교 때 저는 드라마 상을 받았고 남자 주인공을 맡기도 했습니다. 또한 우리 마을의 100주년 기념식에 필요한 기금을 모금하기 위해 몇 편의 연극에도 출연했어요. 저는 연기의 꿈을 끝까지 좇을 기회를 한 번도 가져보지 못했습니다. 1973년, 캔자스시티로 이사해서 제너럴 모터스에서 일하기 시작했고, 그 이후 계속 거기, 살았지요. 제게는 열두 살짜리 딸이 있는데, 그 아이는 몇 년 동안 연기 지도를 받아왔고, 저는 그 아이를 통해 조금이나마 꿈을 되살릴 수 있었습니다. 제 제안은 이렇습니다. 저는 미주리주 벤트 트리 하버라는 곳에 약간의 부지를 소유하고 있습니다. 트루먼 호수 근처지만 물 위에 떠 있는 땅은 아닙니다. 저는 1984년에 약 4100달러를 주고 그 땅을 매입했어요. 현재 시가는 얼마인지 정확히 몰라요. 그것은 미개발된 부지로 파이 모양입니다. 세금 체납 따위는 일절 없고요. 넓이는 대략 앞쪽이 20미터, 세로가 46미터, 뒤쪽이 84미터 정도입니다. 측량사에게 그 땅의 측량도를 보내달라고 했습니다. 그 측량도가 입수되는 대로 정확한 면적을 알려드릴게요. 당신이 어떤 결정을 내리든, 완전히 사라졌다고 생각했던 제 오랜 꿈을 다시 돌이켜볼 기회를 준

데 감사드리고 싶군요.

✉ 저에게 순종인 암컷 퍼그가 한 마리 있어요……. 약 네 달된 강아지예요. 영화 출연권과 그것을 맞바꾸고 싶어요.

✉ 안녕하세요
영화 출연권을 얻기 위해 한 가지 제안을 하고자 합니다. 저는 약 300개의 붉은 벽돌을 갖고 있어요. 제 낡은 파티오에서 뜯어낸 것으로 약 3주 동안 진입로에 놓아두었습니다. 그 벽돌로 당신이 무엇을 할 수 있을지 생각해보세요. 당신은 그 벽돌을 피라미드 모양으로 쌓을 수 있을 겁니다. 또 다른 파티오나 작은 요새를 지을 수도 있을 거예요. 그 가능성은 무한합니다. 제 제안을 눈여겨봐주시길 바랍니다.
감사합니다, 조

✉ 그 영화 출연권에 대해, 저는 일생일대의 제안을 하고자 합니다! 저에게 당첨된 복권이 있거든요. 재미있는 사실은 그 복권의 당첨금이 얼마인지를 밝히지 않을 거라는 점이죠. 당첨되었다는 것만큼은 확실히 보장합니다! 그것은 인디애나주에서 발행한 즉석복권이에요. 그 가치가 공개되지 않도록 보안용 봉투에 넣어서 보내겠습니다. 그러면 재미도 있고, 당신의 모험에 약간의 신비감도 보탤 수 있을 거예요.
행운을 빌어요, 알렉시사이코

✉ 제 아내와 저는 다음 해 1월에 태어날 아기를 기다리고 있어요. 우리 애가 아들인지 딸인지 아직은 모르지만 우리는 그 영화 출연권과 아기 이름을 지을 권리를 바꾸고 싶어요. 아이의 성은 물론 정해져 있지만, 이름은 마음대로 지어도 좋아요. 당신의 이름, 유명한 영화배우나 당신이 원하는 그 무엇의 이름이든 붙일 수 있을 거예요. 저는 그림처럼 명쾌한 이름을 지어줄 작정이지만 그다음은 당신 몫이 될 거예요! 감사합니다!
매트와 해나

✉ 안녕하세요!

당신 영화에 참여하고 싶어요. ;) 당신의 영화 출연권과 제가 갖고 있는 이오시프 스탈린의 골동품들을 교환하고 싶습니다. 그가 누구인지는 아시죠? 이 물건은 1933년에 만들어졌고 오랜 역사를 지니고 있어요. 그것은 매우 오래되었고, 중요하고, 진귀한 것이랍니다. 저는 러시아의 예카테리나라고 하고요, 현재 블라디보스토크 근방의 우수리스크에 살고 있어요. 아마 당신도 그 지명을 들어보았을 거예요. 러시아 사람들도 당신의 모험담을 알고 있고요, 무척 이색적이라고 생각해요. 감사하고요, 행운을 빌어요!

✉ 안녕하세요!

영화에 출연하고 싶습니다. 영화 출연권을 제게 주신다면 키스를 해드릴게요! 제가 할 말은 이게 다예요!

진심을 담아, 애너

✉ 안녕하세요, 카일 씨

여덟 마리의 멋진 소떼를 제안합니다. 제 소들은 부르면 달려오고요, 등을 긁어주거나 어루만져주면 좋아합니다. 그중 몇 마리는 이미 옆집의 늠름하고 젊은 황소의 새끼도 배고 있답니다. :))) 영화 출연은 상당히 재미있을 것이고, 그 여행도 보너스가 될 거라고 생각합니다! 이런 이유 외에도 이 게임에 호주가 참여할 시점이라는 생각도 들었죠. :)))) 제 소들은 브리즈번에서 90분 정도 내륙으로 들어가면 나오는 퀸즐랜드주 터움바에 있어요. 그 소들은 최상의 암소들이며 무척 온순해요. 새끼를 밴 두 마리 암소(제 희망 사항입니다)와 한 쌍의 송아지들이 있고, 세 마리의 암소들은 다시 새끼를 배려고 대기 중이에요. 사람들은 제게 배우로서 소질이 있다고 말하곤 합니다만, 솔직히 저는 그저 재미를 위해 제 인생이 어디까지 갈 수 있는지 확인해볼 겸 그냥 한 번 도전해보는 겁니다. 저는 한 남자의 아내이자 열 살부터 열여덟 살 사이의 아이 네 명을 둔 어머니입니다. 그러다 보니 충동적이거나 모험적인 일을 해본 지가 한참 지났고, 그간 분출되지 못했던 그런 열정적인 면이 영화 출연에 관심을 갖게 했어요. 그것은 정말이지 재미있는 경험이 될 거예요! 저는 비교적 최근에 무대 경험과 대중 강연 경험이 있고요, 저 스스로 외향적이며 자신감이 넘친다고 생각합니다. 하지만 끼가 넘쳐흐르는 젊은 친구가 한 명 있는데, 그 애는 이 기회를 두 손과 (이빨로) 움켜쥐려 할 테고 그 일에 '매진할' 겁니다! 머리 그레이 X라는 이름의 어미 소와 올해 1월에 태어난 새끼 사진을 첨부할게요.
케리

✉ 안녕하세요, 카일 씨
당신의 영화 출연권과 6개월짜리 강아지 교배권을 바꾸고 싶어요. 어떤 크기의 어떤 종이든 모두 교배 가능합니다.
스티브

✉ 저는 파란 클립 한 개를 제안합니다.
익명

이외에도 수백 통이 더 있었다. 그 영화 출연권은 음반 취입 계약서와 유사한 요소를 지니고 있었다. 사람들은 글자 그대로 그들의 영혼과 육체를 걸고 의도의 순수성을 피력했다. 대부분의 거래를 열린 마음으로 받아들였지만, 어딘가에 한계선을 그어야 했다. 영혼과 육체, 의도의 순수성 사이의 어딘가에 말이다.

이번에 사람들은 적기에 적절한 장소에 있었던 마크에 관한 예전의 블로그 글을 읽은 뒤였고, 그래서인지 전화가 많이 걸려왔다. 모든 이들이 적기에 적절한 장소에 있고 싶어 했다. 항상 말이다. 할리우드의 우리 호텔방은 휴대폰의 말 울음소리가 가득했다. 그 제안들은 훌륭했으며, 나는 누가 가장 열렬한지 알아보기 위해 전화상으로 사람들과 이야기를 나누었다. 하지만 이번에도 나는 힘겨운 결정을 내려야 했다. 이메일이

끊임없이 밀려들었다. 어떻게 해야 할지 확신이 서지 않았다. 결국엔 다음날까지 결정을 미뤄두기로 하고 침대로 갔다.

모든 게 내일 저절로 정리가 될 거라는 확신이 들었다.

다음날 도미니크와 나는 친구 너번과 함께 로스앤젤레스 시내의 고가도로 위를 걷고 있었다. 높이 태양이 비추고 있었다. 그때 휴대폰이 울렸다. 나는 전화를 받았다. "여보세요?"

"여보세요, 카일 씨인가요?" 한 남자가 말했다.

"네."

"안녕하세요, 카일 씨. 제 이름은 버트 로치입니다."

"안녕하세요, 버트, 어떻게 지내요?" 내가 말했다.

"아주 좋아요! 당신은요?"

"나쁘지 않아요, 전혀 나쁘지 않아요."

"좋아요. 여기는 서스캐처원주 키플링이에요." 그가 말했다.

"아, 그렇군요. 요즘 키플링은 어때요?" 내가 말했다.

"아주 좋아요! 키플링에 와보신 적이 있나요?" 버트가 말했다.

"음, 아니오. 그 근처에도 가본 적이 없어요."

"물론 그러실 겁니다! 저는 키플링의 공무원입니다. 우리는 그 영화 출연권을 얻기 위해 당신에게 제안을 하나 할까 해요!"

"좋아요! 제안이 뭐죠?" 나는 이렇게 묻고는 그의 대답을 듣는 동안 눈을 점점 가늘게 떴다.

나는 대답을 들으며 눈을 감았고, 태양을 향해 얼굴을 들었다. 따스했

one instant party one famous snowmobile one trip to Yahk one cube van one recording contract

다. 직사광선이 내 눈꺼풀에 와 닿으며 모든 것들을 붉은 오렌지색으로
물들여놓았다. 버트의 말이 내 마음속에 미래에 관한 생생한 그림을 그려
놓았다. 나는 전화를 끊은 뒤 은색 휴대폰을 주머니에 다시 집어넣었다.
나는 고개를 숙이고 눈을 뜨고는 앞을 바라보며 미소를 지었다.

　"왜 웃어?" 도미니크가 물었다.

　"걸으면서 얘기하자. 다 말해줄게." 내가 말했다.

　나는 오른발을 앞으로 내디뎠고 우리는 걷기 시작했다.

싸게 사서 비싸게 팔되, 거기 중독되지는 마라

재미있는 문장이다. "싸게 사서 비싸게 팔라"는 말은 너무 흔해빠진 말이며, 당신이 다른 측면에서 더 고귀한 무언가를 생각하도록 그 구절 뒤에 "거기 중독되지는 마라"는 말을 덧붙였다. 높은 가치의 고귀한 것 대신에 무독성의 고귀한 것. 이게 바로 이 문장이 재미있는 이유다.

당신의 '만약(if)'은 무엇인가?

당신의 '만약'은 현실로 이끌 수 있는 생각의 씨앗이다. 아이디어, 비전, 잠재적인 현실. 하지만 당신의 '만약'에 생명력을 불어넣기 위해서 당신은 반드시 무언가를 해야 한다. 당신의 '만약'이 맛있는 아침 식사용 시리얼을 먹는 것이라면, 밀의 씨앗을 심고 그것이 토양을 뚫고 나와 완전히 영글어, 맛있는 켈로그의 미니 휘트로 탈바꿈하는 동안 그 밀을 돌보아라. 당신의 '만약'이 전 세계에서 가장 위대한 스노 글로브 수집가가 되는 것이라면, 스노 글로브를 수집하기 시작하라. 당신의 '만약'이 다음으로 내가 거래할 게 무엇인지 알아내는 것이라면, 책장을 넘겨라.

꿈은 이루어진다

흐름이 깨졌으니, 이 기회에 앨리스 쿠퍼가 자신의 약속을 정말로 지켰다는 사실을 잠깐 언급하는 게 좋겠다. 나는 그와의 미팅을 마크의 키스 스노 글로브와 맞바꾸었다. 마크는 오하이오주 콜럼버스에서 이 사진을 찍었다. 그가 말하길 그 둘은 멋진 시간을 보냈다고 한다.

키플링의 집 한 채

one house in Kipling

one red paperclip

one fish pen

one doorknob

one instant party

one red generator

one camping stove

one famous snowmobile

one trip to Yahk

one cube van

one afternoon
with Alice Cooper

one year in Phoenix

one recording contract

one KISS snow globe

one movie role

one house in Kipling

"정말? 그들이 영화 출연권을 얻기 위해 집 한 채를 제안했다고?" 도미니크와 너번이 동시에 물었다.

"글쎄, 확실한 건 아냐. 아직까진. 하지만 그런 것 같아. 성급한 결론을 내리고 싶진 않아." 내가 말했다. "전화를 걸어온 건 버트 로치라는 사람이었어. 그는 서스캐처원주 키플링에서 공무원으로 일한대. 그가 나에게 놀라운 제안을 한 거야. 집 지을 부지, 1일 시장, 평생 명예시민. 그리고 그들은 세상에서 제일 큰 빨간 클립을 만들고 싶어 해."

"멋진데." 너번이 말했다.

"지금까지 받은 제안들 중 최고지만, 확신이 서지 않는다고 말했어."

"왜 확신이 서지 않는데?" 도미니크가 물었다.

"평생 명예시민이 되고 나서 거기에 실제로 살지 않는다면 옳지 않을 것 같다는 생각이 들었거든. 평생 명예시민에 대해서는, 우선 우리가 그 마을에 살지 말지를 확실히 정한 뒤에나 그런 영광을 받을 수 있을 거라고 버트에게 말해두었어."

"그럼, 그 부지는?" 너번이 물었다.

"그 땅에 집을 한 채 지을 수 있겠지. 혹은 텐트를 세우거나!" 나는 반농담조로 말했고 기대에 부푼 눈으로 도미니크를 쳐다보았다. 그녀는 농담의 어느 반쪽에 따라 내가 행동해야 할지를 '특유의 몸짓'으로 말해주었다. 그 외에도 텐트는 탈출구였다. 텐트는 임시적인 것이었다. 하지만 유르트(yurt: 중앙아시아 키르기스스탄 지방의 유목민이 사용하는 천막—옮긴이)라면 어떨까? 그건 영구적이다. 그렇다, 아마도 우리는 유르트를 지을 수도 있을

것이다. 서스캐처원의 기후는 중앙아시아와 무척 흡사하니 말이다. 그렇
다, 유르트가 어쩌면 바로 그 티켓일지도 몰랐다. 도미니크가 생각에 잠
긴 나를 깨웠다. "마을 주민에게 영화 출연권을 줄 거래?"

"버트는 키플링에서 오디션을 열고 싶다고 했어."

"꽤 근사한데!" 도미니크가 말했다.

"그래, 맞아." 내가 말했다. "일이 어떻게 되어갈지는 정확히 모르겠
지만, 느낌은 좋았어."

"나도 느낌이 좋은데." 도미니크가 말했다.

"나 역시." 너번도 응수했다.

나는 도미니크의 손을 잡았다. 우리는 햇살을 받으며 육교를 따라 걸
어갔다.

다음 일주일 동안 나는 버트와 여러 차례 이야기를 나누었다. 그 대화
를 통해 내가 빨간 클립 한 개로 집 한 채까지 얻으려 한다는 사실을 버트
가 어떻게 알았는지를 깨달았다. 버트의 조카 메리가 그에게 내 얘기를
전해줬던 것이다. 가족 바비큐 파티에서, 그녀는 버트 삼촌에게 내 이야
기를 모두 들려주었다. 그리고 키플링의 공무원이었던 버트가 아이디어
를 하나 떠올렸다.

그리고 그와 나는 그 아이디어를 실현시키려는 중이었다.

나는 몬트리올에 있는 우리 아파트에 앉아 버트의 이야기를 들었다.
그는 그 거래를 성사시킬 방법을 찾고 싶어 했다. 뭔가 방법이 있어야 했
다. 그는 그 부지에 뗏장집을 지을 수 있을 거라고 말했다. 진짜 뗏장집

말이다.

"도미니크, 펫장집에서 사는 거 어떻게 생각해?" 내가 말했다.

"펫장집이라니, 그게 뭐야?" 그녀가 되물었다.

"일종의 흙집이야." 내가 말했다.

도미니크는 글자로 정확히 표현할 수 없는 이상한 소리를 냈고, 그 소리에 뒤이어 한 번도 본 적 없는 적나라한 '몸짓'을 보였다. 펫장집은 물 건너간 셈이었다. 하지만 그건 좋은 아이디어였다. 나는 전화상으로 도미니크가 펫장집에 보인 '반응'을 버트에게 알려주었다. 그는 그녀의 반응이 건축 허가 정책들과 정확히 일치할 것 같다고 말했다.

버트는 키플링 자치단체가 그 마을에 몇 채의 집을 소유하고 있으며 미납된 재산세를 징수하기 위해 다른 집들을 압류하게 될 거라고 말했다. 영화 출연권과 집 한 채를 맞교환하기 위해 버트는 마을 위원회를 설득하고, 지역 자치단체의 토지 관련 부서들의 서명을 받은 공식 문서를 확보해야 했다. 그 절차는 몇 주가 걸릴 것이었다.

나는 버트에게 키플링과 진심으로 거래하고 싶다고 말했다. 그렇게 하는 게 옳다고 생각되었다. 하지만 거래가 이루어지기 위해서는 그것이 공식적인 제안이어야 했다. 우리가 악수를 나눌 수 있는 어떤 것 말이다. 모든 것이 순조롭게 성사되기를 무척이나 원했던 만큼 나는 '협상가-동기유발자'로 변신해 있었다. 나는 버트에게 영화 출연권에 대해 내가 받은 수십 가지 제안들과, 하루가 다르게 얼마나 더 많은 제안들이 밀려들어오고 있는지 말해주었다. 나는 키플링의 집 한 채가 최고의 제안이자,

one trip to Yahk one cube van one recording contract one year in Phoenix one afternoon with Alice Cooper

거절할 수 없는 제안이라고 확실히 말했다. 또 집 한 채를 얻음으로써 내 모험을 끝마쳐야 할 시기에 관해서도 말해주었다. 8개월 전 〈르 주르날 드 몬트리올〉의 패트릭 라가세 때문에 내가 울며 겨자 먹기로 떠안게 된 7월 12일이라는 '마감' 말이다. 때는 이미 6월 말이었다. 7월 12일이 멀지 않았다. 집 한 채를 교환하기까지 단 몇 주의 시간밖에 남아 있지 않았다. 그건, 내 입으로 내뱉은 약속이든 아니든, 이미 공공연하게 지켜야만 할 약속이 되어버렸다. 그런 게 오히려 일의 진행을 돕기도 한다.

버트가 말했다. "저도 진심으로 이 일을 성사시키고 싶어요. 내가 할 수 있는 게 뭐가 있는지 한 번 알아볼게요."

버트에게 가장 인상 깊었던 점은 그런 상황에도 냉정을 잃지 않고 분별 있게 접근하는 것이었다. 동시에 그는 분명 약간 무분별한 성향도 있는 듯했다. 물론 좋은 측면에서 말이다. 영화 출연권과 지자체 자산을 맞바꾸기 위해 마을 위원회를 설득시키려는 사람에게 분별이 있다고 말하긴 어려우니 말이다. 하지만 버트와 나는 계산할 수 없는 것들에 가치를 두고 있었다. 그래서 그것이 특별했던 것이다.

일주일 뒤, 전화가 울렸다. 버트에게서 걸려온 것이었다. 우리는 가벼운 농담을 주고받았다. 잠시 후 그는 난데없이 격식을 갖추려는 듯 목을 가다듬었다. 그의 그런 모습에서 뭔가 중요한 이야기가 있음을 감지할 수 있었다. 그가 그날 한 말은 이랬다.

"카일 씨, 서스캐처원주 키플링 마을은 당신이 집 한 채를 얻으려는 모험을 끝마치기를 원합니다. 키플링 마을의 지자체 직원들과 주민들의 지지에 힘입어 시장과 마을 위원회는 당신에게 수정된 제안을 내놓기로 했습니다. 당신은 분명 '좋다' 고 대답할 것입니다!

우리 지역 공동체의 새로운 주민 자격으로 당신은 지역 공동체 전체의 환영을 받게 될 겁니다. 키플링 상공회의소는 당신에게 200달러의 키플링 캐시를 드릴 겁니다. 그 캐시는 키플링 상공회의소에 등록된 모든 업체에서 사용할 수 있습니다. 당신은 키플링 마을에 입성하는 열쇠를 받게 될 겁니다. 그리고 하루 동안 명예 시장이 될 것이며, 평생 명예시민이 될 겁니다. 마을 위원회는 우리가 거래하는 날을 빨간 클립의 날로 지정할 것이며 당신이 이루어낸 것들을 기념하는 의미로 모든 사람들에게 빨간 클립 티셔츠를 입게 할 예정입니다. 우리는 당신을 기리는 의미에서 세상에서 제일 큰 빨간 클립도 만들 겁니다.

가장 중요한 부분은, 당신이 모험을 끝마칠 수 있도록 당신에게 집을 한 채 제안하려는 겁니다. 1920년대에 지어져 최근에 개조한 집이죠. 그것은 캐나다 서스캐처원주 키플링 메인 스트리트 503번지에 있습니다. 2층 집으로 약 99평방미터입니다. 방 세 칸에 욕실 하나, 간이 욕실 하나, 부엌, 거실, 식당이 갖추어져 있습니다. 건물의 바깥쪽은 하얀색 판자로 마감했습니다. 지붕은 새로 얹었고 처마의 홈통은 몇 년 전에 교체한 것입니다. 마지막으로 페인트칠을 새로 한 후 그 집의 사진을 당신에게 보내드리도록 하지요.

또한 그 영화 출연권으로 우리가 무엇을 하게 될지도 말씀드리고 싶군요. 우리는 키플링의 커뮤니티 센터에서 오디션을 열 생각입니다. 아메리칸 아이돌식의 오디션이 될 것이며, 당신을 심사위원으로 초청할 겁니다. 우리는 또한 코빈 번슨과 그 영화의 프로듀서들도 심사위원으로 초대할 겁니다. 오디션을 보고 싶은 사람은 누구든 돈이나 물건으로 기부를 해야 합니다. 기부금이나 기부품들은 오디션을 마친 후 키플링시, 공공 공원들, 레크리에이션 단체, 그리고 당신이 선택한 자선 단체에 골고루 나누어줄 생각입니다. 살아 있는 동물들, 아이들, 유령들은 입장을 거부하며 우천시 기부금이나 기부품은 환불되지 않습니다. 최근 키플링에 비가 너무 많이 왔거든요."

버트는 말을 멈췄다. 머릿속에서 갖가지 생각이 빠르게 스쳐지나갔다.

'그 집이 메인 스트리트 503번지에 있다고? 나는 한 번도 메인 스트리트에 살아본 적이 없는데. 어떤 메인 스트리트에도 살아본 적이 없지. 그래도 일전에 앨 로커와 악수를 나눈 적은 있었지. 그럼 나머지 제안들은 어떻지? 1일 시장? 세상에서 제일 큰 빨간 클립? 내가 지금 막 빨간 클립 한 개로 집 한 채를 얻은 거야? 이게 꿈인지 생시인지 알아보려면 볼을 꼬집어봐야 하나? 아니야, 아직은 아니지. 이 거래를 공식화하려면 팻 시장과 악수를 나누어야 해. 그때 가서 볼을 꼬집어봐도 늦지 않을 거야.'

버트가 침묵을 깨뜨렸다. 그는 할 말이 더 있었다.

"카일 맥도널드 씨, 코빈 번슨의 영화 〈도나 온 디맨드〉의 출연권과 키플링의 집 한 채를 바꾸시겠습니까?"

이 장의 제목을 읽었다면, 당신은 분명 내가 뭐라고 대답했을지 상상할 수 있을 것이다.

끊임없이 거래 품목을 찾아 헤맨 지 거의 일 년 만에 나는 북미 전역의 사람들과 열네 번의 거래 끝에 빨간 클립 한 개를 집 한 채로 탈바꿈시키는 쾌거를 이루어냈다.

모든 사람들에게 이 사실을 즉시 알리고 싶었던 만큼 나는 키플링의 지역 신문인 〈더 시티즌(The Citizen)〉이 그 소식을 제일 먼저 전하게 하고 싶었다. 〈더 시티즌〉은 주간지라, 매주 금요일마다 가판대에 꽂힌다. 인쇄는 수요일마다 돌아간다. 수요일이면 오늘이다. 버트는 나에게 다시

one afternoon with Alice Cooper one KISS snow &

전화를 걸어 〈더 시티즌〉의 수석 기자인 마이크 컨스가 우리의 최종 거래를 기사로 싣기 위해 신문 인쇄를 중단시켰다고 말해주었다.

나는 2일간 소문을 애써 부인했고, 영화 출연권과 키플링의 집 한 채를 바꾸었다는 이야기는 일언반구도 하지 않았다. 아니, 그런 일이 전혀 없었던 것처럼 행동해야 했다.

〈더 시티즌〉이 키플링의 신문 가판대에 꽂힌 후, 나는 "재미있는 일"이라는 제목의 엉성한 글을 블로그에 올렸다.

아무 생각 없이 신문을 읽어 내려가다가 무척 흥미로운 부분이 눈에 띄었다. 가방 밖으로 나간 고양이 기사를 끼워 넣기 위해 인쇄가 중단되었다는 소식. 그들의 기사가 믿을 만하다고 생각하는가?

나는 '고양이'라는 단어를 키플링의 주간 신문 〈더 시티즌〉 1면에 링크시켰고, '가방'이라는 단어는 2면 기사에 링크시켜 사람들이 신문을 계속 읽게 했다.

여기 그 신문이 있다. 전 세계의 메이저급 언론사들이 특종을 입수하려고 전화를 걸어왔다. BBC, CBC, CNN, ABC 등등. 하지만 오직 하나의 언론사만이 전 세계에서 단독으로 특종을 따냈다. 바로 〈더 시티즌〉이다.

red paperclip one fish pen one doorknob one camping stove one red generator one instant party

거래가 종결되다!

거래가 공식화되었다! 빨간 클립 한 개로 집 한 채를 얻으려는 카일 맥도널드의 모험이 키플링에서 일단락될 것이다. 이전 기사에서 보도했듯이, 몬트리올의 카일은 빨간 클립 한 개를 물고기 볼펜 한 개와 바꾸는 것으로 이 모험을 시작했다. 그는 그 볼펜을 문손잡이와 맞바꿨고 다음엔 캠핑 스토브 등등으로 계속 물물교환을 하다 가장 최근에는 앞으로 개봉될 영화 〈도나 온 디맨드〉의 대사가 있는 배역을 입수해 거래 제안을 했다. 수요일, 키플링의 공무원인 버트 로치는 팻 잭슨 시장과 함께 카일과 전화 통화를 함으로써 그동안 진행되어오던 거래 제안을 조금 더 확대했다. 처음에 제안되었던 품목은 키플링으로 들어가는 열쇠와 1일 명예시장, 평생 명예시민, 빨간 클립의 날 제정, 그리고 그를 기리는, 세계에서 가장 큰 빨간 클립 제작, 새로운 주민인 그를 위한 지역 사회의 환영 행사와 키플링 캐시 200달러, 그리고 마을 부지였다. 수요일, 거기에 집 한 채가 추가되었다. 시장과 몇몇 지자체 직원들이 지켜보고 CBC TV 카메라가 돌아가는 가운데, 로치는 카일과 키플링의 주민들 모두를 위해 짜릿한 행사를 준비할 것을 약속하며 질문을 던졌다. "카일 맥도널드 씨, 우리 제안을 수락하시겠습니까……?" 그의 대답은 확실한 "네"였다. 그리고 그 상황을 지켜보기 위해 모여든 사람들에게서 박수갈채가 쏟아지는 가운데 그가 계속해서 말했다. "굉장할 겁니다! 제가 할 수 있는 말은 이게 전부예요!" 이

instant party one famous snowmobile one trip to Yahk one cube van one recording contract one y

모든 일이 시작된 지 정확히 일 년이 되는 7월 12일 다음 주 수요일에 카일의 최종 '거래'가 이루어질 예정이다. 세부적인 일정 조정이 있을 것이며, 전 세계 언론사들이 지켜보는 가운데, 카일과 그의 여자 친구 도미니크는 키플링의 새로운 시민이자 메인 스트리트 503번지에 위치한 집의 자랑스러운 주인이 될 것이다.

이 거래로 키플링시는 향후 개봉될 코빈 번슨의 영화 출연권을 손에 쥐게 되었다. 그에 따라 아마 이르면 9월쯤 키플링에서 오디션이 열릴 것이다. 맥도널드의 말에 따르면 그는 이미 번슨과 그 오디션에 관해 의견을 나누었으며, 번슨이 이 계획에 엄청난 관심을 표명했다고 한다. 맥도널드는 번슨과 자기 가족도 그 오디션에 참여할지 모른다며 그 외 유명 인사가 이 자리에 참석할 수 있다고 귀띔했다. 맥도널드는 로치에게 "이건 당신과 내 인생을 완전히 뒤바꿔놓을 일련의 변화를 촉발시킬 겁니다"라고 예고했다. 그는 지금까지의 여정을 설명하기 위해 '펀텐셜'이라는 신조어를 만들어냈으며, 이제 그가 기대하던 즐거움이 막 도래할 참이다. 작년 7월 12일, oneredpaperclip.com이 인터넷에 모습을 드러낸 이후 그 사이트는 300만 명 이상의 조회수를 기록했다. 이제 키플링은 맥도널드의 평판에 힘입어 수입을 올릴 기대를 하고 있다. 로치는 거래가 성사된 후 "이보다 더 행복할 수 없어요"라고 말했다. 그는 세계에서 제일 큰 빨간 클립을 관광 명소로 키울 계획이라면서, "그 잠재력, 혹은 펀텐셜은 정말이지 엄청날 겁니다"라고 말했다. 연간 행사가 될 '빨간 클립의 날'에는 주민들이 빨간 클립 티셔츠를 입게 될 것이다. 키플링시는 현재 빨간 클립이 들어간 새로운 로고를 디자인하고 있다. 맥도널드는 최종 결정을 내린 뒤 안도감과 아쉬움이 교차한다고 털어놓았다. 그는 마라톤을 완주한 기분과 흡사하다고 말했다. 그 모험을 시작하고 겨우 몇 달이 지난 2005년 말 카일의 웹사이트 oneredpaperclip.com에는 거래를 제안하는 글들이 쇄도했다. 언론사들이 여기에 관심을 보이기 시작했고, 그가 (맥주통과 버드와이저 네온사인이 포함된 '즉석 파티 세트'와) 발전기를 교환했을 때쯤에는 약간의 유명세를 타게 되었다. 하지만 26세의 젊은이가 유명인의 입지를 다진 시점은 그가 (뉴욕시 주민이 제안한) '즉석 파티 세트'를 퀘벡의 라디오 및 텔레비전 토크쇼 진행자의 스노모빌과 맞바꿨을 때였다. 그날 뉴스에는 그의 이야기가 소개되었고 토크쇼들은 그 젊은이를 게스트로 출연시켰다. 야크 1일 여행권에 대한 대중의 관심은 언론이 선호할 만한 일련의 거래를 성사시켰다. 이러한 것들로는 음반 취입 계약, 앨리스 쿠퍼와의 미팅, 키스 스노 글로브의 교환을 들 수 있다. 스노 글로브로 카일은 영화 출연권을 손에 넣게 되었고 결국 로치가 그에게 연락하게 되었다. 팻 잭슨 시장은 로치와 맥도널드의 열정을 충분히 공감하고 있다. 그녀는 이렇게 말했다. "요즘 뉴스마다 좋지 않은 소식이 너무 많아요. 그 와중에 신선하고 긍정적인 소식을 들으니 정말 좋더군요. 우리가 카일의 모험에 도움을 주게 되어 기쁘고 그가 어서 우리 마을에 들어오기를 열렬히 바랍니다." 수요일, 최종 협상은 원만하게 진행되었으며, 맥도널드가 자신의 여자 친구인 도미니크에게도 명예시민

one instant party one famous s

의 영광을 줄 수 있는지 물었을 때, 키플링의 시장은 즉시 이렇게 대답했다. "반드시 그래야죠! 물론입니다." 키플링시의 공무원인 켈리 키시는 3.6미터 길이의 클립 모형(빨간색이 칠해진)을 만들기로 했다. 로치는 대형 빨간 클립을 설계하고 만드는 데 상당한 시간이 걸리겠지만 완성된 모형은 정말 멋질 것이라고 말했다. 로치에 따르면, 세계에서 가장 큰 빨간 클립이 공개될 날은 2007년 7월 12일이 될 것이며, 이날은 키플링시가 맥도널드의 기업가적 정신을 기리는, 영원한 유산이 될 것이다. 키플링에 위치한 그 2층짜리 집은 1920년대에 지은 것으로 최근 개조를 끝마쳤다. 로치는 맥도널드에게 그 집의 열쇠를 넘겨주기 전에 약간의 수리와 정원 손질이 필요하다고 말했으며, 그 일은 7월 8일 토요일에 예정되어 있다고 말했다. 그는 그날 주민들이 대거 참여해 카일과 도미니크를 맞을 준비를 빈틈없이 할 수 있을 것으로 기대하고 있다. 그는 그 프로젝트에 관심 있는 사람들의 참여와 지원을 부탁한다는 말을 남겼다. 관심 있는 분들은 ×××-××××로 버트에게 전화를 걸면 된다.

내가 내 사이트에 〈더 시티즌〉을 링크시키자마자 인터넷이 들썩거렸다. AP가 또 다른 기사를 실었고, 마치 내가 필라델피아 공항에서 비행기를 갈아탈 때 공중전화를 독차지했던 것처럼 각종 매체들이 광분했다. 하지만 이번은 그때보다 훨씬 더 난리였다. 다음날까지 야후, AOL, BBC, CBC, ABC, MSN, CNN, FOX News와 그 외 셀 수도 없이 많은 웹사이

one trip to Yahk one cube van one recording contract one year in Phoenix one afternoon with Al

트들이 전면에 oneredpaperclip.com
을 링크시켰다. 심지어 〈르 주르날
드 몬트리올〉 지의 1면에까지 내 사
진이 실렸다! 도미니크의 어머니가
만들어준 빨간 클립을 들고 있는 내
모습이었다.

며칠 사이에 400만 명의 사람
들이 oneredpaperclip.com을 방문
했다. 내 휴대폰은 거의 심장발작
을 일으키기 직전이었다. 버트와 나는 노동절 주말이 키플링에서 집들이
를 하기에 가장 좋은 날일 거라는 결정을 내렸다. 나는 CNN과 〈굿모닝
아메리카〉를 포함해 몇 십 개의 TV와 라디오 쇼에 출연했다. 생방송 TV
프로그램에서 나는 노동절 주말에 키플링에서 집들이를 할 예정이라고
발표하고는 모든 사람들을 공개적으로 초대했다. 그 즈음 나는 전 세계
DJ들과 친숙한 사이가 되어 있었다. 그들이 전화를 빈번히 걸어왔고 내
가 취득한 그때그때의 거래 아이템들에 관해 애청자들에게 계속 소식을
전해주면서 우리는 어느새 친해졌던 것이다. 나는 FM 107의 이언과 마
거릿에게 적어도 일곱 번 정도 집들이 건을 언급하면서 쌍둥이 도시의 멋
진 시민들이 키플링에서 치러질 대규모 집들이에 동참해달라고 부추겼
다. 그게 초대장을 보내는 것보다 더 쉬웠다.

나는 그 파티를 알리는 글을 블로그에 올렸다.

얼마나 많은 사람들이 올지는 전혀 모릅니다. 알 수가 없죠. 키플링에는 1100명 남짓의 주민들이 거주합니다. 도미니크와 내가 그곳에 살게 되면 1102명 남짓의 터전이 될 겁니다. 그곳에는 모텔이 하나 있습니다. 그 모텔에는 방이 25개 있고요. 분명히 25개의 방으로는 부족할 정도로 수많은 사람들이 '서스캐처원 역사상 가장 큰 집들이 파티'에 올 거라고 생각합니다. 집들이 파티라는 이름만으로도 짐작할 수 있겠지만 말입니다. 우리는 정말 모든 사람들이 어디서 숙박을 해결해야 할지 모르겠습니다. 차차 해결책을 찾아보도록 하죠. RV 같은 류의 차를 가져오세요—우리가 그런 분들을 위해 주차 장소를 물색해볼게요. 내 침대는 내 차니까요. 사실 버트는 메인 스트리트 503번지에는 가구가 완비되어 있지 않다고 했습니다. 그러니 저에게는 아직 침대도 없는 셈이죠. 차차 들여놓을 내 침대는 내 차라고 말하는 게 맞겠군요. 다행히도 마을에는 세 개의 식료품점이 있으니 음식이 바닥날 걱정은 하지 않아도 됩니다.

버트와는 전화로 거래를 했기 때문에 나는 아직도 그 집이 어떻게 생겼는지 본 적이 없다. 나는 다른 사람들처럼 CBC의 〈더 내셔널(The National)〉에서 처음 그 집을 보았다. 방이 세 개인 이층집으로 빨간색과 하얀색이 칠해져 있었다. 아이에게 집을 한 채 그려보라고 한다면 그 집과 똑같이 그려낼 것이다.

그 집은 완벽했다.

하지만 그 거래를 공식화하기 위해서는 그 도시의 시장과 악수를 해야 했다.

도미니크와 나는 몬트리올에서 서스캐처원의 주도인 리자이나로 향하는 비행기에 앉아 있었다. 세 시간의 비행 끝에 우리는 공항에서 키플링 주민인 엘든 깁슨과 켈리 키시를 만났고 리자이나의 한 호텔에서 그날 밤을 보냈다. 그리고 그 호텔에서 부모님을 맞이했다. 어머니는 내 머리를 깎아주었고, 모든 사람들이 잠을 이루려 애썼다. 불가능한 일이었다. 무척 긴장되는 동시에 흥분되었다.

우리는 잠에서 깨어나 키플링을 향해 차를 몰았다. 유유히 스쳐지나가는 넓은 초원이 눈앞에 펼쳐졌다. 녹색, 황색, 그리고 청색 벌판들이 시선이 닿는 끝까지 펼쳐져 있었다. 우리가 48번 고속도로를 타고 동쪽으로 달리는 동안 점점이 박힌 사일로(곡식이나 마초 등을 저장하는 탑 모양의 건축물—옮긴이)들과 대형 곡물 창고들, 농가들이 눈에 띄었다. 끝없이 이어지는 목초지는 바다 같았고 그 위에 드문드문 흩어진 마을들은 작은 섬 같았다.

우리는 곡물들을 좀더 가까이에서 보기 위해 길 옆에 차를 세웠다. 엘든과 켈리는 캐나다 전역에 곡물이 분배되는 형태에 따라 키플링이 어떻게 나뉘어져 있는지 알려주었다. 키플링의 동쪽 들판에서 수확한 곡물들은 동쪽의 몬트리올로 운반되었다. 키플링의 서쪽 들판에서 수확한 곡물들은 서쪽의 밴쿠버로 운반되었다. 나는 그 이야기를 들으면서 그러한 사실을 도미니크와 내가 앞으로 살게 될 곳에 관한 의미심장한 상징으로 받아들여야 할지, 아니면 다음에 미니 휘트 시리얼 박스에 적힌 글자를 확인해보는 정도의 재미쯤으로 받아들여야 할지 확신이 서지 않았다. 둘 다로 받아들여야 한다고 생각했지만 사실 글자 찾기가 얼마나 어려운가에 따라 재미도 달라지는 법이다.

우리는 밴으로 돌아와 동쪽을 향해 계속해서 차를 몰았다. 잠시 후, 햇살에 빛나는 은빛 대형 곡물 창고가 지평선 위로 모습을 드러냈다. 순간 심장이 멈춰버렸다.

그 섬은 멀리 떨어져 있었다.

그 거리가 점점 줄어들었다.

그 대형 곡물 창고에 가까워지면서 자동차의 속도를 제한 속도까지 낮추었을 때, 커다란 표지판이 우리 시야에 들어왔다. 4.5미터 높이의 구식 종이 스크롤이 보였고 그 옆에 깃털 펜이 세워져 있었다. 그 종이에는 "키플링에 오신 것을 환영합니다"라고 적혀 있었다.

햇빛에 반짝이는 그 대형 곡물 창고를 빠르게 지나쳐가자, '키플링 협동조합'이라고 적힌 표지판이 길 한쪽에 서 있었고, 거기에 "카일과 도미니크를 환영합니다"라고 씌어 있었다.

키플링의 모토는 "가정(If)이 실현되는 곳"이다. 나는 무언가 깨달았다. 우리는 가정을 하고 있었고, 이것은 현실이 되었다.

우리는 메인 스트리트 503번지 근처 주차장으로 차를 몰았고 긴장한 채 밴에서 내렸다. 수백 명의 사람들이 길가에 서 있었다. 웅성거리는 소리가 허공을 맴돌았다. 마치 앨리스 쿠퍼가 노스다코타주 앨리스에 도착했을 때 같았다. 하지만 이번엔 앨리스 쿠퍼가 아니었다. 그는 스스로에게 자신이 앨리스 쿠퍼임을 상기시켜야 했다. 나는 나 자신에게 나임을 상기시켜야 했다. 지금은 바로 나다. 나는 매우 긴장했다. 전 세계 수백만 명이 시청하는 텔레비전 쇼에 출연하는 것과 특정 장소에서 수백 명의 군중들 앞에 모습을 드러내는 것은 완전히 별개의 일이었다.

도미니크와 나는 버트와 팻, 그리고 서스캐처원주 키플링의 주민들을 만나기 위해 수많은 인파를 뚫고 걸어갔다. 우리는 군중들 앞에 서서 쑥스럽게 손을 흔들었다. 어머니가 우리 사진을 찍었다. 세븐일레븐 앞에서 르와니랑 코린나와 첫 거래를 할 때 그랬듯이 말이다.

캐나다에 유명한 사진이 하나 있다. 1885년 11월 7일, 브리티시컬럼비아주 크라이글라치 마을 외곽에서 찍은 사진이다. 그 사진 속에서 하얀 턱수염에 모자를 눌러쓴 도널드 스미스는 커다란 망치로 대못을 내려치고 있으며 그의 주위를 구경꾼들이 에워싸고 있다. 그 행위는 그 전에도 여러 번 수많은 장소에서 행해졌다. 하지만 이 대못은 달랐다. 그것은 캐나다를 횡단하는 최초의 철도인 캐나다 퍼시픽 철도를 완공하는 마지막 대못이었다. 수많은 사람들이 수년에 걸쳐 엄청난 노동을 쏟아 부은 끝에, 그 꿈은 마침내 실현되었다. 그때를 기점으로 기차가 동서 연안을 가로질러 국토를 횡단할 수 있게 되었다. 그 사진에서는 스미스가 철도 침목에 대못을 박아 넣는 동안 주위에 서 있는 수십 명의 사람들이 그 마지막 대못에 시선을 고정하고 있다. 구경꾼들은 철도가 완성되는 바로 그 순간, 그 커다란 망치를 마지막으로 내려치는 장면을 목격하고 싶어 했다. 그것은 캐나다 역사상 가장 결정적인 순간으로 수많은 사람들을 하나로 결집시켰다. 나는 항상 이 사진에 사로잡히곤 했다. 어떻게 하나의 행위가 그토록 많은 시선을 끌어 모을 수 있었을까. 어떻게 하나의 행위에 그토록 많은 의미가 담길 수 있었을까.

메인 스트리트 503번지에서 기념식이 시작되었다. 우리는 국가를 부르기 위해 일어섰다. 어머니와 아버지는 우리 바로 뒤에 서 있었다. 개회사와 연설이 있었다. 팻 시장이 공중에 종이 한 장을 들어올렸다.

"제 오른손에 들린 이 한 장의 서류가 뒤에 있는 집의 권리증입니다. 오늘 이렇게 카일 맥도널드 씨를 직접 모시고 공식적인 거래를 맺게 된 것을 영광으로 생각합니다. 맥도널드 씨는 거래 물품을 들고 앞으로 나오셔서 이 권리증에 서명해주시기 바랍니다."

군중들이 박수를 친다. 내가 앞으로 나가자 침묵이 흐른다.

나는 미소를 지으며 거래 물품을 건넨다.

팻이 내게 펜을 건넨다.

나는 권리증에 서명을 한다.

우리는 미소를 짓는다.

팻이 말한다. "증인으로 고드 경관 나와주세요."

기마 경관인 고드가 앞으로 나와 권리증에 서명한다.

팻이 말한다. "키플링의 주민이 되신 걸 환영합니다."

우리는 가위를 들고 빨간 리본을 자른다.

도미니크와 나는 손을 잡고 계단을 오른다.

내가 손을 뻗어 현관문을 연다.

나는 한마디하기 위해 군중을 향해 돌아선다.

입술이 떨리기 시작한다.

현실인지 실감이 안 날 정도다.

너무 완벽하다.

너무 조용하다.

도미니크가 내 손을 잡는다.

우리는 감사의 인사를 전한다.

그리고 군중을 향해 손을 흔든다.

그리고 문 안으로 들어선다.

우리의 미래를 향해 들어선다.

Epilogue 〉〉〉 서스캐처원 최대의 집들이 파티

Saskatchewan's biggest housewarming party, ever

우리가 메인 스트리트 503번지의 현관문 안으로, 그러니까 미래로 걸어 들어가고 몇 주 뒤에 키플링시는 서스캐처원 최대의 집들이 파티를 열어주었다. 정말 멋진 파티였다. 그 파티에 참석하기 위해 아주 멀리서 사람들이 몰려왔다. 캐나다, 미국, 심지어 유럽에서도. 동부와 서부 해안, 켄터키, 캔자스 등지의 사람들은 차를 몰고 왔다. 그 분위기를 글로는 도저히 표현할 수 없다는 문구를 책에 쓰기는 좀 그렇지만, 어쨌든 그게 사실이다. 여기에는 그 주말의 사진들을 순서에 관계없이 실어놓았다.

메인 스트리트에는 차가 들어설 수가 없었다. 잿빛 도로가 인파로 뒤덮였다. 사람들은 집에서 만든 파이와 양배추 롤을 싸가지고 왔다. 집들이 날이 다가오는 동안 짬짬이 그들은 그것을 구웠다. 추수 때라 건초더미가 거리에 일렬로 늘어서 있었다. 픽업트럭 뒤에는 옥수수가 높게 쌓여 있었다. 헝가리 음식들. 마을 회관에서 준비한 음식들. 아이들을 위한 시끌벅적한 요새들. 사람들은 차에 배낭과 텐트를 싣고 도착했다. 야영지가 사람들로 가득 찼다. 메인 스트리트에 무대들이 설치되었다. 초크로 그린 그림들이 길바닥을 장식했다. 의류와 토산품과 공예품들. 〈1초 영화(The 1 Second Film)〉를 위한 너번과 레비의 무대. 모든 사람들이 무언가를 하고 있었다.

그 모습을 지켜보며 경이감을 느꼈다. 지역 주민들과 타지 사람들이 분위기를 뜨겁게 달구었고, 기억에 남을 주말을 위해 힘을 합했다. 버트와 그의 아내 마시는 7월 12일 이후 계속 뒤에서 일을 봐주고 있었다. 하키 경기장에서 3일 내내 엄청난 파티가 열렸다. 브래드 조너, 버터핑거, 그리고 그 지역 출신의 가수 앨릭 루니언스가 음악을 연주했다. 말을 탄 기마 경관도 있었다. 당신이 상상하는 그대로다. 서스캐처원의 열기구가 마을 위로 솟아올랐다. 호화로운 불꽃이 북극광을 받은 희미한 녹색 배경을 등지고 설치되었다. 사람들이 집에 집들이 선물들을 내려놓았다. 사방에 사람들의 에너지가 가득했다.

빨간 클립 한 개로 집 한 채를 얻는 방법.

사람들.

나를 미쳤다고 생각했던 모든 이들. 가족. 친구들. 친구의 친구들. 새로운 친구들. 내가 거래했던 거의 모든 사람들이 거기에 있었다. 브렌던과 조디 그넌트는 밴드와 함께, 그리고 따로따로 무대에 올랐다. 나와 거래했던 사람들이 무대에 오른 가운데 조디가 "빨간 클립"이라는 노래를 불렀다. 춤을 추면서. 옛날부터 가족끼리 친하게 지내던 콜린 피어슨은 최근 빨간 클립을 주제로 작곡한 "나는 오늘 친구를 하나 사귀었네"라는 곡을 연주했다.

그리고 우리 모두는 많은 친구를 사귀었다. 추수 기간에. 버트는 그것을 서스캐처펀이라고 불렀다. 적절한 조어였다. 그리고 그건 정말 어마어마했다. 나는 심지어 그 특별한 행사를 위해 팔자수염까지 길렀다. 아침마다 나는 우리 집 부엌에 앉아 시리얼을 먹으면서 사람들과 악수를 했다. 이런 건 거의 벌어지지 않는 일이다.

서스캐처원 최대의 집들이 파티는 마음 맞는 사람들끼리 즉석으로 마련한, 되풀이할 수 없는 행사였다. 마치 우리 모두가 첫 책을 함께 '쓰고 있는' 듯했다. 우리는 그저 최선을 다했고, 그때그때 상황에 적응했으며, 필요할 경우 도움을 구했다. 내가 어머니에게 이 장을 읽어보고 조언을 해달라고 부탁했을 때처럼 말이다.

어머니, '편집자': 이 축제를 준비하기 위해 6주라는 짧은 기간 동안 애를 써준 지역 주민들에 대한 설명이 약간 필요하겠는데……. 지역 주민

어머니, 애니, 카일, 코린나, 마크, 조디, 아버지, 숀.

1일 시장에게는 나름의 권한이 있다.

집들이를 하는 동안 키플링의 메인 스트리트에 있는 군중들 앞에서, 키플링 주민 에드 클라크.

Phoenix one afternoon with Alice Cooper

이런 사진은 정말 돈으로 가치를 매길 수 없다.

들은 저녁 식사를 준비해주었고, 파이를 구웠으며, 농부들과 장비업자들은 길가에 장비들을 진열해주었잖니. 감자튀김 트럭은 길 한가운데 가게를 차렸고. 모든 가게에서 "나는 키플링을 사랑한다(I ♥ Kipling)"라는 글자가 새겨진 티셔츠를 팔았잖아. 모텔은 사람들을 위해 환상적인 뷔페를 준비해주었고. 모든 사람들이 열나게 일했어. 나도 그렇고. 도미니크의 어머니와 자매들, 그리고 그녀의 할머니도 비행기를 타고 날아왔지. 그들도 열나게 일했어. 네 부모는 차를 몰고 왔잖니. 사흘이나 걸려서 말이지. 그들도 열나게 일했고. 네 사촌 카먼은 남편 리키와 어린아이 둘을 데리고 왔잖니. 모든 가족과 친구들이 온 거지. 올 수 있는 사람은 모두 와주었어.

그렇다. 어머니가 말했듯이, 어머니는 열나게 일했다. 나도 열나게 일했다. 모든 사람들이 열나게 일했다. 요즘 아이들은 이런 식으로 말한다, 그렇지 않은가?

어머니는 "마법 같은 신비로운 힘"이 있었다고 말했다. 나는 그때의 기분을 설명하기 위해 마법과 같은 단어는 사용할 생각이 없었다. 친구들이 주위에 있었기 때문이다. 하지만 나는 어머니의 말에 동의한다.

거기에 모든 사람들이 있었다. 가족, 친구들, 거래 상대들, 마을 사람들, 외지 사람들, 내 거래를 계속 지켜보았던 사람들, 그리고 그냥 이 요란한 축제를 구경하고 싶어서 온 사람들.

아는 모든 사람들이 동시에 한자리에 모인 게 꿈만 같았다. 하지만 그것은 현실이었다. 심지어는 꿈인지 생시인지 확인해보려고 내 볼을 꼬집어도 보았다. 따끔한 느낌이 확실했다. 너번은 미스터리를 해결하기 위해 등장인물들이 한자리에 모였던 〈스쿠비 두〉의 한 장면 같다고 말했다.

여러 면에서 그의 말이 옳았다. 범인을 밝혀내는 부분만 제외한다면.

집들이에 대해서는 아주 오랫동안 자세히 이야기할 수 있을 것이다. 그러니 더 많은 이야기는 나중으로 미루고, 이제 집들이 이야기는 그만 끝내야겠다. 아니, 나는 그 분위기를 설명하는 데 최선의 노력을 다했다.

토요일 저녁, 〈도나 온 디맨드〉의 출연자를 결정하기 위해 커뮤니티

모든 거래 상대들이 포즈를 취해주었다.
(왼쪽부터) 카일, 코린나, 애니, 숀, 미셸, 제프, 브루노, 조디, 레슬리, 마크, 코빈, 팻, 버트.

센터에서 공개 오디션이 열렸다. 수백 명의 관객들은 열두 명 이상의 참가자들이 코빈의 지시에 따라 연기하는 모습을 지켜보았다. 그들의 연기는 믿을 수 없을 정도로 훌륭했다. 그 지역의 끼 있는 인재들이 최고의 기량을 펼쳐보였다. 하지만 오직 단 한 사람만이 그 배역을 따낼 것이었다. 오디션에 참여한 사람들 중에는 끼 있는 사람이 여럿 있었지만, 오직 한 개의 배역만 돌아갈 수 있었다. 그리고 코빈은 다음날인 일요일 아침에 합격자를 발표하기로 했다.

일요일은 중요한 날이었다. 나는 날이 밝자마자 잠에서 깼다. 나는 눈을 뜬 채 천장을 응시했다.

'오늘은 중요한 날이야. 그런 기분이 들어.'

많은 사람들이 메인 스트리트의 끝자락, 즉 우리 집 앞에 모여들기 시작했다. 관람석이 설치되었다. 메인 스트리트의 관람석. 행사가 막 시작되려 하고 있었다. 나는 밖으로 걸어 나갔다.

'그래, 지금이야. 내가 무얼 하고 싶은지 잘 알고 있어. 다만 그 방법을 모를 뿐이지.'

수천, 수백 명이 메인 스트리트에 서서 국가인 "오 캐나다(Oh Canada)"를 불렀다. 조디는 "더 스타 스팽글드 배너(The Star Spangled Banner)"를 불렀다. 그녀의 공연이 너무나도 감동적이라 사람들의 눈에 눈물이 맺혔다. 두 명의 기마 경관, 밴드, 댄서, 정치가, 모두가 그곳에 모여 있었다.

팻 잭슨 시장이 무대에 올라가 지금까지의 일들을 간략히 정리해주었다. 그녀는 나를 1일 명예시장으로 선포하기 위해 나를 무대 위로 올라오

instant party one famous snowmobile one trip to Yahk one cube van one recording contract

게 했다.

나는 무대로 걸어 올라갔다.

'하지만 퍼즐의 중요한 조각이 빠져 있어. 제대로 되지 않을 거야. 나는 할 수 없어. 조금만 더 기다렸다가 나중에 하자.'

시장이 나를 1일 명예시장으로 선포했다. 팻이 나에게 시장 의사봉을 건네주었다. 그 의식은 화려하게 진행되었다. 내 왼손에는 그 마을의 목재 열쇠가 들려졌고 내 어깨에는 '시장'의 어깨띠가 둘러졌다. 나는 그녀에게 그런 영광을 주어 고맙다고 말하고는 연설대로 걸어갔다. 나는 그 의사봉을 공중에 들어올리고 수많은 얼굴들을 찬찬히 들여다보며 말했다.

"좋아요, 이제 이 마을을 깨끗이 청소합시다."

모든 사람들이 크게 웃었다. 나는 말을 해야 했다. 상황이 그랬다. 나는 아마 다시는 시장이 되어보지 못할 것이다.

나는 웃으며 말했다. "자, 살짝 '또라이' 같은 법령을 제정해야겠다는 생각이 드는데요." 나는 몇 분간 두서없이 떠들고 나서 이런 말을 했다. "콧수염을 기른 모든 사람들은 하이파이브를 받을 겁니다." 이런 식의 말들 말이다. 그렇게 시장으로 변신하여 두서없이 떠들어댄 뒤에 나는 모든 거래 상대들과 도미니크에게 무대 위로 올라와달라고 했다. 열네 명의 거래 상대 중 열두 명이 거기에 있었다. 코린나, 애니, 숀, 미셸, 제프, 브루노, 브렌던, 조디, 레슬리, 마크, 코빈, 버트. 그들과 도미니크는 무대 위로 올라와 팻 시장과 나와 나란히 섰다. 코린나는 맨 처음 거래했던 빨간 클립을 가지고 있었다. 그것은 나무로 테두리를 두른 유리 상자 안에 든 채 그녀의 목에 걸려 있었다. 나는 모든 사람들을 차례차례 소개했고 빨간 클립 한 개로부터 얼마 전에 막 얻은 그 집에 이르기까지의 이야기를 관중들에게 들려주었다. 나는 리키의 셔츠에 관해서도 들려준 후 그 셔츠를 본래 주인에게 돌려주기 위해 그를 무대 위로 불러 올렸다. 나는 그에게 고마웠다고 말하면서 다소 과분한 선물이었다는 말도 덧붙였다. 내가 한 이야기는 이 책에 소개된 그대로였다. 다만 한 가지 다른 점이 있다면 그리 길지는 않았다는 사실이다. 물론 당신이 이 책을 속독한다면, 오히려 무대 위의 설명이 좀더 길었을지도 모르겠다. 굉장한 광경이었다. 이 일이 실현되는 데 일조해주었던 거의 모든 사람들이 같은 시간, 같은 장소에 있었다.

나는 군중들을 찬찬히 둘러보았다. 내가 알고 있는 거의 모든 사람들이 거기에 있었다. 완벽했다. '어떻게 시작하지? 분명 방법이 있을 거야. 생각해봐.' 나는 방법을 찾아보았다. 아무런 방법도 떠오르지 않았다. 나는 무대 위의 모든 사람들을 쳐다보았다. '분명 방법이 있을 거야.'

나는 연설대에서 물러났고 다음으로 코빈이 오디션 통과자를 발표하기 위해 앞으로 나갔다. 나는 무대 위의 사람들에게 합격자가 발표된 후에도 무대에서 내려가지 말아달라고 부탁했다. 할 말이 하나 더 있었기 때문이다. 코빈은 키플링 주민들에게 무척 큰 감동을 받았다며 진심 어린 연설을 했다. 그는 마을 주민 모두에게 찬사를 보냈다. 훌륭한 연설이었다. 우리 모두는 키플링과 코빈 사이의 강력한 유대감을 느낄 수 있었다.

그때 나는 방법을 찾았다. '완벽해. 오늘이 바로 그날이다.'

코빈은 합격자를 발표할 준비를 했다. 대부분의 관중들이 전날 밤에 오디션을 지켜보았고, 기대감에 몸을 앞으로 숙였다. 코빈은 하얀 티셔츠 위에 검은 티셔츠를 입고 있었다. 그 당첨자의 이름은 안에 입은 하얀 티셔츠에 적혀 있었다.

그가 말했다. "제 영화에 출연할 사람은⋯⋯."

그는 등을 돌리고는 검은 티셔츠를 훌렁 걷어올렸다(나는 그 티셔츠가 그의 티셔츠 상자에 들어가게 될지 궁금했다). 무대 양쪽에서 대포가 발사되면서 색색의 종잇조각이 허공을 날아다녔다. 커다란 박수갈채가 군중들 사이에서 터

자신의 영화에 출연할 사람을 발표하고 있는 코빈.

오디션에 통과하고 놀라움을 감추지 못하는 허버드

져 나왔다.

그의 티셔츠에는 놀런 G. L. 허버드라는 이름이 적혀 있었다.

놀런은 19세의 청년으로 키플링에서 나고 자랐다. 그에게 그것은 꿈이 이루어지는 순간이었다. 전날 밤, 그의 공연은 관객 모두에게 놀라운 볼거리를 제공해주었다. 이제는 그가 놀랄 차례였다. 그는 믿을 수 없다는 표정으로 비틀거리며 무대로 걸어 올라갔다. 그는 코빈과 악수를 나누며 그에게 수차례 감사하다는 말을 한 후 마이크로 다가갔다. 얼굴에 기쁨이 역력했다.

그가 말했다. "지금껏 바라왔던 일입니다. 믿을 수가 없어요."

그는 코빈 쪽을 한 번 더 바라보며 고맙다고 말하고는 얼굴에 환한 미소를 지으며 군중들 쪽으로 몸을 돌렸다. 완벽한 순간이었다.

흥분한 놀런은 몇 분간 소감을 발표한 후 마이크에서 물러났다.

'지금이야. 하지만 두려워.'

도미니크가 나의 망설이는 모습을 눈치 챘다. 그녀가 내 눈을 똑바로

집들이 때 키플링의 무대에 선 놀런 허버드. 영화 출연이 확정된 직후.

쳐다보며 물었다. "당신, 뭐 하고 싶은 말 있어?"

"어." 나는 긴장한 채 말했다.

'지금 두려운 생각이 들지 않는다면, 내가 무엇을 하고 있을까? 치즈를 먹고 있을까? 그럴지도 모르지. 우리 모두 그럴지도 모르지. 하지만 그것 말고 내가 무엇을 하고 있을까?'

나는 심호흡을 하고는 앞으로 걸어 나갔다. 나는 코린나를 쳐다보며 그녀의 목에 걸려 있는 빨간 클립을 가리켰다. "그거 잠시만 빌려줄 수 있어요?"

코린나는 고개를 끄덕이며 그것을 나에게 건네주었다.

나는 동생 스콧을 쳐다보았다. 그는 확신에 찬 미소를 지으며 나에게 엄지손가락을 들어 보였다. 그는 알고 있었다. 그가 '어떻게' 알았는지 모르겠지만, 어쨌든 내가 뭘 할지 알고 있었다.

'이게 바로 그거야.'

나는 마이크로 다가갔다.

'완벽해. 이거 너무 리얼하잖아, 너무…….'

나는 입술을 떨며 입을 열었다.

'그러니까…… 지금.'

나는 입을 열었다.

"5년 전, 저는 에드먼턴에 있는 호스텔 지하에서 도미니크를 만났어요. 유전에서 일을 하다가 일주일간 휴가를 냈을 때였죠. 그녀는 여동생 마리 루와 3개월간 휘슬러를 여행하고 퀘벡으로 돌아가는 길이었죠. 나는 그들에게 그레이하운드 역까지 태워다주겠다고 했어요. 그곳에서 그들은 몬트리올행 버스를 탈 참이었거든요. 그들은 내 제안을 받아들였고 우리는 그 호스텔에서 몇 시간을 때우다가 내 차에 그들의 가방을 실었죠. 나는 우리와 어울리던 마크라는 친구에게 같이 가겠냐고 물었죠. 좋다고 하더군요. 우리는 그 버스 정류장으로 차를 몰았어요. 그리고 버스 정류장에 도착해 도미니크와 마리 루에게 작별 인사를 한 후, 마크와 나는 다시 밖으로 나와 차로 걸어갔어요. 차에 거의 다다랐을 즈음 마크가 나를 쳐다보았어요. '전화번호나 이메일 주소는 받았어?'

'아니, 왜?' 저는 이렇게 물었죠.

저는 여자들에게 전화번호 같은 걸 묻는 스타일이 아니었거든요. 긴장되더군요.

'왜냐고? 왜 안 달랬어?' 마크가 말했어요. '네가 언젠가 퀘벡에 갈 날이 있을지도 모르잖아. 도미니크와 마리 루는 정말로 괜찮던데. 그들과 다시 만날 수 있다면 좋을 거야. 그리고 나이 많은 쪽, 도미니크라는 애는 너를 좋아했어.'

'정말이야?'

'나를 믿어. 진짜야.'

저는 주머니에 손을 찔러 넣은 채 정류장 안으로 다시 들어갔어요. 긴장되더군요. 나는 바닥을 응시한 채 땅을 발로 툭툭 차면서 전화번호 같은 걸 교환할 생각이 있는지 수줍게 물어보았죠. 도미니크는 환환 미소를 띠며 나를 올려다보고는 '물론이야!'라고 대답했어요.

6개월 후, 나는 인도네시아의 활화산 정상에 있었고 마티외라는 퀘벡 출신의 남자를 만났죠. 나는 마티외에게 내가 도미니크, 마리 루와 계속 연락을 하고 지내게 된 사연을 들려주었어요. 그러고는 내가 얼마나 퀘벡에 가고 싶어 하는지 말했죠. 마티외와 나는 다음 몇 주 동안 동남아시아를 두루 여행했어요. 그 사이 그가 나에게 그해 여름에 퀘벡에 오라고 설득하더군요. 거의 같은 시점에 남동생이 내게 이메일을 보내 친구 몇 명과 밴을 타고 캐나다를 횡단할 예정이라면서 같이 가겠느냐고 물었어요. 완벽했어요. 모든 게 척척 맞아떨어지고 있었죠. 나는 인도네시아에서 산, 작은 나무 물고기를 밴의 대시보드에 넣은 채 캐나다를 횡단했죠. 그리고 도미니크가 살고 있는 생알렉시데몽에 도착해 그 인형을 도미니크에게 선물로 주었어요. 그 마을에서 도미니크와 함께 며칠만 머물 예정이었지만, 떠날 수가 없었어요. 그 나무 물고기를 선물했던 바로 그날부터 도미니크와 나는 계속 함께 지내고 있습니다."

나는 무대 앞에 모여 있는 군중들을 둘러보았다. 온통 침묵이 흐르고 있었다. 그렇다, 고요했다. 나는 숨을 깊게 쉬었다. 나는 그 빨간 클립을 허공에 들어올렸다. 그건 내가 물고기 모양의 펜과 맞바꾸었던 바로 그 빨간 클립이었다. 그건 무엇보다도 가장 중요한 거래였다.

나는 미소를 지었다. "이번 게임에서 그녀와 나는 한 번도 거래를 하진 않았지만, 도미니크는 이 무대 위의 다른 모든 사람들과 마찬가지로 이 여정의 일부입니다. 그녀는 지금껏 내가 설명했던 것 이상으로 많은 도움을 주었어요. 내가 먹는 것이나 자는 것과 같은 단순한 일들을 까먹은 채 거래에만 사로잡혀 있을 때, 도미니크가 곁에 있어주었죠. 도미니크가 곁에 없었다면 이 모든 것은 그저 한낱 꿈에 지나지 않았을 겁니다. 우리 모두 이곳에 있으니, 그것만으로도 꿈이 이루어진 것입니다."

나는 도미니크를 쳐다보며 그 클립을 고리 모양으로 동그랗게 구부렸다.

나는 클립의 양 끝을 꼬아 반지를 만들었다.

모든 것이 한 바퀴 돌아 다시 제자리로 왔다.

나는 도미니크에게 걸어갔다.

무릎을 꿇었다.

팔을 앞으로 뻗었다.

빨간 클립을 내밀었다.

그리고 그녀의 눈을 들여다보았다.

e instant party one famous snowmobile one trip to Yahk one cube van one recording contract one

할아버지의 한 말씀

스티브(중학교 1학년 때부터 카일의 친구): 제일 좋은 내용을 빼다니, 믿을 수가 없다. 네 할아버지에 대한 내용 말이야!

카일: 무슨 소리야? 우리 할아버지에 대한 내용이라니?

스티브: 할아버지께서 하신 말씀 못 들었어?

카일: 무슨 말?

스티브: 이런! 아주 명언을 하셨단 말이야. 도미니크가 청혼을 받아들이 자마자, 그러니까 사람들이 감동해서 눈물을 글썽이고 서로 껴안고 무대 옆에서 악수들을 나눌 때 네 할아버지께서 무대에 오르셔서 이렇게 말씀하셨거든. "저는 카일의 할아버지입니다. 제가 한 말씀드리지 않을 수 없군요." 그렇게 말문을 여시는 할아버지를 보고 사람들은 거의 동시에 신음 소리를 토해냈지. '저, 저런! 카일의 할아버지라는 저 노인네가 분위기를 깨게 생겼네. 장시간 횡설수설해서 분위기를 꽤나 어색하게 만들겠구먼!' 이런 느낌이었단 말

Phoenix one afternoon with Alice Cooper

이야.

카일: 그래서 분위기가 깨졌어?

스티브: 할아버지께서 이러셨지. "이 모든 일을 가능하게 한 또 한 사람
이 있습니다."

카일: 누구래, 그게?

스티브: 할아버지께서 꼿꼿이 몸을 세우고 자랑스럽게 당신 자신을 가리
키며 말씀하셨지. "바로 접니다."

당신의 키플링은 무엇인가?

Acknowledgements 〉〉〉
감사의 말씀

먼저, 감상에 깊이 빠져들기 전에 구글 관계자 여러분께 감사의 말씀을 올리고 싶다. 치기 복잡한 단어들을 그들의 환상적인 웹사이트에서 따다 붙이게 해준 데 대해서 말이다. 정말이다. "acknowledgements"와 "Stroumboulopoulos" 같은 단어들은 자판을 두드리는 것보다 따다 붙이는 게 더 빠르고 안전하다.

이 책은 결코 하찮은 빨간 클립 한 개나 키플링 메인 스트리트 503번 지에 있는 집 한 채에 대한 이야기가 아니다. 이 책은 그런 일을 가능하게 만든 모든 사람들에 대한 이야기다. 코린나와 르와니, 애니, 숀, 데이비드, 미셸, 제프, 브루노, 브렌던, 조디, 레슬리, 마크, 코빈, 버트, 팻, 그리고 키플링의 모든 주민들께 감사를 드린다. 나는 연결만 했을 뿐, 성과를 이뤄낸 주체는 여러분이다. 여러분 모두가 잠시 자신을 칭찬하는 시간을 갖기 바란다. "우리가 해냈습니다!"

마크와 '오후'를 함께 해준 앨리스 쿠퍼에게 특별한 감사를 표한다. 또한 조지 스트럼볼로폴로스 씨와 〈디 아워〉 관계자 여러분, 야크의 모든 사람들, 거짓을 수반한 최면에 대한 블로그 기반의 제언/청원을 신뢰하

고 윈-윈 상황을 만들어주신 모든 분들에게 충심으로 감사의 뜻을 전한
다. 우리는 어쨌든 야크를 전에는 상상할 수도 없었던 곳으로 탈바꿈시켰
다. 그 일에 보람을 느낀다는 점을 밝혀둔다.

믿을 수 없을 정도로 열렬히 환영해주신 키플링과 서스캐처원의 주민
들에게 다시 한 번 감사를 드린다. 도미니크와 나는 그 공동체의 일원이
된 데 대해 영원히 감사하며 살 것이다. 키플링은 '만약'이 현실이 되는
곳이다.

운전을 도와준 댄(배고파, 댄?).

친절을 베푼 에번.

셔츠를 빌려준 리키.

책이 되도록 도움을 준 마크와 브렌던, 그리고 모든 관계자 여러분.

모두에게 감사를 표한다.

정말이다. 내가 한 일은 별로 없다.

어머니와 아버지, 스콧, 할아버지 그리고 모든 가족과 친구에게도 감
사를 드린다. 그런데 걱정이다. 여기에 이름을 다 적자니, 깜박 잊고 빼먹
을 사람이 있을 것 같아서 말이다.

잠깐! 좋은 방법이 있다.

_____에게 _____에 대해 특별한 감사를 드린다.

당신은 진정으로 _____한 사람이다.

추신: 당신은 아름다운 _____를 지녔다.

여기에 언급되지 않아 섭섭한 사람은 펜을 들고 나를 찾아오기 바란다. 허점 많은 인간이라는 소리를 듣고 싶지 않아 이렇게 하는 것이다.

나의 아이디어를 지지해준 세상의 모든 사람들과 나를 '또라이'라고 불러준 사람들에게도 감사를 전한다. 모두 많은 도움이 되었다.

끝으로 도미니크. 정말 고마워. 모든 게 자기 덕분이야. 그런데, 금방 떠오른 건데, 그냥 저절로 그렇게 된 거 같아.

책을 읽는 동안 재미있었기를 바랍니다. 나는 정말 재미있었습니다.

항상 재미있는 하루하루가 되기를 기원하며……

카일

one famous snowmobile

옮긴이의 말

　"클립 한 개로 집을 장만한 캐나다 청년"의 이야기는 사실 이 책의 번역을 맡기 한참 전에 뉴스를 통해 알고 있었다. 당시 뉴스를 접했을 때 잠시 일었던 단상은 "아이디어가 기발하다" 내지는 "자칫 웃음거리로 전락하기 쉬운 일을 끝까지 해내다니 그 용기가 가상하다" 정도였던 것으로 기억한다. 추측컨대 여러분 가운데 상당수도 이 이야기를 들었을 것이고, 또 비슷한 생각을 했을 것이다. 개중에는 "어디 나도 한 번……?"이라는 데까지 생각을 발전시킨 분도 있을지 모르겠다. 하지만 이내 마음을 접었을 게 분명하다. 이게 여간 뻔뻔하지 않아선 불가능한 일이라는 진단이 나왔을 테니까. 행여 공짜에 눈먼 인간이라는 낙인이나 찍히면 어쩌지 하는 걱정이 앞섰을지도 모른다. 또 어쩌면 "모방 아이디어로는 어림도 없다"는 현명한 판단을 내렸을지도 모른다. 어쨌든 지금까지 우리나라에서 이 비슷한 시도로 성공을 거둔 사례가 소개되지 않은 것을 보면, 모두들 일과성 토픽으로 치부하고는 기억 저편에 묻어두었으리라 짐작된다.

　그 캐나다 청년이 쓴 책을 처음 받았을 때 내가 가진 느낌은 애초의 단상에서 크게 벗어나 있지 않았다. 아니 오히려 반감이 생겼다는 게 정확한 표현일 것이다. 보도를 통해 알려질 대로 알려진 내용을 책으로 만든 저의도 의심스러웠고, 무엇보다도 뻔한 이야기에 의당 따라붙기 마련인 '그래서 어쩌라고?'라는 의문이 일었던 것이다. 그러나 이런 내 생각이 바뀌는 데에는 채 하루도 걸리지 않았다. 결말도 알고 전개 과정도 대충 짐작이 가는 이야기라도 "재미와 감동"이 있을 수 있다는 점을 간과했던 것이다. 실용적인 유익을 안겨주는 것만이 책의 목적이 아니라는 사실을 잠시 잊고 있었던 것이다(그렇다고 이 책에 재미와 감동만 있고 실용적인 유익은 아예 없다는 뜻은 아니다. 본문을 통해 알게 되겠지만 이 책에는 자신만의 클립을 발견해 자신만의 꿈을 실현하는 '기발하고 재미난' 비법도 담겨 있다).

카일 맥도널드는 '펀텐셜'을 추구하는 보통의 젊은이다. '펀텐셜'은 '최대의 잠재적 재미(maximum potential for fun)'를 뜻한다. 그에게는 클립이 있었다. 종이에 끼우는 빨간색 클립 한 개가 말이다. 그리고 꿈이 있었고 마저 작성해야 할 이력서가 있었고 지불해야 할 각종 청구서들이 있었다. 아, 또 그가 '구직 중'일 때 생활비를 전담하는 인내심 많은 여자 친구도 있었다. 그는 여자 친구와 동거하는 데 들어가는 모든 비용을 자신이 내고 싶었다. 그는 월세집이 아닌 '내 집'이 갖고 싶었다. 그래서 생각해 낸 게 '비거 앤드 베터'라는 어린 시절의 게임이었다. 그의 대모험은 그렇게 시작되어, 빨간 클립에서 물고기 펜으로, 문손잡이로, 캠핑 스토브로, 발전기로, 즉석 파티 세트 등으로 이어진다. 상대적 가치의 개념(한 사람에게는 쓰레기가 다른 사람에게는 보물이 될 수도 있다)을 굳건히 믿고 처음부터 직접적인 대면 거래를 원칙으로 내세운 그는 1년 동안 세상 여러 곳을 돌아다닌 끝에 드디어 그렇게도 원하던 집을 손에 넣게 된다.

그러나 사실 이 책은 집을 얻는 것에 대한 이야기가 아니다. 사람들에 대한 이야기이고 관계에 대한 이야기이며 삶을 충실하게 사는 것에 대한 이야기다. 그리고 이게 다가 아니다. 나머지는 독자 여러분이 찾아낼 것으로 믿는다. 또 한 가지, 카일 맥도널드의 모험은 지금도 계속되고 있다. 2008년 6월 19일자 밴쿠버발 연합뉴스를 인용하며 글을 맺는다.

(밴쿠버=연합뉴스 2008년 6월 19일자) 신상인 통신원 = 인터넷 교환 사이트에서 빨간색 클립으로 교환을 시작해 2층 주택을 장만, 세계적 화제가 됐던 캐나다 청년이 이사를 가기 위해 그 집을 다시 교환하기를 원하고 있다고 캐나다통신이 18일 보도했다.

이 통신은 카일 맥도널드가 캐나다 서부 서스캐처원주 키플링 도심에 있는 자신의 침실 세 개짜리 이층집을 교환 대상 목록에 올리고 다음달 11일까지 교환 신청을 접수할 예정이라고 전했다.

아내가 몬트리올에 일자리를 구해 이사를 가야 한다고 밝힌 맥도널드는 "집 대신 무슨 물건을 얻게 될지는 모르지만, 이번에도 좋은 결과가 있을 것으로 기대한다"고 말했다.

안진환